Stephan Rechtschaffen
Du hast mehr Zeit, als du denkst!

Stephan Rechtschaffen

Du hast mehr Zeit, als du denkst!

Wie jeder für sich den idealen Lebensrhythmus findet

Aus dem amerikanischen Englisch
von Franca Fritz und Heinrich Koop

Goldmann Verlag

Die Originalausgabe ist 1996 unter dem Titel
»TIMESHIFTING. Creating More Time to Enjoy Your Life«
bei Doubleday, New York, erschienen.

1. Auflage
© 1996 by Stephan Rechtschaffen
© der deutschsprachigen Ausgabe 1998
by Goldmann Verlag GmbH, München
Umschlaggestaltung: Design Team München
Satz: Uhl & Massopust, Aalen
Printed in Austria · Wiener Verlag, Himberg
ISBN 3-442-30740-6

Für meine drei Jungen
– Rahm, Daniel und Eli –,
die mir dabei halfen,
zu verstehen,
wie kostbar Zeit ist

Inhalt

Vorwort

Meine Tochter wurde geboren, als ich einundfünfzig Jahre alt war. Seit dieser Zeit habe ich so manchen Nachmittag mit dem wehmütigen Zählen der uns verbleibenden gemeinsamen Tage verbracht. »Wenn sie ihren Schulabschluß macht«, grübelte ich, »werde ich neunundsechzig sein, so Gott will.« Manchmal fragen meine Frau (die ich mit Mitte Vierzig kennenlernte) und ich uns, wie es wohl gewesen wäre, wenn wir uns schon während unserer Teenagerzeit begegnet wären. Diese Gedanken entstehen aus Liebe und dem Wunsch, daß wir beide ein langes und erfülltes Leben vor uns haben und möglichst viel gemeinsam erleben mögen.

Solche melancholischen Überlegungen lehren mich aber auch, daß Zeit ein Phantasiegebilde ist, ein Teil dessen, wie wir uns die Wirklichkeit vorstellen, und nicht etwas, das man mit einer Uhr oder einem Kalender vollständig ermitteln und erklären kann. Gerade dieser phantasievolle Aspekt der Zeit macht Stephan Rechtschaffens Buch meines Erachtens zu etwas Besonderem. Er theoretisiert nicht (wozu ich hin und wieder neige), sondern bietet inspirierende Geschichten und gelegentlich das eine oder andere Rezept. Für mich, einen Musiker und großen Liebhaber von gutem Essen, ist dies der richtige Ansatz und eine hervorragende Art der Präsentation für eine Reihe von Überlegungen, die unsere Augen für zahlreiche, zumeist unbemerkte Aspekte und Themen öffnen.

Rechtschaffens Buch ist ein gedrucktes Seminar zum Thema »Zeit«, und es hat mich dazu angeregt, über mein eigenes Verhältnis zur Zeit nachzudenken: wie ich mir Zeit vorstelle, wie ich sie forme oder entsprechend meiner eigenen bewußten und unbewußten Vorstellungen »verändere« und wie sehr ich durch Gewohnheiten und die Gesellschaft um mich herum beeinflußt werde. Dies sind sehr hilfreiche Gedanken, denn Zeit ist ein wichtiges Fenster zu unseren Erfahrungen, ein aufschlußreiches Prisma, vermittels dessen sich uns die gesamte Bandbreite an Gefühlen, Bedeutungen und Werten eines Lebens offenbart – wie Rechtschaffen in seinem Buch sehr anschaulich demonstriert.

Während des Lesens fiel mir auf, wie häufig mein eigenes Leben den Maßstäben unserer schnellebigen Gesellschaft folgt. Meine Tage sind bis zum Rand gefüllt mit Tätigkeiten, die ich nicht ausgelöst habe, mit Terminen, die nicht halb so wichtig sind, wie mich die ständig darauf verweisenden Notizen glauben machen wollen, und mit Projekten, die »meine kostbare Zeit« wert oder auch nicht wert sein mögen. Mir wird klar, wie schwierig es ist, mir selbst gegebene Versprechen einzuhalten – wie etwa täglich zwei Stunden nur zum Üben und Musizieren zu reservieren oder Einladungen zu Vortragsorten in größerer Entfernung abzulehnen, damit ich zu Hause bei meiner Familie bleiben kann.

Ein hektisches Leben ist reine Phantasie, ein Märchen, das wir uns einreden und das nicht annähernd so real und wirklich ist, wie wir glauben. In den gesamten literarischen Werken aus der Zeit vor unserem zwanzigsten Jahrhundert bin ich nicht einmal auf den Klischeesatz gestoßen, den man heute so häufig liest oder hört: »Tut mir leid, daß ich nicht geschrieben habe – aber ich hatte einfach zuviel zu tun.« Die Vorstellung, »zuviel zu tun zu haben«, scheint ein Teil unseres modernen Lebensstils zu sein, obwohl die Menschen der vergangenen Jahrhunderte auch ohne zeitsparende Technologie viele Dinge bewerkstelligten. Freud und Jung schrieben ohne Computer bücherfüllende Briefe und Essays und unternahmen auch ohne Flugzeug beachtliche Reisen.

Für mich ist es sehr faszinierend zu sehen, wie nahe Rechtschaffens Verständnis von Zeit meinem Interesse für die Seele steht. Aber ich weiß schon seit langem, daß die Seele über ein eigenes Zeitgefühl und eine eigene Form von Uhren und Kalendern verfügt. Sonnenuhr und Stundenglas scheinen der Seele angemessener als eine Quarzuhr, da sie das Voranschreiten der Zeit auf elementare, natürliche und bildhafte Weise zeigen. Wie alle Dinge kann auch die Zeit auf unterschiedlichste Weise wiedergegeben werden, wobei nicht jede Darstellungsform dem menschlichen Leben dienlich ist.

Der wahrscheinlich gefährlichste Aspekt unseres modernen Zeitverständnisses ist die Distanz zur Natur. Wir essen schnell zu Mittag, weil die Uhr unbarmherzig weitertickt, statt in Ruhe und Muße mit dem Lauf der sinkenden Sonne zu speisen. Wir zwängen unseren Arbeitstag in ein enges »Neun-bis-fünf-Uhr«-Korsett, anstatt uns nach dem Lauf des Mondes oder unserem eigenen Biorhythmus zu richten. Oder, wie Rechtschaffen sagt: »Wir lassen uns morgens vom ohrenbetäubenden Lärm eines Weckers aus dem Schlaf reißen, statt uns vom Gesang der Vögel oder von sanften, warmen Sonnenstrahlen wecken zu lassen.«

Ich habe viele Jahre mit dem Studium einer antiken Form der Astrologie verbracht, bei der die Auffassung von Zeit in enger Verbindung zur natürlichen Ordnung des Himmels steht, die sich aus Mythologie, Tradition und Intuition zusammensetzt. Aber als das Teleskop uns die Planeten und Sterne näher brachte und wir erkannten, daß wir nicht aus reinem Licht bestehen und durch pure Magie bewegt werden, hat unser Zeitgefühl einen Teil seines Zaubers verloren und entwickelte sich von einem gefühlvollen Erfahren von Qualität zu einem rein geistigen Messen von Quantität. Wir bewegen uns in weiter Ferne vom rhythmischen Reigen der Jahreszeiten, Sonnenwenden, Retrograden und Konjunktionen und wenden uns statt dessen einer gleichmäßigen, phantasielosen Aufteilung von Monaten, Stunden, Minuten, Sekunden und sogar Nanosekunden zu.

Wenn solch ein fundamentaler Aspekt unseres Alltags wie die Zeit ihre reiche Vorstellungskraft verliert, erleben wir eine Ernüchterung und Desillusionierung unseres Lebens und mühen uns mit der Suche nach Zielen und Werten ab. Wir kämpfen gegen die Zeit, statt unser Leben von ihr farbiger gestalten zu lassen. Als ich während meiner Jugend in einem Kloster lebte, war jeder Tag meines Lebens einem Heiligen oder einer bestimmten liturgischen Jahreszeit gewidmet, und der ganze Tagesablauf paßte sich dem Rhythmus der dem Gottesdienst geweihten Stunden an – den Chorälen, Lesungen und Psalmen von Frühmette, Abendandacht und Komplet. Während dieser traditionellen »Stunden« fühlte ich, wie mein Geist sich entspannte, so daß sich mein Lebensrhythmus vom Ritual statt von überhasteten Momententscheidungen leiten ließ.

Jeder weiß, daß sich die Zeit nicht einfach in das enge Korsett von Uhr und Kalender zwängen läßt. Manche Tage sind endlos, andere vergehen wie im Flug; manche Minuten erscheinen uns wie Stunden, und manche Stunden schwinden dahin wie Minuten. Man trifft einen alten Freund und fragt sich, wo nur die Jahre geblieben sind seit dem letzten Treffen; und manchmal erscheint es uns, als wären wir überhaupt nicht getrennt gewesen, und die Zeit hätte keinen Einfluß auf unser Gefühl der Freundschaft genommen.

Aber wir sind nicht nur in der Lage, Zeit »zu verändern«, um unserem Leben mehr Farbe und Tiefe zu verleihen, wir können uns auch von den Farbtönen eines natürlichen Zeitablaufs verändern lassen: der melancholischen Stimmung, die alte Erinnerungen wach werden läßt, dem süßen Gefühl glückseliger Momente, dem bitteren Geschmack von Zeiten des Konfliktes und der Wut. Als Schriftsteller hatte ich nur ein Ziel: Ich wollte mir mit dem Schreiben meinen Lebensunterhalt verdienen, so daß ich morgens aufstehen kann und einen ganzen langen Tag vor mir habe, dessen Ablauf von Stunde zu Stunde und von Tag zu Tag variiert. Mir geht es weniger um die Freiheit, tun und lassen zu können, was ich will, sondern vielmehr darum, mich von der Vielfalt der Zeit und all ihren Variationen umhüllt zu fühlen.

Bei dem Versuch, ein möglichst effizientes und produktives Leben zu führen, kämpfen wir gegen die Entropie der Zeit an. Aber während wir älter werden und uns verändern und die Welt um uns herum sich wandelt und niemals gleich bleibt, setzt die Zeit langsam, aber sicher ihren Willen durch. Vor kurzem stieß ich in einer Sammlung von Cecil Sharp auf ein wundervolles englisches Volkslied, das die Melancholie des natürlichen Zeitablaufs zum Ausdruck bringt. Der Komponist bediente sich eines subtilen Wortspiels, bei dem die Zeit (»time«) genau wie Thymian (»thyme«) auf eigene Weise und mit ihrem eigenen Ziel »blüht«, aber manchmal von Gartenraute, dem Sinnbild der Reue (»rue«), überwuchert wird:

> O once I had thyme of my own, and in my own garden it grew;
> I used to know the place where my thyme it did grow,
> but now it is cover'd with rue, with rue, but now it is cover'd
>   with rue.
> …so beware of a young man's flattering tongue,
> he will steal your thyme away… And that's how my time has
>   gone, has gone,
> and that's how my time has gone.

In einem unausweichlichen Anflug von Sentimentalität mögen wir glauben, daß Zeit uns Raum zum Wachsen läßt. Aber wir alle entdecken eines Tages eine Gartenraute in unserem Garten und vieles andere, was uns unsere Zeit stiehlt, so daß sich die Frage stellt, ob uns genügend Zeit bleibt, allem eine Bedeutung zu geben. Das Geheimnis der Zeit – vergleichbar dem Thymian – scheint darauf zu beruhen, daß ihr Verlust und Diebstahl einen Teil des menschlichen Daseins bilden. Und die Melancholie, die sich häufig wie ein dunkler Schleier um unsere Gedanken zur Zeit und zu ihrer Vergänglichkeit legt, steht nicht für einen tatsächlichen Verlust, sondern nur für den Schmerz, daß wir unsere Zeit gelebt haben, daß wir Glück und Wachstum erfahren, aber nur Bedauern und Sehnsucht gewonnen haben.

Wenn wir von »guten Zeiten« oder »der besten Zeit unseres Lebens« sprechen, wird deutlich, daß Zeit nicht eine bedeutungslose Maßeinheit von anonymen Einheiten ist, sondern unserem Leben Farbe verleiht. Wir können Zeit in unserem Garten zum Gedeihen bringen, sie hegen und pflegen und uns an ihren Früchten und Blüten erfreuen. Zeit ist eine Eigenschaft des Lebens, keine bloße Maßeinheit. Wenn wir uns an eine bestimmte Zeit in unserem

Leben erinnern, spulen wir nicht nur einfach ein Band zurück, sondern betrachten eine Facette des dunkelschimmernden Juwels, der das Geschenk unserer Zeit hier auf Erden darstellt.

In den vergangenen Jahren hielt die Zeit eine Überraschung für mich bereit, die ich ihr nicht zugetraut hatte: Die Zeit hat mein heutiges Bewußtsein umschlossen und mich zu Gedanken und Empfindungen aus einer Periode meines Lebens zurückgeführt, die ich schon längst hinter mir gelassen hatte. Meine Zeit als katholischer Mönch ist nach einem Vierteljahrhundert im Abstand einer Oktave zurückgekehrt – als erneute Teilnahme am Klosterleben und eine neue Würdigung meiner allgemeinen katholischen Erziehung, diesmal jedoch auf einer ganz anderen Ebene. Heute merke ich, daß ich eine einst verhaßte Periode meines Lebens schätze, sie mit anderen Augen und auf eine Weise betrachte, zu der ich damals unfähig war – ohne dabei meine persönliche Entwicklung der dazwischenliegenden Jahre zu vernachlässigen. Ein Teil der Zeit ist zurückgekommen, als eine Art *Renaissance* – eines dieser wundervollen Worte, in denen sich die Schönheit der Zeit und die Macht des Rückblicks manifestiert.

Ich danke Stephan Rechtschaffen dafür, daß er uns auf sanfte Weise sowohl auf die Gefahren als auch auf die Segnungen der Zeit aufmerksam macht und uns die Möglichkeit bietet, Zeit anders zu betrachten und sie zu formen. Der griechische Philosoph Heraklit sagte einst: »Zeit ist wie ein Kind, das die Spielsteine in einem Spiel verschiebt.« Wir brauchen Zeit nicht nur auf moderne Weise zu verstehen, als eine abstrakte Konstruktion, die wir mit unserem Leben füllen – eine ausgesprochen schwermütige und altmodische Auffassung. Wir können Zeit auch als ein spielendes Kind betrachten – voller unbewußter Zufälle und zufälliger Entdeckungen. Das Spiel ist vorbei, wenn »die Zeit abgelaufen ist«, aber bis zu diesem Moment sind wir noch im Spiel, und es ist die Zeit, die uns das Vergnügen an diesem Spiel schenkt.

Zeit ist schlicht und einfach eine Facette des Lebens an sich, und das Leben ist das Geschenk der Zeit. Der Wunsch nach Zeit ist der

Wunsch nach Leben, die Hoffnung auf ein möglichst erfülltes und vitales Leben. Aus diesem Grunde erfordert die Zeit unsere kreative Aufmerksamkeit. Wir können die uns gegebene Zeit gestalten, indem wir den vielen Ratschlägen folgen, für die Rechtschaffen sich die Zeit nahm, um sie uns nahezulegen. Möglicherweise stellen wir fest, daß die Zeit tatsächlich wie Thymian ist – voller Aroma, pur und nahrhaft, ein Würzmittel, aber auch ein Grundnahrungsmittel, ein wachsendes Gebilde, das gepflanzt, gehegt und geerntet werden muß.

Thomas Moore

Zeitbewußtsein

Die Ewigkeit hat nichts mit dem Jenseits zu tun…
Die Ewigkeit ist hier und jetzt…
Wenn man sie hier nicht findet, wird man sie nirgendwo finden.
Das Erleben der Ewigkeit in diesem Augenblick
und an diesem Ort ist der Sinn des Lebens.
Der Himmel ist nicht der rechte Ort
für diese Erfahrung; hier ist der Ort.

Joseph Campbell

Eines Abends vor langen Jahren hatte ich als Bereitschaftsarzt Dienst in der Notaufnahme eines Krankenhauses, als Barry, ein lokaler Politiker, in großer Eile auf einer Trage hereingeschoben wurde. Er hatte offensichtlich einen Herzinfarkt. Ich ließ ihn sofort auf die Intensivstation bringen. Zwei Tage später, als ich wieder Dienst hatte, ging ich auf die Intensivstation, um nach ihm zu sehen, mußte aber feststellen, daß er sich entgegen allen ärztlichen Anweisungen selbst entlassen hatte.

Nach weiteren zehn Tagen wurde Barry erneut mit einem Herzinfarkt in die Notaufnahme gebracht. Ich nahm ihn wieder auf und fragte ihn, warum er das Krankenhaus gegen jeden ärztlichen Rat – ganz zu schweigen gegen jede Vernunft – verlassen hatte. »Ich habe einfach keine Zeit, im Krankenhaus herumzuliegen«, erklärte er. »Ich muß noch soviel erledigen.«

Dabei war es völlig offensichtlich: Wenn Barry seine Einstellung zur Zeit nicht bald änderte und seine Prioritäten nicht anders setzte, würde ihm wahrscheinlich nicht mehr viel Zeit bleiben, sich darüber noch Gedanken zu machen. Leider ist seine Haltung weit verbreitet. Ich gehe sogar noch einen Schritt weiter und behaupte, daß die *meisten* von uns ihre Zeit nach folgender Rangliste einteilen:

Zuerst kommt die Arbeit,
an zweiter Selle stehen persönliche Beziehung
und das Familienleben,
an dritter Stelle die ganz alltäglichen Aufgaben,
an vierter Stelle unsere sozialen Verpflichtungen
und erst an letzter Stelle (falls überhaupt noch etwas
Zeit übrig ist) wir selbst.

Diese Verteilung der Zeit erinnert an das Füllen einer Champagnerpyramide: Das Glas an der Spitze sprudelt über, während die unteren Gläser nur tröpfchenweise etwas abbekommen – vergleichbar mit Ronald Reagans »Reagonomics«, einer Wirtschaftspolitik, die seinerzeit ebenfalls nicht funktionierte. Genau wie unsere Wirtschaft in einer schweren Krise steckt und die öffentlichen Kassen hohe Schulden vermelden, empfinden auch wir ein ständiges Defizit, wenn es um Zeit geht. Denn die Realität sieht einfach so aus, daß nie genügend Zeit »übrigbleibt« für unsere Gesundheit, unser Wohlergehen oder unsere persönliche Entwicklung. Und dennoch wissen wir ganz genau, daß wir Zeit für uns selbst schaffen müssen, wenn wir gesund bleiben wollen.

Haben Sie genug Zeit in Ihrem Leben?

Wenn ich diese Frage in meinen Seminaren zu Gesundheit, Wellness und Zeit stelle, antworten nur eine oder zwei Personen mit »ja« – und das bei einer Gruppe von etwa fünfzig Teilnehmern. Frage ich diese Menschen dann, wie sie sich insgesamt fühlen, so reagieren sie meist mit einem wissenden Lächeln um die Lippen: »Es geht mir gut. Ich führe ein schönes Leben!« Und daran schließt sich unweigerlich die Erklärung an, daß sie ihr Verhältnis zur Zeit *bewußt geändert* haben, wodurch sie sich jetzt bedeutend glücklicher fühlen.

Die anderen 95 Prozent der Zuhörer empfinden dagegen – wie die meisten von uns – eine Art »Zeitarmut«, wie ich es einmal nennen möchte. Auf die Frage, wie es ist, nie genügend Zeit zu haben, antworten sie:

»Frustrierend. Stressig.«

»Ich habe das Gefühl, keine Luft mehr zu bekommen.«

»Ich fühle mich ständig unter Druck.«

»Was ich auch anfange, ich habe stets den Eindruck, ich sollte besser etwas anderes zuerst machen.«

»Ich fühle mich eingesperrt.«

»Ich höre die Uhr ticken und denke dauernd: ›O Gott, mein Leben rinnt dahin.‹«

»Das Leben rast an mir vorbei, und ich komme nicht mehr mit.«

Klingt das nicht vertraut? Solche und ähnliche Aussagen ergeben den Refrain unseres heutigen Lebensstils. Da wir fast alle diese Empfindungen kennen, betrachten wir sie als normal und können uns kaum eine andere Art zu leben vorstellen. Kein Wunder, daß Wystan Hugh Auden unser Jahrhundert als das Zeitalter der Angst bezeichnete.

Diese Angst sitzt so tief in uns, daß mir eine Frau kürzlich erzählte, sie habe immer wieder den gleichen Alptraum: nämlich daß sie immer und überall zu spät komme. Unsere Angst vor der Zeit ist zu einem Kernproblem geworden, das unbewußt unser ganzes Leben beherrscht.

Thomas Moore beginnt sein faszinierendes Buch »*Die Seele lieben*« mit den folgenden Worten: »Das große Übel des zwanzigsten Jahrhunderts, das sich in all unseren Sorgen widerspiegelt und uns als Individuum wie als Gesellschaft beeinflußt, ist der ›Verlust der Seele‹.«

Ersetzen Sie »Seele« durch »Zeit« beziehungsweise setzen Sie Seele und Zeit gleich, so erhalten Sie einen Eindruck vom Zeitverständnis, auf das ich mich beziehe.

Für die Mehrzahl von uns ist Zeit das Synonym für Uhr-Zeit – sechzig Sekunden in der Minute, sechzig Minuten in der Stunde, vierundzwanzig Stunden am Tag –, eine unveränderbare, unerbittliche Uhr-Zeit, beherrscht durch das Voranschreiten der Zeiger.

Aber wenn wir Zeit auf andere Weise betrachten, wenn wir uns bewußt werden, daß sie unzählige Rhythmen enthält und daß sich jeder individuelle Moment *durch uns persönlich* ausdehnen oder verkürzen läßt, dann, glaube ich, können wir die Zeit zu unserem Diener machen – und unser Leben in einer Weise mit Glück und Gesundheit erfüllen, die den meisten von uns unbekannt ist und auch unvorstellbar.

Die überwiegende Anzahl der Teilnehmer verspricht sich von meinen Seminaren Informationen und Ratschläge zum Thema Zeitmanagement. Das in Berufs- und Fortbildungsseminaren vermittelte Zeitmanagement ist so konzipiert, daß es die materielle Produktivität der Teilnehmer steigert. Die Zeit wird in kleine, überschaubare Abschnitte unterteilt, und innerhalb jedes Abschnitts erledigt man eine Aufgabe (oder mehrere Aufgaben; das schreckliche Wort hierfür lautet »multitasking-fähig«). Sobald eine Aufgabe abgeschlossen ist – falls man seine Zeit sinnvoll eingeteilt hat –, bleibt Zeit für die nächste.

Aber diese Vorgehensweise erhöht nur die Geschwindigkeit der Tretmühle unseres Lebens – und unter dem Applaus der Umstehenden laufen wir noch schneller. Die Belohnung für diejenigen, die ihre Zeit gut »managen«, besteht darin, daß sie meist noch mehr zu tun bekommen. Wie eine Redensart bereits sagt: »Wenn du etwas erledigt haben möchtest, dann wende dich an jemanden, der bereits viel zu tun hat.«

Das Zeitbewußtsein, das ich lehre, hat *nichts* mit Zeitmanagement gemein. Das Erlernen eines neuen Bewußtseins der Zeit beschäftigt sich nicht mit einer Steigerung der Produktivität. (Obwohl es Sie auf Dauer effizienter arbeiten läßt; tatsächlich ist mit der Veränderung des Zeitbewußtseins, mit dem Rhythmuswechsel, ein großer praktischer Nutzen verbunden.)

Beim Zeitbewußtsein geht es um ein erfülltes Leben. Wenn wir wirklich einen Termin einhalten müssen und Geschwindigkeit dabei von großer Bedeutung ist, können wir immer noch auf die

Techniken des Zeitmanagements zurückgreifen. Aber wenn wir völlig im gegenwärtigen Moment leben, erreichen wir ein Zeitbewußtsein, das uns fort von der Uhr-Zeit und hin zu einer Zeit-Freiheit führt.

Um die Zeit bewußter wahrzunehmen, müssen wir neue Haltungen und Fähigkeiten entwickeln – wie etwa die Fähigkeit, sich voll und ganz auf eine Sache zu konzentrieren. Wir müssen lernen, unser Tempo zu drosseln und unser körperliches und emotionales Befinden wirklich zu erfahren, tatsächlich zu spüren. Das beinhaltet aber auch, daß wir uns wieder mit unseren Sinnen vertraut machen, mit unseren Freunden, unseren (Ehe-)Partnern, unseren Kindern. Wir müssen lernen, was es bedeutet, nur in diesem Moment zu sein; lernen, wann wir unser Tempo steigern sollten (eine Beschleunigung des Rhythmus kann ebenso wertvoll sein wie eine Verlangsamung), und lernen, wann – und wie – wir einen Gang zurückschalten sollten. Es bedeutet letztendlich, daß wir uns selbst ins Auge blicken und wirklich jeden Moment unseres Lebens aufdecken. Das »Zeitmanagement«, das *ich* lehre, ist tatsächlich ein individueller Prozeß, der nur von einer einzigen Regel geleitet wird: Lebe dein Leben hier und jetzt.

Der »Moment«, das »Jetzt«, ist ein verwirrendes Konzept. Wenn Sie das Wort »jetzt« lesen oder laut aussprechen, liegt es schon hinter ihnen: »Jetzt« gehört bereits zur Vergangenheit.

Einstein demonstrierte – und heutige Physiker stimmen mit ihm darin überein –, daß die Zeit als solche nicht existiert. Zeit ist nur eine Maßeinheit, um festzustellen, wie lange ein Objekt benötigt, um sich durch den Raum zu bewegen. Wenn wir beispielsweise einen Ball fallen lassen, können wir präzise messen, wie lange er benötigt, bis er den Boden berührt – aber wir vermögen nicht zu sagen, wann in diesem Prozeß das »Jetzt« war.

Nichtsdestotrotz *existiert* für mich – und sicher auch für Sie – das »Jetzt« durchaus. Wir *fühlen* den Moment, die Gegenwart.

Tatsächlich können wir die Gegenwart nur subjektiv wahrnehmen. Bei einer langweiligen Sitzung scheint die Zeit stillzustehen, während sie bei der Liebe wie im Flug vergeht. Die Zeit, die wir die »Gegenwart« nennen, ist immer und ausschließlich persönlich erlebbar.

Vielleicht haben Sie schon mal die bekannte Geschichte von dem buddhistischen Mönch gehört, der von einem ausgehungerten Tiger verfolgt wurde, einen Abhang zur Hälfte herunterkletterte – und an einem Ast über einem Felsvorsprung hing, wo ein nicht minder grimmiger Tiger auf ihn wartete. Neben dem Ast wuchs ein kleiner Busch mit einer einzigen Erdbeere, die der Mönch pflückte. Er roch die Erdbeere, fühlte sie, schmeckte sie… und dachte bei sich: »Wie köstlich!«

Wenn wir uns des »Jetzt«, des Moments bewußt werden, wenn wir ihn erleben, dann befinden wir uns im Fluß der Zeit. Das Drängen der Vergangenheit und der Druck der Zukunft – die beiden Tigerbrüder – werden beiseite geschoben. Es gibt nur diesen Moment; es gibt nur das, was im Augenblick geschieht.

Wenn wir erkennen, daß es nur das gibt, was im Augenblick geschieht, dann begreifen wir auch, daß die Zeit uns nicht im Nacken sitzt oder uns vorantreibt, obwohl es häufig so scheint. Zeit *ist* einfach. Es ist dieser Moment, *dieser Augenblick*: ein Medium für unseren eigenen Rhythmus und den Rhythmus des Universums – und nicht mehr.

Die meisten von uns sind sich dieses Aspekts der Zeit nicht bewußt – ihrer grundsätzlichen Leere, unabhängig von unseren Erfahrungen. Denn wir leben nach der Uhr und in der »Sicherheit« von Vergangenheit, Gegenwart und Zukunft. Aber tatsächlich klammern wir uns verzweifelt – wahrscheinlich erheblich verzweifelter als der Mönch an seinen Ast – an unsere Uhren, unsere Armbanduhren, unsere Bürgen der Sicherheit.

Die Teilnehmer meiner Seminare finden es großartig, wenn ich vorschlage, das Wort »Jetzt« über das Zifferblatt ihrer Armbanduhren zu kleben. Allerdings habe ich nur selten jemanden dies in die Tat umsetzen gesehen. Bei den Seminaren werden die Teilnehmer gebeten, ihre Uhren abzulegen. Dennoch sind zahlreiche Teilnehmer nicht dazu bereit und verstecken ihre Uhren, wenn der Seminarleiter darauf besteht. Gegen Ende des Zweiten Weltkriegs nahmen die amerikanischen Soldaten den deutschen Gefangenen sämtliche Uhren ab – eine Metapher für ihre Überlegenheit. Sie wußten, welche Stunde es geschlagen hatte, sowohl im übertragenen als auch im wörtlichen Sinne, und die Deutschen nicht.

Viele Menschen schauen dauernd auf ihre Uhr; wenn man sie aber unmittelbar danach nach der Uhrzeit fragt, wissen sie nicht, wie spät es ist.

Offensichtlich ist die Armbanduhr eine Art Schutz, ein Talisman. Wir brauchen die Uhrzeit noch nicht einmal genau zu wissen – solange wir sie nur am Handgelenk mit uns führen.

Wir glauben, das Wissen darum, »wieviel Uhr es ist«, verbindet uns mit der Welt, läßt uns wissen, wer wir sind. Jedoch vertrauen wir dabei auf eine lineare Zeit und vernachlässigen somit die Seele.

Glücklicherweise ist unser Umgang mit Zeit weder unausweichlich noch unveränderbar. Wir *müssen* nicht unter chronischer Zeitnot leiden. Wir *müssen* unsere Uhren nicht wie eine Handschelle tragen.

Ein Tag enthält vierundzwanzig Stunden und eine unendliche Menge an Zeit. Aber unsere Gesellschaft betrachtet Zeit nicht als endlos – ganz im Gegenteil: Man hat uns gelehrt, Zeit nur danach zu bewerten, wie produktiv wir innerhalb einer bestimmten Zeitspanne sind. Wir sind dermaßen verstrickt in den Disharmonien und Funktionsstörungen des modernen Lebens, daß wir dieses durchrasen, ohne es wirklich zu erleben.

Diese Art von Zeitdruck stellt eine besondere Eigenheit unserer jüngsten Vergangenheit dar. Das genaue Nachhalten der Zeit ist eine soziale Erfindung von vor etwa hundert Jahren. In den Äonen der menschlichen Existenz davor gab es Zeit im Überfluß, und wir lebten in Zeit-Freiheit.

Wir können lernen, wieder auf diese Weise zu leben und in einen natürlichen, biologischen Rhythmus zu wechseln. Wir müssen nach der »Zeit der Seele« trachten, die für jeden von uns anders ist. Eine Zeit, die mit dem individuellen Rhythmus unserer Seele harmoniert, mit unserem Pulsschlag, und die gleichzeitig mit der Seele – dem Pulsschlag – des Universums in Einklang steht.

Mein Ziel ist es, Ihnen mehr Zeit in Ihrem Leben zu verschaffen. Sicherlich kann ich den Tag nicht von vierundzwanzig auf dreißig Stunden ausdehnen. Was meine ich also mit »mehr Zeit verschaffen«?

Es bedeutet einfach, sich des Moments bewußt zu werden, in diesem Augenblick zu sein. Wir erschaffen Zeit in jedem Moment, in dem wir uns der Gegenwart gewahr sind.

Wenn Sie das Gefühl haben, Ihr Leben rast an Ihnen vorbei, und Sie können Ihren ganzen Verpflichtungen kaum noch nachkommen – dann hören Sie jetzt damit auf! Beginnen Sie mit nur einem kurzen Moment. Erlauben Sie sich selbst, diesen Augenblick bewußt wahrzunehmen und zu fühlen. Das Schaffen von Zeit steht in engem Zusammenhang mit dem Prozeß des Lebendigwerdens.

Uns allen wohnt die Fähigkeit inne, die Zeit zu *betrachten* und dadurch ein neues Bewußtsein für Zeit zu entwickeln und ihre nächste Dimension – Zeit-Freiheit – zu erfahren. Aber es genügt nicht, die Zeit nur mit unseren Augen und unserem Verstand zu betrachten, wir müssen sie mit allen Facetten unseres Daseins erleben, mit all unseren Sinnen, unseren Wahrnehmungen, unseren Gefühlen und mit unserem ganzen Herzen. Der Schlüssel zu diesem Zeitverständnis liegt im Rhythmuswechsel – und wie man diese Methode erlernt, möchte Ihnen dieses Buch zeigen.

Dabei ist dieses Buch keine theoretische oder philosophische Abhandlung (obwohl es viel Theorie und Philosophie enthält), sondern vielmehr eine Art praktischer Leitfaden. Meine eigenen Erfahrungen und die der zahlreichen Teilnehmer meiner Seminare haben folgendes gezeigt: Wenn wir lernen, unser Verhältnis zur Zeit zu ändern (unseren Rhythmus zu wechseln), werden unsere Beziehungen intensiver, die allein verbrachte Zeit ist erfüllter, der Prozeß des Älterwerdens verläuft befriedigender, unsere Arbeit trägt reichere Früchte, und Streß und Ängste wirken sich weniger lähmend auf uns aus – wenn sie überhaupt noch auftreten.

Jeder von uns hat es bereits erfahren: das Gefühl, wenn alles im Fluß scheint, wenn wir wirklich genügend Zeit haben, wenn wir entspannt sind, ruhig, im Frieden mit uns selbst und in Harmonie mit den Menschen und der Welt um uns herum.

Jeder von uns konnte ein solches Gefühl bereits auskosten – aber leider viel zu selten. Wie Sie es wieder öfter erleben können, darin sieht das Buch seinen Zweck.

Der Rhythmuswechsel kann eine Bereicherung für uns sein, denn er schenkt uns mehr von der für uns kostbarsten Substanz: dem Leben selbst.

ERSTER TEIL

Zeit ist die Substanz, aus der ich bestehe.
Zeit ist ein Fluß, der mich mitreißt,
doch ich bin der Fluß.
Zeit ist ein Tiger, der mich auseinanderreißt,
doch ich bin der Tiger.
Zeit ist ein Feuer, das mich verzehrt,
doch ich bin das Feuer.

Jorge Luis Borges

1. Auf dem Weg
zur Zeit-Freiheit

Mein Leben ist nicht diese steile Stunde,
darin du mich so eilen siehst.

Rainer Maria Rilke

Wir ließen den tosenden Schneesturm über New York hinter uns und landeten auf einer warmen Insel mitten im magischen Blau der Karibik. Ich begleitete eine Gruppe von Teilnehmern nach Saint John, wo mehrere Seminare des Omega Institute for Holistic Studies (dessen Leiter ich bin) zu den Themen Wellness und persönliche Entwicklung stattfinden sollten. Für die Überfahrt von Saint Thomas, dem Landeort, nach Saint John begaben wir uns auf ein kleines Fährboot.

Der Anblick, der sich uns vom Schiff aus bot, war der Inbegriff der Idylle. Unser Schiff dümpelte sanft auf dem türkisblauen Meer, an dessen Horizont sich kleine Inseln mit bewaldeten Hügeln abzeichneten. Es war ein warmer Tag mit einer vom Blütenduft geschwängerten, leichten Brise, und in der Ferne konnte man sogar einen Regenbogen erkennen. Aufgrund einer unvorhergesehenen Fahrplanänderung mußte die Fähre einige Minuten im Hafen warten.

Plötzlich bemerkte ich Vicky, eine Teilnehmerin aus unserer Gruppe, die auf der Fähre saß und wiederholt mit den Fäusten auf ihre Knie schlug. Aus ihrem Gesicht sprachen Ungeduld und Anspannung. Ich beobachtete sie eine Weile. Sie starrte stur geradeaus und schien sich der wunderschönen Szenerie überhaupt nicht bewußt zu sein. Sie saß nur da und malträtierte ununterbrochen ihre Beine. Schließlich ging ich zu ihr hinüber und fragte sie: »Ist alles in Ordnung?« Sie sah mich an und fragte anklagend: »Wann sind wir endlich da?«

Mein erster Gedanke lautete sofort: »Wo sonst auf der Welt könnte es schöner sein als hier, in diesem Augenblick?« – »Nirgendwo«, gab ich mir selbst die Antwort. Ich kannte keinen Ort, der schöner, duftender, friedvoller gewesen wäre als der, an dem wir uns zu diesem Zeitpunkt befanden. Genau in diesem Augenblick.

Natürlich sah Vicky das völlig anders. Wie die meisten von uns war sie so sehr an extremen Zeitdruck gewöhnt, daß sie das ruhige Dasitzen für nur wenige Minuten als eine »Verschwendung« kostbarer Zeit empfand – als eine »Sünde«, wie sie mir später gestand. Sie hatte sich so sehr einem Leben im Eiltempo unterworfen, bei dem sie meist mehrere Dinge gleichzeitig erledigte, daß eine Verringerung der Geschwindigkeit für sie in Streß ausartete. Sie konnte die wundervolle Landschaft um sie herum einfach nicht sehen, war unfähig, inmitten einer Atmosphäre des Friedens Ruhe zu empfinden. Vicky war dermaßen auf Zeitnot fixiert, daß sie sogar zu einem Seminar mit dem Ziel, »mal von dem ganzen Streß wegzukommen«, sämtliche Bürden mitgenommen hatte – das Gefühl, daß sie sich ständig beeilen und jeden Moment produktiv sein müsse. Außerdem wurde sie von dem klassischen Schuldgefühl, das wir mit »freier« Zeit verbinden, beherrscht sowie von der bohrenden Sorge geplagt, daß sie eigentlich etwas anderes tun müßte. Wie die meisten von uns hatte Vicky ihr Leben auf der Überholspur verbracht und war nicht in der Lage, sich vorzustellen, wie sie es etwas langsamer angehen lassen und sich entspannen konnte, obwohl sie sich nichts sehnlicher wünschte – und nichts nötiger brauchte.

Vickys Problem ist weit verbreitet: Unser turbulentes Verhältnis zur Zeit ist der Fluch des modernen Lebensstils. Wenn Sie sich für den Kauf dieses Buches entschieden haben, kennen Sie wahrscheinlich das Gefühl, sich in ständiger Zeitnot zu befinden und einem unbarmherzigen Tempo ausgeliefert zu sein. Diese permanente Hetze beraubt uns unserer inneren Ruhe und der Freuden des Lebens. Sie verweigert uns die Zeit für tiefgehende Gespräche mit anderen Menschen, für ausgedehnte Mahlzeiten, für Spiel und Spaß, für Entspannung und Ruhe, und sie beschneidet unsere Fähigkeit, die Schönheit des Lebens um uns herum zu genießen.

Stellen Sie sich einmal eine Welt ohne Uhren vor.

Im besten Fall wären wir nur verwirrt; im schlimmsten Fall würde die gesamte Organisation unseres Lebens zusammenbrechen. Die meisten Menschen stellen abends ihren Wecker, damit sie am nächsten Morgen zu einer bestimmten Uhrzeit aufwachen, so daß sie das Frühstück bereiten, rechtzeitig zur Arbeit gehen oder die Kinder pünktlich in die Schule schicken können. Selbst diejenigen unter uns, die sich den Luxus leisten, auf einen Wecker zu verzichten, schauen nach dem Aufwachen als erstes auf die Uhr – und sei es nur, um sich selbst in Bezug zur Tageszeit zu setzen. Wenn es bereits relativ spät ist, denken wir: »Ich habe verschlafen« – als wäre es eine Sünde, den Tag unbemerkt voranschreiten zu lassen.

Ohne Uhr wüßten wir nicht, wann der Film beginnt, der Zug abfährt, das Restaurant öffnet, die Sitzung stattfindet oder wann wir uns mit jemandem verabredet hatten. Fabrikarbeiter müssen ihre Karte stempeln; wenn sie zu spät dran sind, wird ihr Lohn gekürzt, und die Produktion am Fließband verläuft nicht so glatt wie sonst. Wir arbeiten in der Regel von neun bis fünf (und bekommen Überstunden bezahlt), holen die Kinder um eins von der Schule, essen um sieben Uhr und schauen um halb elf Uhr noch die Spätnachrichten an. Abiturienten haben vier Stunden Zeit für ihre Klausuren, Quizkandidaten müssen innerhalb von dreißig Sekunden antworten, amerikanischen Profi-Basketballern verbleiben vierundzwanzig Sekunden bis zum Korbwurf, Leichtathleten unterbieten um Hundertstelsekunden bestehende Weltrekorde, NASA-Experten bestimmen den Start einer Rakete auf eine Tausendstelsekunde genau, und Physiker rechnen mit Nanosekunden.

Alles lebt nach der Uhr, die heutzutage so genau geht, daß wir die Geschwindigkeit subatomarer Teilchen messen können. Wir tragen die Zeit wie eine Fessel an unserem Handgelenk und bewegen uns mit ihrem unerbittlichen Pulsschlag.

Wir nutzen Zeit als Maßeinheit für unser Leben: eine Sekunde, eine Minute, eine Stunde, ein Jahr, ein Jahrzehnt, ein Leben. Wir alle sind von Uhren abhängig, da wir uns zu Sklaven der Zeit gemacht haben.

Aber im Mittelalter gab es keine Uhren. Selbst das Stundenglas, das man kaum als präzises Meßinstrument bezeichnen kann, kam erst gegen Ende des dreizehnten Jahrhunderts in Gebrauch. Wir stellen uns nur selten die Frage, ob unsere Vorfahren die Zeit möglicherweise anders empfunden haben. Statt dessen betrachten wir Zeit als ein Phänomen, das außerhalb unseres Selbst existiert, als eine universelle »Uhr«, die ununterbrochen tickt, während unser Leben schnell voranschreitet. Dennoch erfuhren die Menschen vor uns Zeit auf eine Weise, die sich deutlich von der hohen Geschwindigkeit des modernen Lebensstils unterschied.

Selbst heute noch ist in manchen Gebieten Afrikas oder in Papua-Neuguinea unsere Vorstellung von Zeit völlig unbekannt. In zahlreichen Sprachen gibt es kein Äquivalent für Begriffe wie »Stunde«, »Minute« oder »Sekunde«. Es ist Tag, wenn die Sonne aufgeht, und Nacht, wenn sie hinter dem Horizont versinkt. Die Jahreszeiten werden am Gedeihen oder Vergehen des Getreides gemessen, und niemand weiß, wie alt seine Eltern waren, als sie starben – man weiß nur, daß sie *alt* waren. Und der Tod war ein unausweichliches und segensreiches Ereignis.

Was für rückständige Menschen, denken wir dann häufig. Was für rückständige Zeiten! Aber ich bezweifle, daß die Papua mit uns darin übereinstimmen. Und ich bin mir nicht sicher, ob ein Mensch des Mittelalters unsere Gesellschaft als sehr fortschrittlich bezeichnen würde. Möglicherweise würde er uns sogar bedauern. Was für verrückte Menschen, würde er vielleicht denken. Was für verrückte Zeiten!

Beide Einstellungen sind natürlich richtig.

Es ist einfach eine Tatsache, daß die Uhr-Zeit für uns Mitglieder der Industrie-, Atomzeitalter- und Raumfahrtgesellschaft zu einem Teil von uns selbst geworden ist – und es handelt sich dabei um etwas Wertvolles, etwas, das genutzt werden kann. Nichtsdestotrotz müssen wir lernen, uns auch mit einer anderen Zeitrechnung anzufreunden, damit wir das Leben mit all seinen Möglichkeiten voll genießen können.

Wenn wir nicht lernen, die Zeit in unserem Leben bewußt zu steuern, wird der Streß, unter dem wir leiden, nur noch schlimmer werden. Wir sind den Kernsätzen unserer Gesellschaft auf Gedeih und Verderb ausgeliefert, die von uns verlangen, daß wir schneller und produktiver sein müssen, mehr tun und mehr kaufen müssen und – an oberster Stelle – niemals still sitzen und das Gefühl zu leben einfach genießen dürfen. Wenn wir nicht lernen, die Zeit in unserem Leben bewußt zu steuern, wird unser Leben vor uns davonrasen, und wir werden die Schönheit der Welt und die Ereignisse um uns herum nicht einmal bemerken. Wir werden mit dem Gefühl zurückbleiben, daß irgend etwas fehlt, daß irgend etwas verschwunden ist. Genau wie Vicky auf der Fähre könnten wir uns im Paradies selbst befinden – und würden es noch nicht einmal wahrnehmen.

Mein Interesse am Phänomen Zeit reicht weit in meine Kindheit zurück. Es vergingen Jahre, bis mir klarwurde, daß ich als Kind – noch vor dem Einsetzen meiner bewußten Erinnerungen – nach meinem eigenen Zeitplan gegessen, geschlafen und gelernt hatte, ohne jede Uhr. In diesen sehr zufriedenen Jahren war ich Herr und Meister meiner Zeit.

Etwa im Alter von sechs Jahren gab mir mein Großvater – ein Erfinder, der sich an allem Mechanischen erfreute – eine Uhr und erkärte mir ihre Funktionsweise. Er verbrachte Stunden damit, mit mir zusammen die Welt der Zahlen zu erforschen, mir ihre Beziehung zur Zeit zu erklären und die Beziehung der Zeit zu uns. Am Anfang interessierte ich mich weniger für das Ziffernblatt als vielmehr für die inneren Mechanismen der Uhr. Aber schon bald erkannte ich, daß die mit dem Ziffernblatt verbundene Information – die jeweilige Tageszeit – in unserem Haus eine besondere Rolle spielte.

Mein Vater, ein Arzt, war ausgesprochen zeitbewußt, da seine Arbeit einem strengen Zeitplan folgte. Auch meine Mutter lebte mit dem ständigen Blick auf die Uhr und brachte uns bei, unsere Zeit sinnvoll zu nutzen. »Zeit ist kostbar«, prägte sie uns ein. »Vergeudet sie nicht.«

Wie geplant ging ich aufs College und studierte danach Medizin. Meine Eltern waren zufrieden. *Ich* war zufrieden, denn schließlich nutzte ich meine Zeit in bestmöglicher Weise.

Dennoch empfand ich während der ganzen Jahre eine Rastlosigkeit und Rebellion, die sich teilweise von meinen Eltern auf mich übertragen hatte. Ich wollte etwas anderes als das vorhersagbare Leben, das ich damals führte. Und 1973 – kurz bevor ich mein Medizinstudium beendete – unternahm ich eine Reise nach Indien, die meine gesamte Sichtweise und Einstellung tiefgreifend veränderte.

Ungefähr zu dieser Zeit las ich nochmals ein Buch, das zu Beginn der siebziger Jahre erschienen war und für mich plötzlich eine völlig neue Bedeutung bekam. Es handelte sich um das Buch *»Be Here Now«* von Ram Dass, der mir seit dieser Zeit ein guter Freund und Mentor wurde. Das Buch beschäftigt sich damit, zu »sein«, statt zu »handeln«; es thematisiert die Existenz im gegenwärtigen Moment und nicht in der Vergangenheit oder Zukunft. Obwohl viele Menschen diese Vorstellung als ketzerisch empfanden und jeden Anhänger als »Aussteiger« betrachteten, faszinierte mich Dass' Idee, und ich beschloß, sie in mein Leben und meine medizinische Tätigkeit zu integrieren.

Nach dem erfolgreichen Abschluß meines Medizinstudiums konzentrierte ich mich auf ganzheitliche Medizin, ein zu diesem Zeitpunkt in der westlichen Welt völlig neues Konzept. Meine Tätigkeit als Arzt richtete sich immer stärker auf Themen wie Gesundheit, Wellness, Vorbeugung, lange Lebensdauer und den Zusammenhang zwischen Körper und Geist bei Krankheiten und Streß. Ich verschrieb körperliche Bewegung und eine andere Ernährungsweise, lehrte meine Patienten streßvermindernde und

Entspannungsübungen und stellte im Laufe der Jahre fest, welch wichtige Rolle die Zeit bei allen Aspekten der Gesundheit spielt. Allerdings konnte ich meine daraus gewonnenen Erkenntnisse damals noch nicht zu einer Theorie zusammenfassen.

Die Auswirkungen der »Zeit-Armut« zeigten sich mir bei meiner täglichen Arbeit in der Praxis. Patient um Patient klagte, daß er »zuwenig Zeit« habe. Die Sorgen und der Druck waren enorm; der »Tag hatte einfach nicht genügend Stunden«, um all das zu erledigen, was sie zu tun hatten. Ich hörte ihnen mit größter Aufmerksamkeit zu, verschrieb körperliche Betätigung und eine gesunde Ernährungsweise und dachte mit einer Selbstgefälligkeit, die mich heute schaudern läßt, daß ich doppelt so hart arbeitete wie jeder von ihnen und dennoch nur wenige, wenn überhaupt irgendwelche der von ihnen erlebten Streßsymptome aufwies.

Allerdings bemerkte ich auch etwas anderes. Wie viele erfolgreiche Menschen war ich zu der Auffassung gelangt, daß es das Beste wäre, meinen Tag mit möglichst vielen Aktivitäten vollzustopfen – eben weil das Leben eine vergängliche Angelegenheit ist und für jeden schließlich nur eine bestimmte Menge an Zeit zur Verfügung steht. Ich dachte, das Leben in vollen Zügen zu genießen, bedeute, soviel wie nur irgend möglich zu tun.

Als ich jedoch die Dreißig überschritt, stellte sich ein Gefühl der Leere, der Unzufriedenheit ein. Obwohl ich ständig mehr tat, um mehr zu erleben, kam es mir so vor, als würde ich eigentlich *weniger* erleben. Mir drängte sich immer deutlicher der Eindruck auf, daß ich das Wesentliche verpaßte.

Und dieser Eindruck täuschte keineswegs, denn ich war nicht wirklich *gegenwärtig*. Mein Leben raste in so hoher Geschwindigkeit an mir vorbei, daß ich das Wesentliche tatsächlich versäumte.

»Vielleicht sollte ich einfach noch mehr machen«, dachte ich. »Ich muß einfach nur mein Tempo steigern.«

Aber – wie wir bald feststellen werden – genau das Gegenteil ist der Fall. Wir müssen lernen, wie wir uns Zeit zum Abschalten, zum Verringern des Tempos schaffen können. Wir müssen uns auf den Augenblick einlassen, Dinge um uns herum wahrnehmen, uns unseres Lebens bewußt werden und jedem einzelnen Moment unsere ganze Aufmerksamkeit widmen, anstatt blind loszurasen.

1977 gründete ich das Omega Institute for Holistic Studies in Rhinebeck im Staat New York. In diesem Zentrum erlernen Menschen, wie sie ihr tägliches Leben bewußter erfahren können. Es war von Anfang an unser Ziel bei Omega, ein warmes und sicheres Umfeld zu schaffen, in dem sich die Teilnehmer geborgen und miteinander verbunden fühlen konnten. Aus diesem Grunde erwarben wir im Tal des Hudson River ein Anwesen, dessen natürliche Umgebung in Kombination mit dem Programm es den Teilnehmern ermöglicht, sich zu entspannen und zur Ruhe zurückzufinden. Ein Aufenthalt am Omega Institute ähnelt einem Urlaub mit Lehrprogramm, bei dem die Teilnehmer die Hetze und den Streß ihres Alltags eine Weile hinter sich lassen.

Das Interesse an Omega-Kursen war von Anfang an enorm. Heute nehmen etwa 20 000 Menschen im Jahr an unserem Programm teil, wobei die Zahl beständig steigt. Das Omega Institute wurde zu einer Oase für Streßgeplagte, die sich anderen Leidensgefährten, der Natur und schließlich ihrem Inneren verbunden fühlen möchten.

Der Schlüssel zu diesem Erfolg liegt meines Erachtens in der Rolle, die Zeit und Rhythmus hierbei spielen. Am Omega Institute befinden sich die Menschen in einer ländlichen Umgebung. Auf Uhren legen wir keinen großen Wert, sondern stimulieren die Teilnehmer statt dessen, mit dem Rhythmus der Natur in Einklang zu kommen – einem Rhythmus, den sie während ihres Berufslebens häufig übersehen, der jedoch ein wichtiger Bestandteil ihres Selbst ist. Auf sie wirkt ein Rhythmuswechsel heilsam und gesundheitsfördernd.

Ich bin dem Omega Institute noch immer zutiefst verbunden – aber ich bin nicht mehr derselbe Mensch wie im Jahre 1977.

Die Zeit hat mich verändert. Damit meine ich nicht nur den *Lauf der Zeit* – natürlich bin ich jetzt achtzehn Jahre älter und habe wesentlich mehr Erfahrungen gesammelt und Verrücktheiten mitgemacht. Mein Verständnis von Zeit und meine Verwendung von Zeit haben sich ebenfalls geändert.

In den Vereinigten Staaten gilt die Zeit als Staatsfeind Nummer eins. Wir reden davon, »Zeit zu verschwenden«, »Zeit zu vertreiben« und »Zeit totzuschlagen« – bis zu dem Punkt, an dem Müßiggang uns mit Angst erfüllt und wir die Stille mit dem Lärm dröhnender Stereoanlagen und plärrender Fernsehgeräte anfüllen. Ich selbst hatte mich ebenfalls diesem Lebensstil verschrieben und mir eingebildet, zwei oder drei Dinge auf einmal erledigen zu können: meine Seminare vorbereiten, während ich meine Kinder beim Spiel beobachtete; das Abendessen zubereiten, während ich mir die neuesten Nachrichten im Fernsehen ansah. Aber eine Reihe von Ereignissen änderte meine Denkweise, stellte meinen Lebensstil gründlich auf den Kopf, machte die Zeit für mich zu einem besonderen Thema – und führte schließlich zu diesem Buch.

Das erste Ereignis war anscheinend ganz profan: Ich sah einen Mann gehen.

Natürlich handelte es sich dabei um einen besonderen Mann, und die Art und Weise, wie er ging, hatte ich nie zuvor gesehen. Der Mann war Thich Nhat Hanh, ein buddhistischer Mönch aus Vietnam und Friedensaktivist, der das Omega Institute als Dozent mit seiner Anwesenheit beehrte.

Als er eines Tages einen Meditationskurs gab, führte ich gerade in meinem Büro ein Geschäftsgespräch und blickte dabei gelegentlich durch das Fenster auf den Garten des Instituts. Diesen durchschritt Thich Nhat Hanh, gefolgt von einer Gruppe von etwa hundert Teilnehmern. Ich starrte nach draußen, völlig fasziniert – meinen Besucher und unser Gespräch hatte ich vergessen.

Thich Nhat Hanh bewegte sich vorwärts, als ob er mit jedem Schritt den Boden küssen würde. Er war vollkommen gegenwärtig und offensichtlich nur in den Akt des Gehens vertieft. Ich konnte fast *fühlen*, wie er jeden Moment genoß, das Gras unter seinen Füßen spürte, wie sein Körper mit jeder Bewegung im Einklang stand.

Thich Nhat Hanh war zutiefst *gegenwärtig* in diesem Spaziergang. Dabei hatte alles andere mit einemmal an Bedeutung verloren; er lebte ganz im Jetzt. Selbst heute noch kann ich mich vollkommen gegenwärtig fühlen, wenn ich mir jenes Bild vor Augen führe.

Als ich an diesem Abend zum Essen ging, hielt ich plötzlich für einen Moment inne. Mir wurde klar, daß meine Gedanken bei der geschäftlichen Besprechung vom Nachmittag und bei einem Telefonat verweilten, das ich vergessen hatte und nach dem Essen noch erledigen mußte. Mit anderen Worten – ich existierte in der Vergangenheit und in der Zukunft, aber nicht in der Gegenwart. An diesem Abend war ich mir – wie so viele Male zuvor – meiner Schritte, meiner Atmung oder des warmen Lichts des Omega-Speisesaals nicht bewußt.

Daher dachte ich an Thich Nhat Hanh – und als ich mir gestattete, den gegenwärtigen Augenblick zu erleben, mir meiner momentanen Tätigkeit bewußt wurde und gleichzeitig die Gedanken an Dinge aus der Vergangenheit und der Zukunft fallen ließ, spürte ich, wie mich ein Gefühl tiefer Zufriedenheit erfüllte. Es schien mir, als ob sich mein Geist und Körper insgesamt völlig entspannten. Ich begann zu begreifen, daß ich solch ein Gefühl jederzeit erleben konnte. Ich mußte mich lediglich ganz dem gegenwärtigen Moment hingeben und einfach im *Hier und Jetzt* sein. Und mir war es möglich, diesen Zustand zu genießen, solange ich nur wollte! Ich erfuhr, daß ich die Zeit kontrollieren und daher Zeit schaffen konnte!

Ein langsamer und bewußter Gang erscheint angesichts unserer permanenten »Zeit-Armut« als reinste Zeitverschwendung. Aber ich habe (neben zahlreichen Studenten und Teilnehmern) festgestellt, daß sich nur wenige Momente der bewußten Wahrnehmung des gegenwärtigen Augenblicks als wunderbar beruhigend und erfrischend erweisen und ein Gefühl der Ruhe und Entspannung erzeugen, dessen Wirkung während des gesamten Tages anhält.

Wenn Sie Ihrem Leben einen friedvollen Rhythmus geben (wie etwa bei der Wandermeditation, beim Ausführen des Hundes, beim Spiel mit den Kindern oder einem tiefgehenden Gespräch mit einem guten Freund), vermag dieser dazu beizutragen, Ihr Lebenstempo wieder ins Gleichgewicht zu bringen – wovon später noch ausführlich die Rede sein wird. Das Wunderbare und Überraschende daran ist die Tatsache, daß ein kurzer Moment des bewußten Wechsels in eine langsamere Gangart Ihnen keine Zeit raubt, sondern statt dessen Zeit schenkt und Ihnen während des gesamten Tages ein Gefühl der »Zeit-Freiheit« (wie ich es nenne) vermittelt. Und genau darum geht es beim Rhythmuswechsel.

1986 ließen meine Frau und ich uns scheiden. Obwohl wir heute Freunde sind – und sogar gemeinsam am Omega Institute arbeiten –, war die Trennungsphase bitter und schmerzhaft. Um ihr entgegenzuwirken, stürzte ich mich mit doppelter Kraft auf meine Arbeit. Das Institut expandierte rapide. Ich nahm mehr Privatpatienten an und füllte meine Tage und Nächte mit Aktivitäten. Ich tat alles mögliche, um den Schmerz tief in meinem Inneren zu unterdrücken.

Obwohl ich bereits hart arbeitete, wollte ich noch mehr schaffen. Und obwohl ich das Omega Institute und eine gutgehende Arztpraxis führte, übernahm ich den Aufbau eines großen Gesundheitszentrums in Lenox, Massachusetts – ein viele Millionen Dollar teures Unternehmen. Dabei erlebte ich eine Krise, die eine weitere entscheidende Wende in meinem persönlichen Verhältnis zur Zeit herbeiführte.

Mir war klar, daß ich mir bereits viel zuviel aufgebürdet hatte; dennoch übernahm ich die Aufgabe, weil ein solches Gesundheitszentrum immer mein großer Wunsch gewesen war. Darüber hinaus wußte ich auch, daß mich die Arbeit an diesem Projekt zu einem wohlhabenden Mann machen konnte. Außerdem nahm mein Sportsgeist diese besondere Herausforderung nur zu gerne an, denn Freunde hatten mir bestätigt, wenn es jemand schaffen würde, dann ich.

Eines Tages jedoch (ich befand mich gerade auf dem Weg zu einer Konferenz) sah ich mich plötzlich, wie ich mit der Faust auf das Armaturenbrett einschlug – etwas, was ich nie zuvor getan hatte. Meine innere Stimme sagte mir, daß ich endlich aufhören solle, mein Leben mit dieser ungesunden Menge an Aktivitäten zu überhäufen – aber wer hört schon auf seine innere Stimme, wenn die Logik das Denken beherrscht? Ich machte weiter, mit unverminderter Geschwindigkeit.

Aber für dieses Projekt war noch nicht der richtige Zeitpunkt gekommen. Die amerikanische Wirtschaft verharrte auf der Talsohle der Rezession, wir standen vor einer Fülle von Problemen, und schon bald brach das ganze Unternehmen in sich zusammen. Natürlich kann ich heute zurückblickend feststellen, daß ich sicherlich gerne Erfolg gehabt – wer gibt sich schon mit einem Mißerfolg zufrieden? – und gerne Millionen von Dollar verdient hätte. Aber wenn ich genauer hinschaue, wird mir klar, daß es sich zwar um eine teure Lektion handelte, ich diese aber dringend nötig hatte. Tatsächlich erwies sich der resultierende Konkurs als Glück im Unglück.

Statt die Geschwindigkeit zu drosseln und den Schmerz über das Scheitern meiner Ehe auszuleben – und mich damit einem solchen komplexen Gefühl zu stellen –, stürzte ich mich in ein neues Projekt, um mich selbst zu beschäftigen. Ich zwang mich zu einem Wettlauf gegen den Schmerz und ließ es dadurch zu, kostbare Augenblicke mit meinen Kindern und meinen Freunden in rasendem Tempo zu überbrücken – wertvolle Momente, die ich erst im Rückblick erkenne. Mein Leben war vollkommen aus dem Takt geraten. Nur ein einschneidendes Ereignis konnte mich wachrütteln und zu der Erkenntnis veranlassen, daß ich einiges verändern mußte. Das Konkursverfahren hatte genau diese Wirkung.

Im Verlauf dieser Krise war ich gezwungen, mein bisheriges Leben und mein Verhältnis zur Außenwelt kritisch unter die Lupe zu nehmen. Wenn ich den eingeschlagenen Weg beibehielt, bei dem die Arbeit (je mehr, desto besser) an erster Stelle stand, würde mich dies nur in dem Gefühl bestärken, daß die wichtigen Dinge in meinem Leben an mir vorbeigingen, unabhängig davon, wie »erfolgreich« ich war.

Seit dieser Zeit habe ich Schritt für Schritt gelernt, meine Wahrnehmung von Zeit und mein Verhältnis zu ihr entscheidend zu verändern. Ich habe gelernt, in den ganz normalen Momenten des Alltags ein Gefühl der tiefen Zufriedenheit und der großen Befriedigung zu erleben – hauptsächlich dadurch, daß ich meine Geschwindigkeit reduziere und mir Zeit nehme, diese Augenblicke auszukosten. Ich arbeite zwar auch jetzt noch hart und bewege mich schnell, wenn es die Situation erfordert, aber ich lerne ebenso, mich nicht mehr mit der Arbeit zu beschäftigen, wenn ich die Praxis verlassen habe, und meine Geschwindigkeit nach Wunsch zu verringern. Ich bin in der Lage, mich auf eine Weise zu entspannen und am Leben zu erfreuen, die ich niemals für möglich gehalten hatte, als ich mein Leben noch auf der Überholspur verbrachte.

Klingt das nicht verlockend?

Dieses Buch bietet eine Reihe von Konzepten und befähigt Sie zu einem besseren Verständnis der Zeit – und damit zu einem Wechsel des Rhythmus. Ich zeige Ihnen, welchen Einfluß die Zeit auf Ihr Selbstgefühl, auf Ihre Beziehungen, Ihre Arbeit, auf Spiel und Spaß, Gesundheit, Alter, Tod, Gesellschaft und auf die Zukunft ausübt.

Aber das bloße Begreifen der Zeit mit dem Verstand reicht trotz seiner wichtigen Bedeutung nicht aus. Wenn Sie lernen, wie Sie Zeit *formen* können, wenn Sie den Rhythmus jederzeit nach Wunsch wechseln können – erst dann werden Sie eine allumfassende Freiheit – eine Zeit-Freiheit – erfahren, die für Sie bislang nur im Reich der Phantasie angesiedelt war.

2. Einstimmung
auf den eigenen Lebensrhythmus

Ein glühender Verehrer stellte Arthur Rubinstein
einst folgende Frage:
»Wie kommen Sie zu dieser phantastischen Notenbeherrschung?«
Der Pianist antwortete:
»Die Noten beherrsche ich nicht besser als andere auch,
aber die Pausen – ah!
Darin liegt die wahre Kunst verborgen!«

Alles bewegt sich im Rhythmus: atomare Teilchen, Elektronenwellen, Moleküle in Holz und Stein, Gras und Bäumen, Amöben, Säugetieren und Vögeln, Fischen und Reptilien, Erde, Mond, Sonne und Sterne… und wir selbst. Wir werden sämtlich vom Rhythmus beherrscht.

Genau wie bei allen Tieren ist das Herz unser rhythmischstes Organ, aber auch das Blut in unseren Blutbahnen und die vom Blut versorgten Organe, Muskeln und Sehnen bewegen sich in einem Rhythmus – wenngleich wir uns dessen nicht immer bewußt sind. Unser Atem, der offensichtlichste Indikator unseres Körper- und Gemütszustands, geht je nach körperlicher Anstrengung beziehungsweise mentalem Befinden ruhiger oder schneller.

Die Welt schwingt daher in einer Myriade von Rhythmen. Den Prozeß, der diese Rhythmen miteinander in Einklang bringt, bezeichnet man als »Synchronisation«.

Rhythmische Synchronisation ist eines der wichtigsten Organisationsprinzipien der Welt und ebenso unausweichlich wie die Schwerkraft. Dieses Prinzip erklärt, warum ein Rhythmus mit einem anderen in Einklang kommt und warum einzelne Einheiten (wie Moleküle oder Sterne) mit der Leichtigkeit, mit der ein

Schmetterling seine Flügel bewegt oder das Blut in unseren Adern fließt, sich aufeinander einstimmen.

Wenn man zwei nicht synchron tickende Pendeluhren nebeneinander plaziert, werden sie am nächsten Tag gleichgehen. Es erweckt den Anschein, als *wollten* sie miteinander übereinstimmen. Wenn Sie den Senderknopf an Ihrem Radio drehen, stellen Sie die Oszillatoren des Geräts ein. Sobald ihre Frequenz sich jener eines Radiosenders annähert, werden sich die Oszillatoren und die Senderwellen synchronisieren, sich aufeinander abstimmen, so daß das gewählte Radioprogramm klar übertragen wird.

Bereits 1665 entdeckte der niederländische Wissenschaftler Christiaan Huygens, daß sich bewegende Körper eine Synchronisation anstreben. Seit dieser Zeit hat sich in der Naturwissenschaft die Synchronisation zu einem anerkannten Konzept entwickelt und unser wachsendes Verständnis um deren Zusammenhänge zu phantastischen technologischen Errungenschaften geführt.

Aber in bezug auf die Auswirkungen auf den Menschen stehen wir erst am Anfang unseres Wissens. Tatsächlich halten die meisten Menschen die Synchronisation für eine solche Selbstverständlichkeit, daß sie sich ihrer Existenz noch nicht einmal bewußt sind. Aber selbst wenn wir der Synchronisation gewahr werden, nehmen wir uns nicht die Zeit, sie zu verstehen.

Unsere eigene Synchronisation – das Einstimmen auf einen anderen Menschen, einen Gegenstand, ein Geräusch, einen Gemütszustand, einen Rhythmus – kann von langer oder kurzer Dauer sein und sich als knappes Lächeln zwischen zwei Menschen äußern. Oder als ein Tanz (ob nun ein Solotanz oder zusammen mit einem Partner), als Liebesakt, als intensives Gespräch, als Teamgeist in einer Mannschaft, im Berufsleben oder während einer Krisensituation, als Zusammengehörigkeitsgefühl zwischen Stadt- oder Dorfbewohnern gegen einen gemeinsamen Feind oder für eine gemeinsame Sache oder bei einem Ereignis, das uns alle betrifft (man denke nur an die Trauer um John F. Kennedy oder die Freude, als Neil Armstrong als erster Mensch einen Fuß auf den Mond setzte). Synchronisation kann sich auch in Verbundenheit mit der Natur äußern, die man in den Wäldern oder an einem einsamen See empfindet, oder sogar als Verbundenheit mit den großen Mysterien – dem Rhythmus der Sterne und Planeten, dem Pulsschlag des Universums, dem Fluß der Zeit.

Studentinnen, die gemeinsam in einem Wohnheim leben, stellen häufig fest, daß sich ihre Menstruationszyklen einander anpassen. Werdende Mütter synchronisieren sich mit dem Kind in ihrem Körper. Und wer könnte wohl beim Anblick eines lachenden Kindes ein Lächeln unterdrücken? Oder denken Sie doch einmal an Sex mit und ohne Synchronisation. Im ersten Fall fühlt man sich wie im siebten Himmel, während der zweite Fall nur Frustration und Ärger hervorruft.

Frederick Erickson vom Interaction Laboratory der Universität von Pennsylvania konnte dokumentieren, daß Synchronisation sich sogar an einem Eßtisch manifestiert. Wenn die Familienmitglieder miteinander reden, zeichnen sich die betonten Silben alle durch den gleichen Rhythmus aus. Selbst wenn das Gespräch stockt, läuft der Rhythmus einfach weiter: Jemand greift im Takt nach dem Salz oder stößt mit dem Messer gegen den Teller. Und sogar nach dem Essen setzen die Fußschritte der sich vom Tisch entfernenden Familienangehörigen den Rhythmus fort.

Große Redner sind sich der Macht des Rhythmus ihrer Sprache bewußt, mit dem sie die Aufmerksamkeit der Zuhörer fesseln. Wenn der junge Martin Luther King eine Predigt hielt – so erzählen die Mitglieder seiner Kirchengemeinde –, fühlte man sich als Teil einer menschlichen Welle, als ob man von seinen Worten mitgerissen worden wäre. Auch John F. Kennedy – und Adolf Hitler – besaßen diese Kraft. Synchronisation an sich ist weder falsch noch richtig; sie existiert lediglich als ein Naturgesetz. (Der Schriftsteller René Daumal formulierte es in seinem Buch »*Mount Analogue*« einmal so: »Ein Messer ist weder falsch noch richtig, aber wer es an der Klinge festhält, befindet sich gewiß im Irrtum.«)

Afrikanische Trommler, großartige Geiger, Redner, Politiker… sie alle bedienen sich der Synchronisation. Sie haben den Rhythmus der Musik oder Worte verinnerlicht und erfahren den gleichen Rhythmus als Reaktion aus dem Publikum. Ich weiß, daß ich mich bei meinen Seminaren im »richtigen« Rhythmus befinde, wenn ich so gegenwärtig, so präsent bin, daß ich nicht jedes meiner Worte beständig überprüfe – ich überlasse mich einfach meinem Redefluß. In solchen Momenten erhalte ich von meinen Zuhörern den fast spürbaren Eindruck, daß sie »mitgehen«, so wie ich mit ihnen »mitgehe«.

Synchronisation hat jedoch nicht immer etwas mit Worten oder Geräuschen zu tun. Der hervorragende Basketballspieler Bill Russell beschreibt in seiner Autobiographie »*Second Wind*« diese Momente, wenn sowohl seine Teamkameraden als auch seine Gegner ihr Bestes gaben. Sie befanden sich dann nicht nur in Synchronisation miteinander, sondern auch mit dem Spiel selbst. In diesen Momenten – so Russell – spielt es keine Rolle, ob man gewinnt oder verliert. Viel wichtiger ist das Spiel an sich – Spieler, die auf höchstem Niveau im Sport vereint sind.

Frühere Religionsführer und Schamanen kannten die Kraft des Rhythmus bei der Umwandlung von weltlicher oder profaner Zeit in geheiligte Zeit, in der Geschwindigkeit der Andacht Platz macht und Zeitlosigkeit irdische Zeit ersetzt. Seit Jahrtausenden werden Zeremonien und religiöse Rituale vom Rhythmus einer Trommel oder eines Chorals begleitet, der die gesamte Gemeinde in einen langsameren Rhythmus leitet, um eine tiefergreifende und spirituellere Erfahrung des Lebens zu ermöglichen.

In manchen Kulturen führt man den Trancezustand durch ein Trommelritual herbei. Der Anthropologe Michael Harner hat sich mit vielen verschiedenen Kulturen beschäftigt und festgestellt, daß ein besonderer Trommelrhythmus eine ganze Gruppe von Menschen in eine gemeinsame, rhythmische Harmonie versetzen kann, die als heilig und als »Tor zu einer anderen Welt« gilt. Schamanen bezeichnen die Trommel häufig als »Kanu«, das sie an andere Ufer trägt.

In Afrika dienen die Trommeln nicht nur bei religiösen Zeremonien, sondern auch bei Tänzen und anderen Ritualen dazu, einen Rhythmus zu erzeugen, der eine Geschichte oder einen Aspekt der Umwelt wiedergibt. Als es noch keine schriftlichen Geschichtsdokumente gab, hatten die Trommel und der dazugehörende Tanz diese Aufgabe übernommen. Die Trommel übertrug die Botschaft durch den passenden Rhythmus und berichtete so von Dürreperioden, Erntefeiern, einer Geburt oder einem Krieg. Dabei handelte es sich nicht um einen genau abgemessenen Rhythmus, wie wir ihn in der westlichen Welt kennen, sondern um eine Taktfolge, die die sich verändernde natürliche Umgebung reflektierte und ein Synchronisationsfeld für alle Beteiligten entstehen ließ. Selbst heute noch kennen viele Dörfer ihre eigenen Tänze und Rhythmen, die die Unterschiede zwischen den Gemeinden dokumentieren und anzeigen, daß jede Gemeinschaft ihren individuellen Rhythmus besitzt. Sogar große Städte verfügen über ihren eigenen Rhythmus: Der ruhige Lauf des Lebens in Seattle unterscheidet sich erheblich von der Alltagshektik einer Stadt wie Los Angeles.

Eine Trommel wird bei einem afrikanischen Ritual geschlagen. Erst langsam, dann immer schneller; danach wird der Rhythmus wieder langsamer, um sich im nächsten Moment erneut zu erhöhen. Die Tänzer bewegen sich in einem Kreis um das Feuer und passen ihr Schrittempo dem Rhythmus der Trommel an. Einige Zuschauer begleiten den Schlag der Trommel mit dem Aufstampfen ihrer Füße, ganz gebannt vom Rhythmus des Tanzes; andere klatschen rhythmisch in die Hände. Schon bald sind sich alle Beteiligten – Zuschauer wie Trommler und Tänzer – ihrer direkten Umgebung nicht mehr bewußt: In diesem Moment ist das Denken vollkommen ausgeschaltet, es gibt nur noch die Synchronisation mit dem Rhythmus, der jeden Schlag, jeden Rhythmus dieser Welt enthält.

Wenn ein inspirierter Trommler sich auf den Rhythmus des Moments, des Universums einstimmt, wird er selbst zu einem Instrument und gibt den Rhythmus an seine Umgebung weiter. Babatunde Olatunji, der die afrikanischen Trommeln in die westliche Welt einführte, erzählte mir einmal, daß der Rhythmus ihn durchfließe, er dabei jedoch kein Gefühl der Herrschaft oder Macht empfinde. Er sei lediglich der Überbringer, ein Medium.

Aber auch in unserem Kulturkreis nutzen die Menschen seit Jahrtausenden den Rhythmus von Liedern, um die Geschwindigkeit des Lebens zu reflektieren und zu bestimmen. Die Bauern sangen auf den Feldern, Gäste tanzten während einer Hochzeit, Glocken schlugen die Stunden, Ruderer skandierten ein Lied, während sie das Boot durch das Wasser vorantrieben. Und man traf sich zu sowohl weltlichen als auch religiösen Sanges- und Liederwettbewerben und -feiern. Im alten Griechenland trug Homer seine Verse singend statt rezitierend vor, und im Mittelalter besaßen jede Zunft und Gilde ihr eigenes Lied, das auf ihren jeweiligen Rhythmus abgestimmt war.

In allen Teilen der Welt ist die Musik – nicht nur das Geräusch, sondern auch der Wechsel von Geräusch und Pause (wodurch ein Rhythmus entsteht) – das effektivste Mittel der Synchronisation. Die davon ausgehende Macht ist enorm. Mein Vater berichtete mir von einer Aufführung von Beethovens *Fidelio* in Salzburg, unter Leitung von Arturo Toscanini, bei der das Publikum (eine exklusive und gesetzte Gesellschaft) so mitgerissen wurde, daß es zur großen Überraschung der Sänger auf der Bühne zwischen den Sitzreihen tanzte.

Der Trompeter Miles Evans erzählte mir: »Miles Davis erschuf großartige Musik, indem er den Raum zwischen den Noten öffnete und hineintrat.« Und der Percussionist Tony Vacca erklärte: »Wenn du deinen Rhythmus nicht finden kannst, findest du auch deine Seele nicht.«

Aber heutzutage haben wir nur wenig Zeit für eine Musik, die sich nicht auf eine begrenzte Menge schneller Rhythmen beschränkt. Unsere heutige Musik ist – wie unsere Gesellschaft – bedeutend rauher: Rock und Rap beherrschen die Ätherwellen. Doch laut Edward T. Hall, eines Anthropologen, bestimmt die Popmusik nicht unser Lebenstempo, sondern sie reflektiert es lediglich: »Musik kann als eine Art rhythmischer Konsens betrachtet werden. Ein Grund für die Existenz von Hits besteht

darin, daß jemand etwas komponiert, das so dicht an den Gefühlen, Tätigkeiten und verwendeten Rhythmen der Menschen
liegt, daß sie es sofort erkennen. Die Musik setzt Gefühle und
Rhythmen frei, die den Menschen vertraut sind.«

Da Musik der effektivste Synchronisator ist, *mußte* das Tempo
der Musik zunehmen. Unsere Gesellschaft gab dazu den Anstoß.

Die Synchronisation stellt einen so umfassenden Teil unseres Lebens
dar, daß wir uns ihrer im allgemeinen nicht bewußt sind – aber
manchmal können wir einen kurzen Blick darauf werfen. Als mein
Sohn Eli etwa zweieinhalb Jahre alt war, wollte er die Kassette von
Aladin immer wieder von vorne hören, wie es nun einmal die Art
von Kindern ist. Unglücklicherweise gingen mir die Melodien
nicht mehr aus dem Kopf, auch als der Kassettenrecorder längst ausgeschaltet war. Die Musik hatte sich in meinem Gehirn eingenistet
(obwohl ich mir dessen nicht bewußt war), und als es um mich
herum ruhiger wurde, tauchte das Thema von *Aladin* plötzlich in
voller Lautstärke wieder auf. Die Musik hatte mich während des
gesamten Tages als eine Art zugrundeliegender Rhythmus begleitet – und ich war unwillkürlich diesem Rhythmus gefolgt.

Die meisten von uns werden zwar nicht die Musik von *Aladin*
verinnerlicht haben, aber wir sind mit dem allgegenwärtigen Takt
unserer Gesellschaft bestens vertraut. Unser Lebensrhythmus erzeugt ein lautes »Klack-klack-klack« – ohne Unterbrechung. Man
kommt nicht um diesen Rhythmus herum, er ist ständig da, selbst
wenn wir uns dessen nicht immer bewußt sind. Wir haben uns unwissentlich mit einem schnelleren Rhythmus synchronisiert, vergleichbar einem Gift, das in Form eines trügerisch süßen Sirups in
unseren Körper eindringt. Dieser Rhythmus beherrscht unsere
Gangart, unsere Sprechweise, die Art und Weise, wie wir mit
Freunden und Fremden umgehen, die Art und Weise, wie wir entspannen beziehungsweise nicht dazu in der Lage sind. Achten Sie
einmal darauf, wie irritierend es wirkt, wenn jemand während
einer Konferenz permanent mit dem Stift auf den Tisch oder mit
dem Fuß auf den Boden klopft.

Die Angewohnheit, uns mit Dingen nur oberflächlich zu beschäftigen und uns dann etwas anderem zuzuwenden, durchdringt unser gesamtes Leben. So ging beispielsweise aus einer kürzlich durchgeführten Studie zum Verhalten von Besuchern des National Zoo in Washington hervor, daß diese Leute im Durchschnitt nur jeweils einen kurzen Moment bei jedem Gehege verweilen: etwa fünf bis zehn Sekunden. Genausogut könnte man auch ein zoologisches Nachschlagewerk zur Hand nehmen und auf diesem Wege im gleichen Zeitraum viel mehr über das Verhalten eines Tieres erfahren. In dieser Studie wurde auch ein Wärter zitiert, der vom Irrtum vieler Menschen berichtete, die annahmen, daß Flußpferde sehr lange unter Wasser bleiben können. »Aber eigentlich liegt ihre Tauchzeit zwischen neunzig Sekunden und fünf Minuten. Die Besucher bleiben jedoch nicht lange genug am Gehege stehen, um sie wieder auftauchen zu sehen.« Unser Drang weiterzugehen bewirkt, daß wir das, wofür wir eigentlich gekommen sind, verpassen.

Dieser verinnerlichte, absurd schnelle Rhythmus, den wir kaum noch wahrnehmen, weil er allgegenwärtig ist, wird uns von unserer Gesellschaft aufgezwungen. Und der Rhythmus der modernen Gesellschaft stellt wahrscheinlich den mächtigsten – und potentiell schädlichsten – Synchronisator dar.

In den letzten hundert Jahren hat sich die westliche Gesellschaft einem schnellen Rhythmus verschrieben, der nur insofern variiert, als daß er seine Taktfrequenz beständig erhöht und uns dazu antreibt, mehr zu tun, mehr zu produzieren, mehr zu lernen. Unsere gesamten Maschinen und Geräte sind auf eine weitere Beschleunigung des bereits jetzt zu hektischen Lebenstempos eingestellt. Computer, Faxgeräte, Voice-mail, E-mail, Internet, Handy, automatische Wahlwiederholung – diese Dinge sind im Geschäftsleben sicherlich sehr nützlich, aber sie haben auch zu einer Steigerung des Rhythmus um uns herum beigetragen. So nimmt der Druck auf uns permanent zu, und es bleibt uns nur wenig Zeit zum Nachdenken, geschweige denn zum Empfinden von Stimmungen und Gefühlen.

Dieser schnelle Lebensrhythmus ist ein relativ neues Phänomen, und niemand scheint zu wissen, wie man ihn ändern kann. Die meisten Menschen denken nicht einmal an eine Veränderung, da die Gesellschaft dieses schnelle Tempo als »produktiv« erachtet. Und weil wir als Individuum mit dem Rhythmus vollkommen synchronisiert sind, wird uns gar nicht bewußt, daß wir eine Veränderung wünschen könnten.

Aber selbst wenn wir feststellen, daß irgend etwas nicht stimmt, wissen wir einfach nicht, *wie* wir dieses Tempo ändern und uns einem langsameren, »menschlicheren« Rhythmus anpassen können. Die meisten Menschen wissen nicht, wie sie diesen Rhythmuswechsel vornehmen sollen – sicher nicht, solange die Gesellschaft permanent auf uns einhämmert. Wir wissen nicht, woher wir Ruhe zum Nachdenken oder Zeit für uns selbst nehmen sollen, um von dieser Hetzjagd in ruhigere Gewässer zu gelangen, damit wir uns wirklich entspannen, unsere Umwelt wirklich erkennen und unsere Gefühle wirklich wahrnehmen können.

Betrachten wir einmal den Alltag einer Familie aus der Kolonialzeit um 1750.

Es war damals ein hartes, entbehrungsreiches Leben. Das Land mußte mühsam urbar gemacht werden, die Felder wurden bestellt und abgeerntet, Kleidungsstücke von Hand gewaschen, Brotlaibe ohne die Segnungen des Stroms gebacken, die Kinder neben der Arbeit aufgezogen, und die (rudimentären) Werkzeuge und Gerätschaften mußten sorgfältig instand gehalten werden. Zeitsparende Maschinen, Haushaltsgeräte, Schnellkochreis oder Mikrowellengerichte gab es nicht.

Aber wie erklären wir uns die Tatsache, daß Hochzeiten häufig fünf Tage und große Feste wie Erntedankfeiern oft eine Woche dauerten? Woher nahmen diese schwer schuftenden, vielerlei Gefahren ausgesetzten Menschen der damaligen Epoche die Zeit, sich zu vergnügen? (Was sie sicherlich taten, wenn wir der Literatur Glauben schenken dürfen.) Warum nahmen bei ihnen Religion und Meditation erheblich größeren Raum ein als bei uns?

Warum gab es damals mehr Freude, mehr Freundlichkeit, mehr Mitgefühl als in unserer von Ängsten und Neurosen beherrschten, unfreundlichen Gesellschaft, in der selbst die Höflichkeit keinen Platz mehr hat?

Die Menschen der Kolonialzeit arbeiteten im Rhythmus *ihrer* Gesellschaft, der sich erheblich von unserem unterscheidet. Natürlich mußten sie damals hart kämpfen, aber meist nicht gegen die Zeit. Die uns heute vertrauten Streßsymptome waren damals unbekannt, und die Stunden der Entspannung gehörten zum täglichen Leben. Die Menschen lebten in einem friedlichen Rhythmus, im beständig wiederkehrenden Ablauf des Tages. Ihr Rhythmus wurde weniger von Tagen, Stunden oder Minuten beherrscht als vielmehr von der Abfolge der Jahreszeiten.

Für sie (und für die gesamte Weltbevölkerung vor dem Einsetzen der industriellen Revolution sowie für einen großen Teil der Menschen heutiger, nicht-westlicher Gesellschaften) stellte die Zeit einen Zyklus dar. Die Zeit zeichnete sich durch Veränderungen aus: nasse und trockene Perioden, heiße und kalte; Geburt und Tod; das Pflanzen, das Kultivieren und die Ernte (wobei jeder einzelne Teil des Zyklus mit einem festlichen Ritual eingeleitet oder abgeschlossen wurde). Aber das Leben ging ohne gravierende Veränderungen einfach weiter. Der Jahreszyklus wiederholte sich mit der gleichen Sicherheit, wie auf den Tag die Nacht folgte, Kinder geboren wurden und Menschen starben.

Die nordindische Hochebene von Ladakh im Himalaja ist ein Paradebeispiel für einen abrupten und tiefgreifenden Wechsel von solch einer zirkulären Zeit zu unserer modernen, linearen Zeitvorstellung.

Noch bis Mitte der siebziger Jahre war Ladakh vollständig isoliert, und seine Bewohner führten ein hartes Leben. Sie benutzten die einfachsten Werkzeuge, pflanzten ihre eigene Nahrung an, zogen ihre eigenen Tiere groß und stellten ihre eigene Kleidung her. Aber – wie die schwedische Linguistin Helena Norberg-Hodge in ihrem Buch »*Ancient Futures: Learning from Ladakh*« feststellte – die Arbeit wurde gemeinsam verrichtet, meist begleitet von Gesängen. Und es gab Zeit im Überfluß, vor allem im Winter, den man mittels einer Aneinanderreihung von Festen und Feiern überbrückte.

1974 ließ die indische Regierung eine Straße nach Ladakh anlegen und ermutigte Touristen und »Entwicklungshilfeexperten« zu ausgedehnten Besuchen der Bergregion. Schon bald gerieten die Einheimischen in den Bann der Geldwirtschaft. Und heute vermögen sich die meisten Bewohner von Ladakh nicht mehr vorzustellen, wie sie je ohne Geld auskommen konnten. Nun schaffen sie sich zeitsparende Geräte und Produkte aus anderen Ländern an und sind mit dem Handel und Wandel der westlichen Welt bestens vertraut.

Dieser plötzliche Einstieg in die Moderne hat jeden einzelnen Aspekt des Lebens in Ladakh verändert, bis hin zu den zwischenmenschlichen Beziehungen. Ein Ladakhi berichtete der schwedischen Forscherin: »Ich verstehe es einfach nicht. Meine Schwester wohnt in der Hauptstadt und hat alle Dinge, welche die Arbeit erleichtern. Sie kauft ihre Kleidung in einem Geschäft, besitzt einen Jeep, ein Telefon, einen Gasherd. All diese Dinge ersparen ihr sehr viel Zeit, aber wenn ich sie besuchen komme, hat sie nicht einmal Zeit für ein kurzes Gespräch.«

Die Bewohner von Ladakh haben unwissentlich einen Wechsel von zirkulärer zu linearer Zeit vollzogen. Ich frage mich, wie viele von ihnen glücklicher wären, wenn sie die Zeit zurückdrehen könnten.

Ich begegnete dem Konzept der zirkulären Zeit erneut in einem Buch über die Hopi-Indianer, die im Südwesten der Vereinigten Staaten ansässig sind. Wie die Mehrzahl der amerikanischen Ureinwohner lebt auch diese Gemeinschaft in einer zirkulären Zeit, also unter Bedingungen, die unserem modernen linearen Zeitverständnis merkwürdig erscheinen. In der zirkulären Zeit wiederholen sich die Jahreszeiten so sicher, wie der Tag auf die Nacht folgt und das Getreide jedes Jahr ausgesät, kultiviert und geerntet wird. Aus diesem Grund gilt die Zukunft als eine Wiederkehr dessen, was in der Vergangenheit bereits existierte. Der gegenwärtige Moment ist der Mittelpunkt eines beständig zirkulierenden Stromes von vergangenen Ereignissen, die in der Zukunft erneut auftreten werden. Veränderungen finden vor einem Hintergrund der Beständigkeit statt.

Wenn sich also für die Hopi die Tage, Jahreszeiten und sogar ganze Leben wiederholen, dann hat man nie zuwenig Zeit. Was heute im Laufe eines Tages nicht fertiggestellt wurde, kann morgen vollendet werden. Und wenn nicht in diesem Jahr, dann im nächsten; wenn nicht in diesem Leben, dann in einem anderen. Die Dinge verändern sich nicht, wenn man in die Zukunft schaut, sie werden weder besser noch schlechter.

In der *Gegenwart* findet das Leben statt.

Im Gegensatz dazu ist unser moderner Rhythmus ausgesprochen *unnatürlich*. Er verdeutlicht, daß nicht die natürliche Anziehungskraft der Erde, sondern die Gesellschaft an uns zerrt. Wir lernen, schnell zu denken, schnell zu handeln, schnell Resultate zu erzielen. *Greifen Sie schnell zu!* schreit die Fernsehreklame. Nur noch zehn Einkaufstage bis Weihnachten! Mit unserer Habsucht, unserem Materialismus, unserem Bestreben, »alles zu bekommen«, haben wir der Natur unseren eigenen Rhythmus auferlegt.

Selbst als Kinder zeigen wir bereits dieses Verhalten. Ein Freund erzählte mir einmal verärgert, wie seine Tochter auf Weihnachtsgeschenke reagiert: »In ihrer hektischen Erwartung gerät Sarah völlig außer sich. Statt sich jedes Geschenk genau anzusehen, es in die Hand zu nehmen, zu raten, was das Paket vielleicht enthält, und es zu genießen, fetzt sie wie ein Wirbelwind das Papier jedes einzelnen Geschenks herunter – um es dann sofort wegzulegen und sich auf das nächste zu stürzen. Das Ganze erinnert fast an eine Zwangsneurose.«

Offensichtlich läßt sich Sarah von ihrer eigenen Synchronisation mit unserem schnellen Lebenstempo leiten. Sie ahmt dabei lediglich ihre Umgebung nach, denn auch wir starren voller Erwartung auf das, was kommen mag, und ignorieren den gegenwärtigen Moment.

Ich möchte nun keineswegs vorschlagen, daß wir in die Kolonialzeit zurückkehren oder unser Leben wie die Hopi gestalten sollten. Selbst wenn wir es versuchten, wären wir dazu nicht in der
Lage. Ich empfehle lediglich, daß wir von ihnen *lernen.* Denn sie
lebten – und leben – im Fluß der Zeit, statt *gegen* die Zeit an-
zukämpfen und sich abzuhetzen, um auf die Minute pünktlich zu
sein.

Wir haben vergessen, was die große Mehrheit der Menschen
vor uns (und ein Teil der heutigen Menschheit) wußte beziehungsweise weiß. Wir haben vergessen, daß das Leben selbst, die
Zeit selbst, ein Ausdruck unzählbarer Rhythmen ist. Genau wie
die Musik ist der Puls des Universums erfüllt mit Geräuschen und
Stille, Aktivität und Ruhe.

Wir haben verlernt, zu ruhen.

Um uns wieder daran zu erinnern, müssen wir uns mit anderen
Rhythmen als denen der Gesellschaft synchronisieren. Und am
besten beginnen wir mit unserem eigenen Rhythmus.

Fühlen Sie Ihren Pulsschlag. Dann laufen Sie zehn Minuten und
messen den Puls wieder. Ruhen Sie nun eine Minute aus und
überprüfen Sie erneut Ihren Pulsschlag. Dieser wird natürlich unterschiedliche Rhythmen aufweisen: Er schlägt schneller, wenn Sie
aktiv sind, und langsamer, wenn Sie ruhen. Auch unsere Geburt
verläuft in einer Reihe von Kontraktionen und Pausen und keineswegs ausschließlich in einem durchgehenden Krampf. Selbst
unsere Muskelzellen müssen sich entspannen, bevor sie wieder arbeiten können.

Was auf den menschlichen Pulsschlag zutrifft, gilt auch für
die menschlichen Gefühle. Wut, Angst, Liebe, Haß – eine jegliche Empfindung erzeugt unterschiedliche Pulsraten, einen unterschiedlichen Rhythmus.

Und was für uns gilt, trifft auch auf das Universum zu. Die
Quantenphysik und die Chaostheorie bestätigen, was ein weiser
Mann einst sagte: Der Flügelschlag eines Schmetterlings kann das
Wetter auf der anderen Seite der Welt beeinflussen. Sonne und
Sterne geben keine konstante Temperatur ab. Die im Inneren die-

ser Himmelskörper explodierenden Gase lassen deren Temperatur schwanken.

Wenn unser Puls in verschiedenartigen Rhythmen schlägt, wenn das Leben und sogar das Universum verschiedenartige Rhythmen kennen – warum meinen wir dann, unser Leben in einer gleichbleibend hohen Geschwindigkeit verbringen zu müssen? Warum wollen wir immer nur noch schneller werden, während wir schon jetzt zuwenig Zeit haben, um all die Dinge zu vollenden, die von uns »erwartet« werden?

Die Antwort lautet: Die Gesellschaft treibt uns dazu an. Wir sind Gewohnheitstiere, die sich an den Pulsschlag der Gesellschaft gewöhnt haben. Aber die Gesellschaft ist nur dann unser Herr und Meister, wenn wir es zulassen. Selbst die »verinnerlichteste« Gewohnheit kann abgeändert werden.

Wenn wir unseren Rhythmus wechseln, werden wir mit Gemütsruhe und heiterer Gelassenheit belohnt.

Rhythmus ist etwas sehr Machtvolles; manchmal muß man dagegen ankämpfen, und manchmal läßt man sich einfach im Fluß mittreiben. Aber dazu ist zunächst einmal das Wissen vonnöten, um welchen Rhythmus es sich handelt. Im hinteren Teil dieses Buches werde ich verschiedene Methoden vorstellen, wie Sie durch eine Veränderung des eigenen Rhythmus und durch den Aufbau unterschiedlicher Synchronisationsmuster zu innerer Ruhe finden. Für den Moment bitte ich Sie nur, sich der unterschiedlichen Rhythmen bewußt zu werden, die Sie durch den Tag begleiten. Auf diese Weise werden Sie lernen, sie zu verändern und dadurch Ihr eigenes Lebenstempo zu bestimmen.

Ich möchte Sie bitten, *pro*-aktiv statt *re*-aktiv zu handeln, und bewußte Verantwortung für die Rhythmen zu übernehmen, mit denen Sie sich synchronisieren.

Dieser Prozeß beginnt mit einer Verringerung der Geschwindigkeit, der bewußten Wahrnehmung des Jetzt, der Synchronisation mit Menschen und Umgebungen, die *in diesem Moment* mit uns und um uns herum sind. Wir können uns nur dann effektiv auf unterschiedliche Rhythmen einstellen, wenn wir die Gegenwart bewußt wahrnehmen.

In jeder guten Beziehung herrscht eine Synchronisation zwischen beiden Partnern; sie teilen den gleichen Rhythmus, lassen sich davon tragen und leben in der gleichen Gegenwart. Nur in diesem Fall kann man von echter Kommunikation sprechen.

Die bewußte Wahrnehmung Ihres eigenen Rhythmus und jenes der Sie umgebenden Menschen ermöglicht Ihnen einen Wechsel vom einen zum anderen Rhythmus. Aber um die Rhythmen hören und fühlen zu können, müssen Sie zunächst Ihren eigenen Rhythmus verlangsamen. Verständnis ist ohne innere Ruhe unmöglich; und diese kann nur in Momenten aufkommen, in denen die Zeit langsam fließt.

Fühlen Sie sich gehetzt? Dann holen Sie einmal tief Luft, bevor Sie sich wieder Ihrer Tätigkeit zuwenden. Sind Sie in eine heftige Meinungsverschiedenheit geraten? Dann lassen Sie ein paar Minuten der Stille verstreichen, damit Sie und Ihr Kontrahent genau über das Gesagte nachdenken können. Machen Sie sich Sorgen über die Zukunft? Nehmen Sie den gegenwärtigen Moment wahr.

Diese einfachen – wenn nicht sogar stark vereinfachenden – Vorschläge bilden den ersten Schritt zu einem Bewußtsein unserer selbst *im rhythmischen Fluß des gegenwärtigen Moments*. Mit Hilfe dieses Bewußtseins, zu dem wir mittels gezielter Konzentration auf das Jetzt gelangen, können wir uns die Kontrolle über das Tempo und den Rhythmus unseres Lebens zurückholen.

Wir werden über die Fähigkeit verfügen, einen langsameren Rhythmus zu wählen, der uns Zeit zum Empfinden und Genießen der alltäglichen Dinge verschafft. Wir können uns aber auch nach Wunsch mit dem schnelleren Rhythmus der uns umgebenden Welt synchronisieren. Allerdings tun wir dies dann *bewußt*, mit einem Gefühl für den gegenwärtigen Moment und in dem sicheren Bewußtsein, daß wir diese Überholspur jederzeit zu verlassen imstande sind.

Dabei meine ich keineswegs, daß eine Drosselung der Geschwindigkeit das einzige Ziel ist. Tatsächlich bedeutet Rhythmuswechsel – wie der Name schon sagt – eine ständige Veränderung des Rhythmus, der langsamer *oder* schneller werden kann, um den gegenwärtigen Moment zu empfinden und sich im Fluß der Zeit zu fühlen. Die Aufgabe einer Rockband besteht darin, das Publikum in einen Zustand der Ekstase zu versetzen, was sehr viel Spaß bereiten kann, wenn man es bewußt zuläßt. Und im Laufe der Geschichte wurden bereits unzählige Regimenter und Truppen vom treibenden Rhythmus einer Trompete oder Militärkapelle »angefeuert«.

In einer Welt mit der Maxime »Schneller ist besser« ist der Wechsel des Rhythmus von entscheidender Bedeutung, wenn wir in der Hektik des täglichen Lebens bestehen wollen. Dennoch glaube ich – in Anbetracht des modernen Lebensrhythmus –, daß wir sehr viel häufiger eine Verringerung der Geschwindigkeit anstreben sollten, und zwar mittels der bewußten Wahrnehmung der Zeit und des gegenwärtigen Moments sowie durch das Wissen um die subtile, schädliche Synchronisation, die uns unsere Gesellschaft aufzwingt.

Ich glaube, daß allein schon das Wissen um unsere Fähigkeit, in dieser hektischen Gesellschaft unseren eigenen Rhythmus verändern zu können, unsere Tage streßfreier und weniger angsterfüllt und unser Leben vollständiger und glücklicher werden läßt.

Auch das Glück hat seinen eigenen Rhythmus. Glückliche Menschen scheinen ein weniger hektisches, verrücktes Leben zu führen. Sie haben mehr Zeit für ihr Leben und befinden sich häufiger im gegenwärtigen Moment. Dieses Glück steht uns allen offen.

3. Mentale und emotionale Zeit

Viele von uns verbringen ihr ganzes Leben
auf der Flucht vor den Gefühlen in dem Irrglauben,
den Schmerz nicht ertragen zu können.
Aber tatsächlich hast du ihn schon lange getragen.
Es fehlt dir jedoch noch die Andacht für das,
was du neben dem Schmerz bist.

Bartholomäus

Vor kurzem kam eine Frau mit einem gesundheitlichen Problem in meine Praxis. Infolge schwerer Eßstörungen litt sie unter heftigen Gewichtsschwankungen und suchte nun meine Hilfe, um dieses Verhaltensmuster zu durchbrechen. Alle Methoden, die sie bis zu diesem Zeitpunkt ausprobiert hatte, zielten auf eine Stärkung ihrer Willenskraft ab.

»Ich habe mir immer wieder gesagt: ›Verdammt noch mal, hör auf zu essen!‹ Aber dann stehe ich wieder da mit einem großen Becher Eis oder einer Packung Pralinen in der Hand und esse alles auf. Ich verstehe es einfach nicht. Was kann ich tun, anstatt zu essen?«

»Wann empfinden Sie diesen Drang?« fragte ich.

»Wenn ich traurig oder ängstlich bin.«

»Oder depressiv? Oder verärgert? Oder wenn Sie sich für völlig wertlos halten?«

Sie sah noch niedergeschlagener aus. »Ja, in all diesen Situationen.«

Bei ihrem Eßverhalten handelte es sich um eine automatische Reaktion auf unangenehme Empfindungen. Allerdings wußte sie sehr wohl, daß sie durch das Unterdrücken ihrer Gefühle mit Hilfe von Lebensmitteln eine Quelle des Unbehagens nur durch eine andere ersetzte.

Willenskraft allein reicht nicht aus. Sicherlich kann sie sehr nützlich sein, aber sie bekämpft die Ursache der Freßattacken – den Wunsch, unangenehme Gefühle zu vermeiden – nicht. Ich schlug ihr vor, einen völlig anderen Weg zu versuchen. »Ich möchte, daß Sie etwas ausprobieren, was Ihnen nicht leichtfallen wird. Tatsächlich werden Sie auf diese Weise stärker denn je mit Ihrem emotionalen Leid konfrontiert.«

»Ich bin zu allem bereit.«

»In diesem Fall möchte ich, daß Sie für sich selbst registrieren, was Sie merken, wenn der Drang zu essen auftritt – genau in dem Moment. Und daß Sie sich gegen dieses Gefühl nicht wehren und Ihre ganze Aufmerksamkeit darauf konzentrieren. Aber Sie sollten dabei absolut nichts *tun*.«

Sie fühlte sich bereits unbehaglicher. »Aber ich spüre, daß ich dann essen muß. Ich hasse die Gefühle, die daraufhin in mir aufkommen.«

»Genau. Und manchmal werden Sie vor ihnen fliehen und essen müssen. Aber wenn es Ihnen gelingt, diese Gefühle auszuhalten und sich ganz auf den gegenwärtigen Moment zu konzentrieren, werden Sie in der Lage sein, sie zu beherrschen. Ertragen Sie das Gefühl der Traurigkeit, der Einsamkeit oder Wertlosigkeit. *Fühlen Sie es.* Und wenn es zu schmerzen beginnt, unternehmen Sie absolut nichts. Lassen Sie die Gefühle aufkommen. Empfinden Sie sie in diesem Moment und in voller Stärke – und ich versichere Ihnen, daß sie langsam abebben werden. Wenn Sie nicht in Form von Essen vor ihnen fliehen, wenn Sie lernen, sich den Empfindungen zu stellen, sobald sie auftauchen. Auf diese Weise werden sie weniger bedrohlich sein und schon bald verschwinden, ohne daß Sie irgend etwas unternehmen müssen.«

Zwei Wochen später stand sie wieder in meiner Praxis.

»Und? Hat es funktioniert?« fragte ich.

»Nicht hundertprozentig, aber die meiste Zeit«, antwortete sie grinsend. »Und das Wichtigste ist, daß mich die Freßattacken nicht mehr so im Griff haben.«

Die meisten von uns verhalten sich manchmal wie Menschen mit Eßstörungen. Während der schmerzhaften Phase meiner Scheidung war ich überrascht, wie sehr ich die Strategie »Flucht in die Arbeit zur Vermeidung unangenehmer Gefühle« verinnerlicht hatte. Ich schuftete so schwer, daß ich mir buchstäblich nicht erlaubte, meine Gefühle wahrzunehmen. Meine Mutter meinte damals: »Ich hoffe, daß du dich viel beschäftigst. Das lenkt deine Gedanken ab.« Und ich antwortete: »Darauf kannst du wetten, Mom.« Es war ein Schutzschild gegen den Schmerz.

Der Umgang mit schmerzvollen Gefühlen ist nicht leicht, und wir ziehen es vor, sie möglichst erst gar nicht zu empfinden. Also sorgen wir dafür, daß wir stets etwas zu tun haben, und schrauben unser Tempo nach oben. Nachdenklichkeit und Andacht machen blindem Aktionismus Platz. Wir schalten den Fernseher ein, bereiten das Abendessen, erledigen die Hausarbeit, surfen im Internet, treiben Sport, machen alles mögliche, um bloß nicht mit den Gefühlen allein zu sein, die wir auszuschalten suchen.

In solch einer Situation leben wir mit unserem Verstand und befinden uns in einem Zustand, den ich »mentale Zeit« nenne. Und das alles nur, weil wir die Gefühle in unserem Herzen vermeiden und uns nicht auf die »emotionale Zeit« einlassen wollen.

Unsere Gedanken und Gefühle arbeiten in völlig unterschiedlichem Tempo und besitzen ganz andere Rhythmen. Das Gehirn überträgt Informationen auf elektrophysikalischem Wege; die Synapsen registrieren Gedanken und Ideen in Bruchstücken einer Sekunde. Achten Sie einmal darauf, wie schnell Sie den zahlreichen flüchtigen Gedanken nachgehen können, die in jedem Moment durch Ihren Kopf schießen. Denken Sie an einen roten Ballon, nun an einen rosa Elefanten, nun an die genaue Uhrzeit. Sehen Sie, wie schnell Sie von einem Gedanken zum nächsten springen können? Es geht so leicht, daß man sich kaum Gedanken darüber macht, in welcher Geschwindigkeit wir denken.

Aber jetzt: Empfinden Sie einmal Trauer. Und jetzt Wut. Und nun wahnsinnige Verliebtheit.

Das erscheint Ihnen als eine merkwürdige Aufforderung?

Richtig, das ist es auch, denn derartige Gefühle lassen sich nicht so mir nichts, dir nichts aufrufen. Wir können sie uns schnell *vorstellen*, ohne sie jedoch zu empfinden. Wenn wir ein Gefühl in uns wecken wollen, müssen wir tatsächlich über einen konkreten Anlaß nachdenken, etwas, das uns traurig, wütend oder verliebt macht.

Emotionen werden auf chemischem Wege in unserem Körper weitergeleitet. Sie bilden eine hormonelle Aufwallung, eine Woge, die über uns hinwegschwappt – manchmal mit einer solchen Urgewalt, daß wir darin zu ertrinken drohen. Gefühle, die im gegenwärtigen Moment wirklich empfunden werden, benötigen Zeit, um sich zu entwickeln. Aus diesem Grunde laufen wir entweder vor ihnen davon – oder nehmen uns die Zeit, sie zu verarbeiten.

Da emotionale und mentale Verarbeitungsprozesse in unterschiedlichem Tempo ablaufen – der Unterschied ist vergleichbar mit dem Unterschied zwischen einer Brieftaube und einem modernen Telekommunikationssystem –, scheint es uns wesentlich »effizienter«, beim Treffen von Entscheidungen nur auf unsere Gehirnzellen zu vertrauen. Das Gehirn gilt als der schnellste Computer der Welt: Es leitet Eindrücke weiter, gibt Befehle und stellt Berechnungen mit einer derartigen Geschwindigkeit an, daß wir uns seiner Aktivität während der meisten Zeit noch nicht einmal bewußt sind.

Unablässig tauchen neue Gedanken auf, ob wir nun wach sind oder schlafen. Versuchen Sie einmal, Ihre Gedanken abzuschalten, ohne zu denken einfach nur dazusitzen. Unser Geist ist immer aktiv, verarbeitet ständig Gedanken, springt von einer Idee zur nächsten. Versuchen Sie doch einmal, nicht an eine leuchtendrote, saftige Erdbeere zu denken. Sobald der Begriff fällt, springt unser Geist direkt dorthin. Unsere Gedanken führen uns sofort in die Vergangenheit oder in die Zukunft und genauso schnell wieder zurück in die Gegenwart. Das wahre Wesen der Gedanken ist die Geschwindigkeit.

Aber manche emotionalen Reaktionen entstehen schneller als Gedanken. Wie oft sind Sie schon unerwartet »aus der Haut gefahren«, obwohl die Situation eine rationalere Reaktion erfordert hätte? Wie oft haben Sie schon von Mördern gelesen, die »nicht wußten, was sie taten«? Wie oft fühlten Sie sich schon so ängstlich, daß sie davonlaufen wollten, so wütend, daß Sie jemanden umbringen wollten, so wundervoll, daß Sie vor Freude hätten tanzen können?

In seinem Buch »*Emotionale Intelligenz*« bezeichnet Dan Goleman diese Reaktionen als einen »emotionalen Überfall«: »Untersuchungen zeigen, daß in solchen Augenblicken ein Zentrum im limbischen Gehirn den Ausnahmezustand erklärt und das übrige Gehirn für seine dringenden Angelegenheiten unter seine Befehlsgewalt stellt. Die Entgleisung geschieht überfallartig, so daß der Neokortex, das denkende Gehirn, gar nicht erst Gelegenheit bekommt, auch nur einen Blick auf das Geschehen zu werfen oder gar zu entscheiden, ob es eine gute Idee ist. Kennzeichen einer solchen Entgleisung ist, daß die Betroffenen hinterher nicht mehr wissen, was über sie gekommen ist.« (Aus: Daniel Goleman: »*Emotionale Intelligenz*«. München 1996, S. 32. Anm. d. Übers.)

In der Mehrzahl der Fälle sind unsere emotionalen Reaktionen nicht so dringend, daß sie zu einem sofortigen »Überfall« der Gefühle führen. Dennoch verdienen Reaktionen, die auf Erfahrungen aus der Vergangenheit basieren, unsere Aufmerksamkeit, auch wenn wir – gefangen im hohen Tempo von Arbeit und Leben in der mentalen Zeit – versuchen, sie zu negieren oder von uns fernzuhalten.

Eine Explosion (etwa ein Wutausbruch, eine aufflammende Leidenschaft oder ein Weinkrampf) dauert nur einen kurzen Moment, aber die damit verbundenen Emotionen bleiben. Der adäquate Umgang mit Gefühlen erfordert Zeit – zunächst einmal, um sie aufkommen zu lassen, dann, um sie bewußt zu erfahren, und schließlich, um sie in unser Leben zu integrieren.

Nichtsdestotrotz kann die Geschwindigkeit, mit der eine solche Reaktion erfolgt, sehr beeindruckend sein. Wenn wir uns ständig in der mentalen Zeit bewegen und kein Ventil für unsere Gefühle besitzen, dann bleiben die Emotionen unverarbeitet und stauen sich immer mehr auf, bis irgendein Reiz von außen – gleich dem berühmten Tropfen, der das Faß zum Überlaufen bringt – eine Gefühlsexplosion bewirkt und die bis dahin mühsam unterdrückten Gefühle wie bei einem Vulkanausbruch unkontrolliert hochgehen läßt. Die angestaute Energie sucht sich einen Ausweg.

Goleman zeigt auf, daß diese Reaktion das neurale Alarmzeichen häufig im ungeeigneten Moment in Gang setzt: »Der Mandelkern […] geht beim Vergleichen assoziativ vor: Ähnelt die gegenwärtige Situation auch nur in einem wichtigen Element der Vergangenheit, kommt es vor, daß er eine Übereinstimmung meldet – und deshalb ist diese Schaltung ungenau: sie tritt in Aktion, bevor die volle Bestätigung da ist. Sie gibt überstürzt den Befehl, auf die Gegenwart in einer Weise zu reagieren, die vor langer Zeit eingeprägt wurde, und zwar mit Gedanken, Emotionen und Reaktionen, die als die Antwort auf Ereignisse erlernt wurden, die vielleicht nur eine schwache Ähnlichkeit mit der Gegenwart haben, aber ähnlich genug sind, um den Mandelkern zu alarmieren.« (Aus: Daniel Goleman, a.a.O., S. 40/41. Anm. d. Übers.)

In dem Maße, wie sich das Tempo unserer Gesellschaft erhöht, werden wir auch zunehmend häufiger in »mentaler Zeit« leben. Und es wird immer weniger Zeit zur Verarbeitung von Gefühlen zur Verfügung stehen. Es ist sogar wahrscheinlich, daß sich unsere Gesellschaft immer öfter mit unangemessenen emotionalen Reaktionen auseinandersetzen muß. Wir werden eine Absenkung der Reizschwelle und eine Zunahme an Gewaltbereitschaft erleben. Das empfindliche Verhältnis zwischen emotionaler und mentaler Zeit wird weiter aus dem Gleichgewicht geraten, solange wir nicht die Geschwindigkeit so weit reduzieren, daß wir unsere Gefühle bewußt erleben können.

Wenn wir uns gestreßt fühlen, überlassen wir gewohnheitsmäßig unserem Verstand das Ruder und unterdrücken unsere Gefühle. Der Verstand erledigt die Aufgabe, während die Gefühle nur im Weg sind.

Und wenn wir eine Pause einlegen und unangenehme Gefühle Zeit hätten, sich bemerkbar zu machen, suchen wir uns schnell irgendeine Ablenkung. Diese Gefühle sind deshalb unangenehm, weil sie von uns in unserer Hektik und Betriebsamkeit ständig unterdrückt wurden. Tatsächlich suchen wir uns häufig eine Beschäftigung, um uns nicht mit ihnen auseinandersetzen zu müssen.

Während meiner Seminare stelle ich den Teilnehmern des öfteren folgende Frage: »Angenommen, Sie haben ein paar Minuten Zeit. Sie sitzen auf dem Sofa und tun einmal überhaupt nichts. Was empfinden Sie dann?«

Hier die häufigsten Antworten:

»Ich denke über all die Dinge nach, die ich eigentlich erledigen sollte, und werde dadurch unglaublich nervös.«

»Ich stehe auf und schalte den Fernseher ein.«

»Ich fühle mich traurig und würde am liebsten weinen.«

»Ich habe ein schlechtes Gewissen und stehe auf, um zu spülen oder zu putzen.«

»Ich schlafe ein.«

Eine Teilnehmerin eines Omega-Seminars im letzten Sommer, eine Umweltwissenschaftlerin, führte das typische Leben eines Workaholic: Um fünf Uhr morgens aufstehen, den Kindern Frühstück bereiten und sie anschließend zur Schule bringen, den ganzen Tag arbeiten und forschen und die Ergebnisse am Abend schriftlich festhalten. Sie hatte sich an unser Institut gewandt, um einfach mal aus all dem Streß »rauszukommen« und ihr chaotisches Leben in Ordnung zu bringen. Außerdem litten sie und ihr Ehemann unter Beziehungsproblemen. Sie hatten sich auseinandergelebt; ihre Ehe war nur noch Routinesache; man mochte sich zwar noch, aber es mangelte an wahrer Liebe.

Ich fragte sie, wie sie sich fühlte, wenn sie es etwas ruhiger angehen ließ.

»Schrecklich!« antwortete sie sofort. »Obwohl… eigentlich nicht wirklich. Es geht mir wunderbar, mit all diesen Kursen und faszinierenden Menschen um mich herum.«

In ihrem Leben gab es im Grunde nichts wirklich Bedrohliches; dennoch war offensichtlich, daß Stille ihr Angst einjagte. Sie hatte sich quasi in letzter Minute für eine Reihe von Kursen eingetragen und wanderte von Gespräch zu Gespräch, um keine Sekunde mit sich allein zu sein – obwohl sie aus genau diesem Grund eigentlich zum Omega Institute gekommen war.

Ich beschloß, ihr eine Aufgabe zu geben, und bat sie, eine Stunde einfach nur unter einem Baum zu sitzen, einfach dort zu sitzen.

»Es war faszinierend«, berichtete sie später. »Zunächst wollte ich nichts als aufstehen und weglaufen. Ich glaube nicht, daß ich mich in meinem Leben jemals so gefürchtet habe. Keine einzige Sekunde wollte ich länger unter diesem Baum sitzen. Die eine Stunde erschien mir wie eine Ewigkeit. Aber dann geschah etwas Wundervolles. Ich wurde in meine Kindheit zurückversetzt und durchlebte ein wunderbares Gefühl noch einmal. Zum ersten Mal seit vielen Jahren fühlte ich mich mit der Natur verbunden. Es war ein phantastisches Erlebnis.«

Versuchen Sie es doch selbst einmal und beobachten Sie, was passiert, wenn Sie Ihr Lebenstempo immer weiter verringern, bis hin zum völligen Stillstand. Versuchen Sie es jetzt in diesem Augenblick; passen Sie sich einem langsameren Rhythmus an und lassen Sie sowohl Ihren Geist als auch Ihren Körper sich entspannt zurücklehnen.

Bevor Sie weiterlesen, sollten Sie eine lange Pause einlegen. Aber unternehmen Sie dabei nichts, sitzen Sie einfach nur da und warten Sie ab: Atmen Sie tief ein.

Und halten Sie den aufkommenden Gefühlen stand.

Die meisten von uns beklagen die Tatsache, daß wir zuwenig Zeit zum Entspannen haben. Der vom Berufsleben, der Familie oder der Gemeinschaft ausgeübte Druck ist einfach zu groß. Und außerdem haben wir uns unwissentlich mit dem sich stetig steigernden Tempo unseres modernen Lebensstils synchronisiert – wie im vorigen Kapitel deutlich wurde.

Aber ich glaube, daß es noch einen anderen Grund gibt für unsere Weigerung, unsere Geschwindigkeit einen Gang zurückzuschalten. Es handelt sich nicht nur um den Druck von außen beziehungsweise unsere soziale Synchronisation, die uns ein Schuldgefühl bereiten und uns nervös machen, wenn wir nicht »produktiv« sind.

Warum fällt es den meisten Menschen so schwer, einfach nur ruhig dazusitzen, nichts zu tun und sich ausschließlich dem gegenwärtigen Moment zu überlassen? Offensichtlich hat dieser gegenwärtige Moment etwas an sich, dem wir zu entfliehen versuchen.

Dieses Etwas sind die eigentlichen Gefühle.

Der Versuch, einfach nur auf dem Sofa zu sitzen, zeigt dies sehr anschaulich. Wenn wir zum ersten Mal versuchen, uns zu »entspannen«, fühlen wir uns alles andere als entspannt. Statt Freude oder Heiterkeit empfinden wir Angst und Schuldgefühle und stehen abrupt auf, um uns eine Beschäftigung zu suchen. Denn wir spüren bewußt oder unbewußt, daß dieses vage Gefühl des Unbehagens nur den Kamm einer Flutwelle negativer Emotionen darstellt, welche die ganze Zeit darauf warten, verarbeitet zu werden. Viele Patienten und Teilnehmer berichteten mir, daß sie sich ganz schnell mit irgendeiner Aufgabe beschäftigten, sobald sie ein Gefühl der Angst oder Nervosität verspüren, weil sie das »Brechen aller Dämme« fürchten. Sie wagen es nicht, ihren Gefühlen freien Lauf zu lassen, aus Angst, daß sie kein Ende nehmen, die Fluttore sich öffnen und sie von der Wucht der Welle fortgespült werden.

Tatsache aber ist, daß diese scheinbar überwältigenden Gefühle sich im Laufe unseres Lebens aufgebaut haben – von unserer frühesten Kindheit bis zum heutigen Tag – und daß wir sie unterdrücken, um weitermachen zu können. Im Beruf haben wir keine Zeit, uns mit den komplexen Gefühlen auseinanderzusetzen, die aufkommen, wenn uns unser Chef kritisiert, ein Kollege uns hintergeht, ein Mitarbeiter uns auf etwas anspricht oder uns eine neue Stelle angeboten wird. Und auch im Familienkreis wollen so viele praktische Dinge bedacht und erledigt werden – Kosten und Ausgaben, die Schule für die Kinder, unterschiedliche Tagesabläufe von Ehemann und Frau, Vorsorgemaßnahmen für die Zukunft,

Krankheit, älter werdende Eltern, unerwartete Krisen –, daß häufig keine Zeit bleibt, über die unterschwelligen emotionalen Faktoren nachzudenken, geschweige denn sie zu empfinden.

Außerdem rechnet man mit uns, vertraut darauf, daß wir unsere Termine einhalten sowie Problemen und dem sich verstärkenden Druck gewachsen sind. Also erfüllen wir diese Erwartungen, indem wir unsere Gefühle wie Ärger, Traurigkeit und die allem zugrundeliegende Furcht unter Verschluß halten.

Dabei kann es sich um sehr mächtige Gefühle handeln, die regelrecht bedrohlich erscheinen, wenn wir feststellen, wie *hoch* sie sich aufgestaut haben und wie ungeduldig sie nur darauf warten, bei der geringsten sich bietenden Gelegenheit über uns hinwegzuschwappen. Sobald sie nur ein klein wenig den um sie errichteten Schutzwall durchdringen, fühlen wir uns unbehaglich und empfinden häufig auch Schmerz. Lassen wir ihnen freien Lauf, dann ist der Schmerz beinahe unerträglich. Kein Wunder, daß wir sofort den Fernseher einschalten oder das Sofa verlassen und uns ablenken.

Gefühle lösen sich nicht in Luft auf. Man kann sie ignorieren, unterdrücken oder verleugnen, aber sie sind beständig da und stauen sich immer weiter auf. Wie sehr wir uns auch bemühen – sie warten nur darauf, an die Oberfläche zu gelangen; und je stärker wir sie unterdrücken, desto ungestümer drängen sie nach außen.

Natürlich möchten wir uns den angenehmen Gefühlen – insbesondere Freude und Liebe – überlassen, aber sie sind nur ein Teil dessen, was wir empfinden. Das Leben besteht nun einmal aus Leid und Schmerz einerseits sowie aus Freude und Liebe andererseits, und jeder ist davon betroffen.

Wir ziehen es häufig vor, über diese verschiedenen Aspekte nur in abstrakten Termini nachzudenken statt sie wirklich zu empfinden. A. H. Almaas schrieb in seinem Werk *»Diamond Heart«*, daß wir zu oft entweder in unserem rationalen Geist oder in einem überwältigenden emotionalen Drama gefangen sind.

Aber die bewußte Wahrnehmung des gegenwärtigen Moments reicht über den Geist und die Emotionen hinaus. Es geht darum, sich der Existenz an sich gewahr zu sein. Wir müssen unsere Gefühle so nehmen, wie sie kommen – was auch immer der Moment für uns bereithält.

Meistens vermeiden wir die Gefühle der Gegenwart. Wenn wir Schmerz empfinden, versuchen wir ihn zu umgehen und lehnen die Gegenwart, so wie sie ist, ab. Wenn wir uns gut fühlen, wollen wir diesen Zustand verlängern; die Gegenwart ist in Ordnung, aber wir stellen uns sofort ein Szenario vor, wie es uns in Zukunft noch besser gehen könnte.

Doch die ganze Dimension des Lebens öffnet sich uns erst dann, wenn wir lernen, die Gegenwart so zu akzeptieren, wie sie nun einmal ist, ohne sie verändern zu wollen.

Nur die wenigsten Menschen glauben, daß sie die nötigen Fähigkeiten besitzen, durch diese Gefühle einfach *hindurchzuwaten* und zur inneren Ruhe auf der anderen Seite des Ufers zu gelangen. Aber wir verfügen über diese Eigenschaften; es erfordert nur etwas Übung, sie zu mobilisieren.

Die US-amerikanische Gesellschaft blickt geringschätzig auf Gefühle herab. Weinende Männer gelten als Schwächlinge, weinende Frauen als hysterisch. Also suchen wir uns schnell eine Ablenkung.

Diese Haltung paßt natürlich nur zu einer Gesellschaft, die harte Arbeit – und die materiellen Dinge, die als Lohn dieser Arbeit erachtet werden – über alles stellt. In Japan mit seiner vergleichbaren Gesellschaft sterben jedes Jahr zehntausend Menschen an Überarbeitung – ein Phänomen namens *kashori*. Die Unternehmen haben inzwischen das Vorhandensein eines solchen Problems eingestanden; aber als die japanische Regierung versuchte, die Arbeitswoche von sechs auf fünf Werktage zu verkürzen, stieß sie auf heftigen Widerstand der japanischen Arbeiter und Angestellten. Was sollten sie denn mit dem »zusätzlichen« Tag anfangen?

Als ich vor kurzem nach Japan reiste, war ich erstaunt über die langen Reihen von Pachinko-Spielern. Hierbei handelt es sich um eine Art vertikales Flipperspiel, das stundenlang gespielt werden kann. Man benötigt nur wenig Fähigkeiten, und es gibt nichts Besonderes zu gewinnen. Aber dieses Spiel übt eine hypnotische Anziehungskraft aus und ist in gewisser Weise sogar nützlich – wenn man seine Gefühle partout totschweigen will.

In Amerika kennt man eine andere Art des Pachinko: Es heißt »Fernsehen«. Der Freizeitforscher John Robinson hat festgestellt, daß ein Durchschnittsamerikaner etwa vierzig Prozent seiner Freizeit vor dem Fernsehgerät verbringt. Bruce Springsteen formulierte es so: »Fifty-seven channels and nothing on.« Aber wir starren weiter in die Röhre.

Wenn wir Pachinko spielen oder zwanghaft von Sender zu Sender zappen, befindet sich unser Geist durchaus in der Gegenwart. Nur wir selbst befinden uns leider nicht dort. Wir sitzen wie betäubt da – und das ist das eigentliche Problem.

Um zu leben, *müssen* wir fühlen. Nur wenn wir Schmerz empfinden können, sind wir auch in der Lage, ein Glücksgefühl zu spüren und die vielen kleinen Freuden und Sorgen, die dazwischen liegen. Denn ein überwiegender Teil des Lebens – auch des Lebens im gegenwärtigen Moment – dreht sich nicht um »große« Ereignisse oder Emotionen, sondern um die ganz alltäglichen Dinge. Deshalb ist es so wichtig zu fühlen. Denn wenn wir unsere Gefühle nicht permanent unterdrücken und nicht vor ihnen fliehen, indem wir uns vor den Fernseher oder in die Spielhalle flüchten, dann erhalten die alltäglichen Momente eine Kraft und Intensität, die uns den Wundern des Lebens näherbringt.

Das Erfahren emotionaler Zeit bedeutet nicht nur eine physische Anwesenheit, sondern auch eine emotionale Präsenz – wenn Sie beispielsweise mit Ihrem Kind spielen. Es bedeutet, daß Sie in der Lage sind, das, was Ihr Kind Ihnen mitteilt und bietet, zu verstehen, zu schätzen und zu teilen; daß Sie fähig sind, von ihm genausoviel zu empfangen, wie Sie ihm geben. Es bedeutet, daß Sie in der Lage sind, nicht nur die Worte eines Menschen zu erfassen, sondern auch deren Bedeutung und zugrundeliegenden Gefühle. Es bedeutet, daß Sie in der Lage sind, mit einem anderen Menschen zu kommunizieren, wirklich *bei* diesem Menschen zu sein, ohne daß jeder seinem eigenen Terminplan nachgeht. Es bedeutet, daß Sie in der Lage sind, nicht nur Wut auf Ihren Chef, Groll gegenüber Ihrem Ehepartner und Verärgerung über Ihr Kind zu empfinden, sondern auch Freude über das Lob Ihres Vorgesetzten, Wertschätzung für die Liebe Ihres Partners und Stolz auf die Offenheit und Ehrlichkeit Ihres Kindes zu verspüren.

Es bedeutet, daß Sie offen für sich selbst sind. Es bedeutet, zu leben.

Das Heranreifen eines intensiven Gefühls bis zu dem Punkt, an dem Sie es im gegenwärtigen Moment bewußt empfinden können, erfordert häufig Zeit; aber Sie müssen sorgfältig abwägen, ob es sich tatsächlich um ein aktuelles Gefühl handelt, das in Ihnen heranreift.

Nehmen wir beispielsweise die Trauer. Ein geliebter Mensch ist gestorben. Zunächst stehen wir unter Schock, sind wie betäubt und kaum in der Lage, den Verlust wahrzunehmen. Aber langsam begreifen wir, was wirklich geschehen ist, und werden von den Gefühlen überrollt, wahrscheinlich noch bevor wir dafür bereit sind. Der Schmerz ist unerträglich; wir sind überwältigt von der Trauer und können uns nicht vorstellen, wie das Leben überhaupt weitergehen soll. In diesem Moment ist es nur allzu natürlich – und menschlich –, dem Schmerz entfliehen zu wollen.

Aber im Laufe der Zeit läßt der akute Schmerz der Trauer nach, und wir sind wieder in der Lage, unserem Leben nachzugehen. Dennoch kann es passieren, daß Jahre später irgend etwas – ein Lied, ein Sonnenuntergang, ein Fremder, dessen Gesicht oder Gang an den Verstorbenen erinnert – die Erinnerung an diesen Menschen mit solch einer Macht zurückbringt, daß wir wieder genauso von der Trauer erfaßt werden wie zu dem Zeitpunkt, als wir uns des Verlustes am stärksten bewußt waren. Wir durchleben Gefühle der Vergangenheit in der Gegenwart. Auch das ist natürlich nur zu menschlich und verständlich.

Hier betreten wir jedoch ein kompliziertes und trügerisches

Terrain. Wenn in uns ein Gefühl der Vergangenheit in der Gegenwart aufsteigt, kann diese Empfindung für uns ein Mittel sein, um aus der Gegenwart in die Vergangenheit zu flüchten und damit das wahre Gefühl der Gegenwart zu umgehen. Die Psychotherapie hat uns gezeigt, daß unsere Reaktion auf eine Auseinandersetzung mit unserem Partner in stärkerem Zusammenhang mit der Art und Weise steht, wie uns unsere Eltern behandelt haben, als mit der momentanen Meinungsverschiedenheit an sich. Aus diesem Grunde erklären uns die meisten Psychologen, daß wir dazu verurteilt sind, diese Erfahrungen immer wieder erneut zu erleben, solange wir die Gefühle unserer Vergangenheit nicht verstehen und uns auf diese Weise vom Leben in der Gegenwart isolieren.

Meines Erachtens ist das Verständnis der Vergangenheit zwar wichtig, aber es gibt keine umfassende Antwort auf das Leben im gegenwärtigen Moment. Nur allzu häufig stellen wir bei dem Versuch, »die Vergangenheit zu verstehen«, einen Bezug zwischen den Ereignissen von heute und einem alten Handlungsstrang her – und vermeiden auf diese Weise, bei dem zu bleiben, was *jetzt*, in diesem Moment, geschieht. Die Erzeugung eines solchen »Handlungsstrangs« kann sich als hervorragendes Mittel zur Umgehung gegenwärtiger Emotionen erweisen. Durch das ständige Eintauchen in die Dramatik der Vergangenheit verschmelzen wir mit dem Schmerz und Leid der Vergangenheit und weichen damit dem Schmerz des Moments aus.

Nach Ansicht des Therapeuten Bert Shaw kann es vorkommen, daß eine große Kluft zwischen unseren emotionalen Reaktionen und dem authentischen Gefühl des Moments entsteht. So geraten wir beispielsweise in eine Auseinandersetzung mit unserem Partner, Kind oder Mitarbeiter, die aufgrund der emotionalen Reaktionen jedes am Konflikt Beteiligten schnell eskaliert und sich verschlimmert.

Diese Gefühle meine ich also nicht, wenn ich sage, daß wir die Emotionen des gegenwärtigen Moments erfahren und aushalten sollen. Denn dabei handelt es sich nur um emotionale Reaktionen, die von Ereignissen aus der Vergangenheit ausgelöst werden und die uns aus der Gegenwart herausziehen. Dan Goleman erklärt es in seinem Buch »*Emotionale Intelligenz*« so: »Unser emotionales Radar im limbischen System hat einen potentiellen Angriff erfaßt, wodurch bei uns ein gewisses Gefühl der Angst ausgelöst wird und wir nach einer Fluchtmöglichkeit suchen.« Und Shaw zeigt auf, daß emotionale Reaktionen immer aus einer empfundenen Furcht und Bedrohung resultieren, die wir in der Vergangenheit erlebt haben. Also reagieren wir so wie in der Vergangenheit − der gegenwärtigen Situation meist völlig unangemessen − und vermeiden damit die wahren Gefühle des Moments.

Wenn wir jedoch einen Schritt zurücktreten und uns erlauben, einmal tief durchzuatmen, wird es uns gelingen, uns von unseren emotionalen Reaktionen zu lösen. Shaw erklärt weiter: »So können wir endlich ohne den alten Ballast reagieren und uns für das öffnen, was im gegenwärtigen Moment geschieht.«

Wie die meisten Ehepaare (näheres dazu im Kapitel über Beziehungen) haben meine Frau und ich es zur Meisterschaft gebracht, uns gegenseitig »auf die Palme zu jagen«. Sie ist etwas emotionaler als ich, während ich meist rationaler reagiere. Vor kurzem hatten wir eine Meinungsverschiedenheit über die Frage, ob wir zur Party eines ihrer Freunde gehen sollten. Sie wollte unbedingt dorthin, ich jedoch nicht. Schon bald entwickelte sich aus einem einfachen Gespräch eine handfeste Diskussion darüber, ob sie wohl meinte, daß ich der richtige Mann für sie sei, und ob ich mich von ihr geliebt fühlte. Die Auseinandersetzung geriet in eine Sackgasse, und die emotionalen Reaktionen, denen wir uns gegenseitig aussetzten, bezogen sich nicht mehr auf die bevorstehende Party, sondern betrafen statt dessen Themen, die durch meine Scheu vor gesellschaftlichen Ereignissen (ich fühle mich in größeren Gruppen schnell unwohl) und ihre Angst vor Zurückweisung (die aufkommt, wenn ihr Partner nicht vollständig an ihrem Leben teilnehmen will) ausgelöst wurden.

Als wir uns etwas beruhigt hatten, dem anderen besser zuhörten und uns unserer Gefühle bewußt wurden, konnte ich mein

Unbehagen und sie ihre Isolation zum Ausdruck bringen. Das war der Moment, in dem wir uns im Jetzt, in Harmonie mit der Gegenwart, trafen. Wir fühlten uns einander verbunden, die Party trat in den Hintergrund, und es spielte keine Rolle, ob wir hingingen oder nicht. (Wir sind übrigens gegangen.)

Nicht das, was uns »damals« widerfahren ist, hat Bedeutung, sondern das, was wir in der Gegenwart fühlen. Statt unsere Vergangenheit immer wieder von vorne zu wiederholen, statt sie aus jedem erdenklichen Blickwinkel zu analysieren und zu rekapitulieren, haben wir die Möglichkeit, zu uns selbst zu finden, uns mit unseren tiefsten Gefühlen zu verbinden, den Schmerz zu fühlen, bis er abebbt.

Wenn wir uns dem Schmerz in diesem Moment überlassen, öffnen wir uns gleichzeitig der Schönheit und Freude, die uns ebenfalls während der ganzen Zeit umgeben. Solange wir noch den negativen Erfahrungen unserer Vergangenheit verhaftet sind, können wir uns die Existenz von Freude und Schönheit nicht einmal vorstellen – aber wenn wir uns dem Moment öffnen, entscheiden wir uns für das Leben.

Damit meine ich keineswegs, daß man seine Gefühle nur in Stille und Ruhe erfährt, mit dem Kopf in den Wolken schwebt oder den eigenen Schmerz ohne jede Emotion wahrnimmt. Manchmal ist die Wut so groß, daß wir einfach nur laut schreien können, oder die Trauer so überwältigend, daß Tränen unumgänglich sind. Wir müssen unsere Gefühle so nehmen, wie sie sind, und nicht so, wie wir sie gerne hätten.

Ich selbst habe in meinem Leben nur allzuoft meditiert oder in Gedanken versunken dagesessen, um meine Gefühle vorbeigehen zu lassen. Aber damit betrog ich mich selbst; es war ein Trick, um mich vor meinen Empfindungen abzuschotten, um ihnen im Namen der »Natur Buddhas« auszuweichen – obwohl es viel besser gewesen wäre, wenn ich in diesem Moment mit der Faust auf ein Kissen eingedroschen hätte.

Wichtig ist nur, daß man die wahren Gefühle des gegenwärtigen Moments erkennt und sie *festhält*. Wenn wir in der Lage sind, unsere Gefühle zu fixieren – ruhig, weinend, schreiend oder wie auch immer –, dann verlieren sie die Kraft, mit der sie unsere Gedanken in der Vergangenheit gefangenhalten.

Hier erzählt eine meiner Patientinnen, Mary-Joe, ihre Erfahrungen nach ihrer Scheidung: »Ich stellte fest, daß sich im Laufe der Zeit tatsächlich eine zugrundeliegende Struktur des emotionalen Verarbeitungsprozesses herauskristallisierte. Zunächst war ich von der Trauer überwältigt. Ich fühlte dieses unendlich dunkle Loch und befürchtete, ich würde nie wieder ein normaler Mensch werden und mein Leben lang Tabletten nehmen müssen. Mir fiel auf, daß ich den Schmerz weniger deutlich empfand, wenn ich mich beschäftigte und ablenkte. Aber sobald ich zur Ruhe kam, tauchte er wieder auf.

Schließlich war ich eingehüllt in diese Welle von Trauer und Schmerz, und plötzlich veränderte sich etwas: Auf einmal hatte ich neue Ideen, oder etwas Positives geschah. Nach einiger Zeit begann ich, diesem Prozeß zu vertrauen. Ich betrachtete das Ganze als eine Welle, was mir half, das Trauma zu verarbeiten und mit den Gefühlen umzugehen, die ich die ganze Zeit mit mir herumschleppte und denen ich nicht gestattete, über mich hinwegzuschwappen. Es ist immer noch sehr schmerzhaft, und das wird auch stets so bleiben, aber sobald der Schmerz auftaucht, schaue ich nur zu, wie er immer höher und höher in mir aufsteigt. Danach bin ich darüber hinweg, und der Schmerz ebbt von selbst ab.«

Solange wir den Kamm dieser Flutwelle sehen können, wissen wir, daß es uns möglich ist, auf die andere Seite zu gelangen, und wir dann frei sind, uns in Ruhe umzuschauen und abzuwarten, was das Leben für uns an Schönheit und Freude noch bereithält.

Arnie, ein guter Freund von mir, erlebte eine der schlimmsten Tragödien, die einem Menschen widerfahren können – den Verlust eines Kindes: »Anfangs konnte ich absolut nicht zur Ruhe kommen; ich fühlte den Schmerz um Jerrys Tod beständig, was ich auch tat oder dachte – ich wurde völlig davon überwältigt. Im Laufe der Zeit stellte ich fest, daß das Prinzip der Ablenkung tatsächlich funktionierte. Solange ich mich beschäftigte, wurde der

Schmerz etwas erträglicher. Aber sobald ich zur Ruhe kam – sei es an einer Bushaltestelle oder in den Minuten zwischen zwei Beratungsgesprächen –, fühlte ich ihn erneut aufsteigen. Da war er wieder, mit seiner ganzen Wucht.

Heute, einige Zeit später, ist der Gedanke an Jerry immer noch sehr schmerzhaft, aber es fühlt sich jetzt anders an. Ich versuche nicht mehr, mich zu beschäftigen und den Gefühlen aus dem Weg zu gehen. Statt dessen lasse ich den Schmerz aufsteigen, immer höher und höher, bis er den höchsten Punkt erreicht. Dann weiß ich, daß der Schmerz vorbeigeht und daß ich mich auf der anderen Seite der Flutwelle befinde. Ich empfinde eine tiefe Trauer – und weiß, sie wird vorübergehen.

Als ich es einmal fertiggebracht hatte, den Schmerz auszuhalten, ohne mich der Welle von Gefühlen entgegenzustemmen, geschah etwas Bemerkenswertes: Ich konnte mich wieder am Leben erfreuen. Der Schmerz ist nicht länger Teil der Gegenwart – er ist ein Teil der Vergangenheit, und ich weiß, daß ich mein Leben fortsetzen kann.«

Wir verfügen in unserem Inneren ständig über sämtliche unterschiedlichen Emotionen, und sie üben alle gleichzeitig Einfluß auf uns aus. Eine Frau erzählte mir einmal, daß sie während der Beerdigung ihres Vaters lächeln mußte, als sie an die Freude, die Geborgenheit und die Verbundenheit, die sie mit dem Verstorbenen erfahren hatte, zurückdachte.

»Wie kannst du es wagen, in dieser Situation zu lächeln?« fragte sie ein Verwandter.

Dieser Verwandte repräsentierte die konventionelle Gesellschaft, in der es nur wenig Toleranz und Verständnis für die komplexen Gefühle gibt, die durch traumatische Ereignisse hervorgerufen werden. Ausschließlich Trauer und Schmerz waren gestattet. Die verschiedenen Emotionen, die unverfälschte Freude, die sich in den Schmerz dieser Frau mischten, wurden verurteilt.

Aber diese Freude ist eine Gabe, ein Geschenk, das uns nur dann zuteil wird, wenn wir uns erlauben, alle Empfindungen wahrzunehmen – sei es, daß wir nun von ihnen überrascht werden, sei es daß sie sich allmählich in uns ausbreiten, selbst im Augenblick des größten Schmerzes.

Wenn wir uns allen Emotionen öffnen, gleicht diese Erfahrung einem Eintauchen in den Ozean: Zunächst fühlt sich das Wasser kalt und unangenehm an, aber schon bald gewöhnen wir uns daran und erfreuen uns an ihm. Wir brauchen Zeit, um uns darauf einzustellen; wenn wir wie wild um uns schlagen, dauert es nur um so länger. Aber sobald wir einmal das Spiel der Wellen beherrschen, werden wir bis auf den Kamm getragen und auf der anderen Seite wieder sanft abgesetzt.

Emotional gesehen ist ein solches Eintauchen in den Ozean unserer Gefühle eine sehr schwere und kräftezehrende Aufgabe – aber sie ist von größter Bedeutung. Sie versetzt uns in die Lage, auf eine friedvollere, bewußtere und verständnisvollere Weise durch unser Leben zu gehen; und sie bildet die Basis für unsere Fähigkeit, uns auf den gegenwärtigen Moment zu konzentrieren. Sie bewahrt uns davor, von unserem Herzen zu unserem Verstand zu flüchten und auf unsere geschäftigen Hände zu vertrauen, die uns ablenken. Schließlich ist die Gegenwart der Ort, an dem wir leben.

Thich Nhat Hanh formulierte es so: »Unsere Gefühle spielen eine sehr wichtige Rolle bei der Steuerung all unserer Gedanken und Handlungen. In uns fließt ein Strom der Emotionen, jeder einzelne Tropfen ist ein anderes Gefühl, und jedes einzelne Gefühl benötigt alle anderen für seine Existenz. Um die Gefühle betrachten zu können, müssen wir uns lediglich am Ufer des Stromes niederlassen und jedes Gefühl wahrnehmen, sobald es auftaucht, vorbeitreibt und wieder verschwindet.«

Wir müssen lernen, den Strom, den Ozean unserer Gefühle, in Ruhe zu betrachten – und wir müssen lernen, darin zu schwimmen.

4. Streß und Angst

Wenn man sich mit etwas beschäftigt,
ohne wirklich mit dem Herzen dabeizusein,
dann bekommt man das Gefühl,
meilenweit von zu Hause entfernt zu sein.
Aber wenn es gelingt, wieder Kontakt zum gegenwärtigen Moment
herzustellen – und sei es auch nur für wenige Minuten –,
spürt man es sofort.
Man fühlt sich zu Hause –
egal, wo man sich befindet
und vor welchen Problemen man gerade steht.

Jon Kabat-Zinn

»Eines Abends machte ich ein Feuer mit etwas Holz, das wir auf dem Land gesammelt hatten. Einer der Äste war zwar noch feucht, aber ich legte ihn trotzdem auf den Kaminrost. Als der Ast immer heißer wurde, krabbelte plötzlich eine Gruppe von Ameisen aus dem Scheit – offensichtlich handelte es sich um ihren Unterschlupf – und rannte aufgeregt auf dem Ast hin und her. Einige sprangen herunter und entkamen so den Flammen, aber die anderen Ameisen rannten hin und her, immer schneller vor und zurück.

Ich starrte wie versteinert auf diese kleinen Gesellen, die bald geröstet sein würden, und wollte ihnen zurufen: ›Springt doch! Springt!‹ Und dann wurde mir plötzlich klar, daß sie mich an mein eigenes Leben erinnerten. Der verzweifelte Zuruf galt eigentlich mir selbst.«

Diese Geschichte erzählte mir mein Freund Josh, aber sein Erlebnis kann als Metapher für viele Menschen des zwanzigsten Jahrhunderts dienen. Sobald wir in Streß geraten, verhalten wir uns wie diese Ameisen und suchen verzweifelt nach einer Möglichkeit, dem Feuer zu entkommen. Aber wir wissen nicht, in welche Richtung wir laufen sollen.

Die meisten Menschen fühlen sich während der Arbeit gestreßt, zu Hause gestreßt, fühlen sich im Stau, in einer größeren Menschenmenge, in der Warteschlange vor dem Bankschalter oder an der Supermarktkasse gestreßt. Ohne Streß gäbe es kein Valium oder Librium – die in den siebziger Jahren am häufigsten verordneten Beruhigungsmittel, die auch heute noch auf den oberen Plätzen aller verschriebenen Medikamente rangieren.

Nur im Urlaub versuchen wir angeblich, dem Streß zu entgehen; aber wenn ich mit einer Gruppe von Menschen zu einem Seminar auf eine kleine Insel in der Karibik fliege, höre ich in den ersten Tagen nur Beschwerden: Es ist zu heiß, zu feucht, die Stühle sind unbequem, die Speisen zu stark gewürzt, die Duschen funktionieren nicht. Erst nach einiger Zeit tritt schließlich eine allgemeine Entspannung ein, und wir erleben ein paar streßfreie Tage. Je näher jedoch der Tag der Abreise rückt, desto stärker tauchen die Ängste wieder auf: Wird mich zu Hause ein Berg von Arbeit erwarten? Haben die Kinder in unserer Abwesenheit das Haus auseinandergenommen? Springt der Wagen an, den ich am Flughafen abgestellt habe?

Eine der Teilnehmerinnen, Susan, erklärte, daß sie einen Weg zur Entspannung gefunden habe: »Ich muß regelmäßig mit dem Wagen von meinem Büro zur Universität fahren, wo ich nebenher unterrichte. Ich freue mich auf diese Fahrt, da sie mir die dringend benötigte Zeit zum Entspannen und Zurücklehnen bietet.

Bevor ich losfahre, stecke ich noch eine Kassette zum Thema Management ein, die ich sowieso hören wollte. Und da ich sonst keine Zeit zum Mittagessen habe, nehme ich irgend etwas zu essen mit, das ich mit einer Hand verzehren kann, während ich mit der anderen Hand steuere. Außerdem habe ich ein Autotelefon, so daß ich ein paar Telefonate erledigen kann. Alles in allem ist das doch großartig: Ich kann essen, eine Kassette hören, reisen, mit Kunden sprechen und mich gleichzeitig entspannen!«

Das mag ihre Vorstellung von Entspannung sein – meine ist es jedenfalls nicht. Für mich klingt das eher wie der Versuch, die Angst, nicht alles erledigt zu bekommen, von sich wegzuschieben.

Allerdings handelt es sich hierbei um eine häufige »Lösungsstrategie« für ein weitverbreitetes Problem. Ich gehe davon aus, daß etwa fünfundneunzig Prozent der Streßgefühle in unserem Leben im Zusammenhang mit unserer empfundenen »Zeit-Armut« stehen. Uns beschleicht das Gefühl, daß wir wahrscheinlich nicht all das zu schaffen imstande sind, was von uns erwartet wird.

Die Furcht vor dem, was die Zukunft bringen mag, erzeugt Angst und Nervosität – die Resultate jenes Streßgefühls, das aus dem Widerstand gegenüber der Wahrnehmung der Gegenwart entspringt.

Aber – und das ist das Entscheidende beim Konzept des Rhythmuswechsels – *im gegenwärtigen Moment gibt es keinen Streß.*

Wenn Streß von unserem Widerstand gegenüber den Dingen herrührt, die im gegenwärtigen Moment geschehen, dann handelt es sich dabei meist um Gefühle und Emotionen (wie wir im letzten Kapitel gesehen haben). Daher könnte ich Streß auch als einen Zustand definieren, bei dem man Schmerz empfindet und sich diesem Schmerz gleichzeitig zu widersetzen versucht.

Wenn Sie also beispielsweise gerade eine Scheidung durchmachen und sich nicht gestatten, den damit verbundenen Schmerz zu empfinden – und sich statt dessen »beschäftigen« (wie ich es tat) –, dann wird der unterdrückte Schmerz zu einer Linse, durch die Sie Ihr gesamtes Leben betrachten. Und ein Leben aus diesem Blickwinkel enthält kaum etwas anderes als Streß.

Dabei ist es für uns wichtig zu wissen, daß Streß – die Anspannung, die uns förmlich auffrißt – nicht das gleiche ist wie Schmerz. Wir mögen Schmerz, Enttäuschung oder Verwirrung empfinden, aber wenn es sich dabei um die Dinge handelt, die der gegenwärtige Moment, das Jetzt, für uns bereithält, und wir uns gestatten, diese Gefühle auszuleben, dann können wir uns die zusätzliche Last des Streßgefühls ersparen.

Der Gedanke, daß wir uns freier durch unser Leben bewegen, wenn wir uns den Emotionen des gegenwärtigen Moments öffnen, wird auf metaphorischer Ebene von folgender Zen-Geschichte illustriert:

Zwei Mönche auf einer Reise durch ein Waldgebiet stoßen auf einen reißenden Fluß, an dessen Ufer eine junge, zerbrechliche Frau sitzt, der es nicht möglich ist, ans andere Ufer zu gelangen. Einer der Mönche nimmt sie auf seine Arme und trägt sie hinüber. Dann setzen die Mönche ihre Reise fort.

Es vergehen Stunden der Stille. Aber plötzlich bricht es aus dem einen Mönch heraus: »Wie konntest du so etwas tun? Du weißt doch, daß wir geschworen haben, nie eine Frau anzurühren!«

Der andere Mönch lächelt. »Ich habe diese Frau nur einen kurzen Moment getragen und sie bereits vor Stunden wieder abgesetzt«, erwidert er freundlich. »Aber du trägst sie schon den ganzen Tag mit dir herum.«

Unsere schmerzhaften Emotionen stellen unsere Last dar. Wenn wir sie über den Fluß hinübertragen können und dort absetzen, werden wir in der Lage sein, die Schönheit des Waldes und den Glanz des durch die Bäume schimmernden Sonnenlichts zu genießen.

Lassen Sie es mich noch einmal wiederholen: *Im gegenwärtigen Moment gibt es keinen Streß.* Sobald wir das akzeptieren, was jetzt im Moment geschieht – selbst wenn wir erschöpft, verängstigt oder verletzt zu sein meinen –, müssen wir uns nicht auch noch gestreßt fühlen. Es mag zwar durchaus sein, daß wir unglücklich sind, aber wir öffnen uns der Realität und dem, was das Leben uns in diesem Moment zu bieten hat. Solchermaßen geben wir dem Streß nicht länger die Möglichkeit, unserem Leben zusätzlich zu schaden.

Streß erzeugt ganz typische physiologische und psychologische Auswirkungen, und die körperlichen Schäden, die durch lang anhaltenden Streß verursacht werden, sind inzwischen weltweit bekannt. (Dr. Hans Selye erkannte diesen Zusammenhang als erster vor etwa fünfzig Jahren.) Im frühen Stadium schwächt Streß unsere Adrenalinproduktion, die Schleimhaut der Mageninnenwände und unser Immunsystem. Besteht keine Möglichkeit zu seinem Abbau, so führt Streß schließlich zum völligen Zusammenbruch unserer Lebensfunktionssysteme und verursacht Herzinfarkte, Schlaganfälle, Degenerationsleiden und sogar Krebs.

Aber wenn Streß tödlich enden kann − warum ergreifen wir dann keine wirksamen Maßnahmen zur Streßvermeidung, so wie wir uns vor Lebensmittelvergiftungen und vor dem Sturz von einem hohen Felsen zu schützen suchen? Vielleicht vermag uns ein einfaches biologisches Experiment eine Erklärung zu liefern:

Wenn Sie einen Frosch in eine Pfanne mit kochendem Wasser fallen lassen, springt er sofort heraus. Wenn Sie ihn jedoch in eine Pfanne mit kaltem Wasser setzen und das Wasser langsam bis zum Siedepunkt erhitzen, wird der Frosch niemals herausspringen. Da die Hitze nur langsam ansteigt, gewöhnt sich der Frosch schrittweise daran und reagiert nicht, selbst wenn das kochende Wasser für ihn zu einer tödlichen Gefahr wird.

Tag für Tag, jahrein, jahraus akzeptieren wir das Ansteigen der Hitze. Aus Zeitmangel begnügen wir uns mit zuwenig Schlaf; wir nehmen einen zweiten Job an, obwohl wir fürchten, nicht einmal die erforderliche Zeit für unseren eigentlichen Beruf aufbringen zu können; wir verschlingen immer mehr Informationen, haben aber keine Zeit, sie zu verdauen. Man erwartet von uns, daß wir mehr tun, mehr produzieren, schneller handeln und reagieren − und wir passen uns diesen Erwartungen an. Während das Quecksilber unseres Streßthermometers beständig steigt, gewöhnen wir uns daran, und zwar auf Kosten unserer Gesundheit.

Nichtsdestotrotz bin ich der Ansicht, daß die körperlichen Schäden noch nicht einmal den schlimmsten Aspekt von Streß darstellen. Ich stimme vielmehr mit Jean-Louis Servan-Schreiber überein, der in seinem Buch »The Art of Time« schreibt: »Was ich am meisten am Streß fürchte, ist nicht die Tatsache, daß er mich umbringt, sondern daß er mich davon abhält, das Leben zu genießen.«

Ein Geschäftsmann aus meinem Bekanntenkreis fährt jeden Tag mit einer Gruppe von Kollegen auf einem Katamaran von New Jersey zur Wall Street und wieder zurück. Er liebt diese Fahrt; der Wind, die Wellen und der langsame Rhythmus des Bootes sind ihm ein willkommenes Gegenmittel zu seinem hektischen Berufsalltag.

An einem besonders schönen Tag voller Faszination beobachtete er eine Szenerie, die sich am Ende eines jeden Arbeitstages vor ihm abspielte, der er aber bisher keine Beachtung geschenkt hatte. Eine Gruppe von Börsenmaklern war mit ihrem allabendlichen Pokerspiel beschäftigt: »Sie kümmerten sich überhaupt nicht um das Wetter, schenkten dem Rhythmus des Bootes keinerlei Aufmerksamkeit. Sie waren vollkommen in ihr Spiel vertieft, mehr wollten sie nicht. Es ging um gewaltige Einsätze, und mir fiel auf, daß das Tempo des Spiels sich in dem Maße erhöhte, in dem wir uns der Küste von New Jersey näherten. Die Einsätze stiegen, und man teilte schneller aus. Jeder interessierte sich für jedes Blatt, ihre Stimmen klangen immer schriller, und es schien keine Rolle zu spielen, ob sie gewannen oder verloren. Es war ein wildes Durcheinander.«

Diese Männer befanden sich noch immer im Rhythmus der Stadt New York, auch wenn das schon längst nicht mehr nötig war. Sie steigerten sogar das Tempo des Spiels, als ob sie die drohende »Langsamkeit« der Nacht abwehren wollten. Und ich bin mir sicher, daß sie ihren hektischen Rhythmus mit nach Hause nahmen: Ihr ganzer Tag hatte aus »euphorischen« Momenten bestanden, und sie waren buchstäblich nicht in der Lage, zurückzuschalten.

Aber mein Bekannter hatte seine Geschwindigkeit gedrosselt; er spürte die Schönheit um sich herum und empfand eine »Euphorie«, ein wunderbares Glücksgefühl. Obwohl es einen gewaltigen Unterschied zwischen diesen beiden Formen der Euphorie gibt, hatten die Pokerspieler und mein Freund etwas gemeinsam: Sie alle befanden sich im gegenwärtigen Moment, wenn auch mit völlig unterschiedlichen Rhythmen.

Da wir in unserem Leben nicht ohne Gefühle auskommen, sind wir beständig auf der Suche nach Erfahrungen, die Emotionen freisetzen. Und unser angeborenes Verlangen nach Freude und Befriedigung umfaßt den natürlichen Wunsch nach »Grenzerfahrungen«, wie Psychologen es nennen.

Ob wir es nun als Grenzerfahrung oder Euphorie bezeichnen – wir wissen sofort, wenn wir diese Erfahrung machen. Wir sind völlig im Hier und Jetzt, vollständig eingetaucht im gegenwärtigen Moment und fühlen uns absolut lebendig und erfüllt. Unsere sämtlichen Gefühle und unser Geist sind daran beteiligt – ob es sich nun um eine Wildwasserfahrt, das Kosten erlesener Schokolade, ein riskantes Pokerspiel, eine Bootsfahrt auf dem Hudson, das Dahinrollen mit einem Skateboard oder einfach nur um das ruhige Sitzen in einem Gartenstuhl handelt.

Aber das Tempo unseres modernen Lebens läßt die Wahrscheinlichkeit, daß wir im Laufe unseres normalen Alltags solche Grenzerfahrungen machen, immer geringer werden. Da unsere heutigen »Momente« kürzer scheinen als je zuvor, sind wir im allgemeinen zu sehr in Bewegung, um auch nur irgend etwas bewußt wahrzunehmmen. Aus diesem Grunde besteht für die meisten von uns die einzige Möglichkeit zum Erreichen einer Grenzerfahrung darin, ein Erlebnis zu suchen, das so dramatisch und aufregend ist, daß es einen bleibenden Eindruck hinterläßt – selbst in geringster Dosierung.

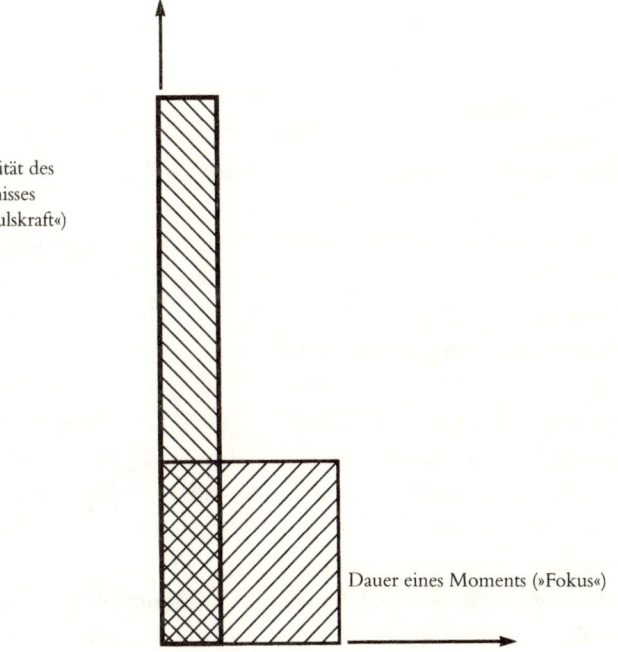

Intensität des
Erlebnisses
(»Impulskraft«)

Dauer eines Moments (»Fokus«)

Die schraffierten Flächen der Grafik veranschaulichen, wie eindringlich wir ein Erlebnis erfahren – die Tiefe des Empfindens oder die Intensität der Wahrnehmung, die wir bei einem bestimmten Ereignis erfahren –, hier »Intensität« genannt. Die externe Kraft dieses Stimulans – die Kraft des Ereignisses an sich – bezeichne ich als »Impulskraft«. Die Dauer der Zeit, die wir benötigen, um uns auf das Ereignis zu konzentrieren, ist der »Fokus« – die Dauer unserer Aufmerksamkeit. Bei einer ausgedehnten Konzentrationsphase ist auch der Fokus länger. Angesichts unseres heutigen Lebenstempos müssen wir jedoch von einem sehr kurzen Fokus ausgehen.

Aber bei einem kurzen Fokus benötigen wir ein Ereignis von sehr großer Impulskraft, um doch noch zu einer solchen Grenzerfahrung zu gelangen. Nur etwas derart Aufregendes wie Fallschirmspringen, ein Orgasmus, ein hochriskantes Pokerspiel, ein plötzlicher Unfall oder eine überragende intellektuelle Offenbarung besorgen uns den gewünschten Kick.

Wenn es uns jedoch gelingt, unseren Fokus über einen längeren Zeitrum aufrechtzuerhalten, dann kann uns ein milderer Reiz – ein Ereignis von wesentlich geringerer Impulskraft – ein ebenso tiefes Erlebnis, den gleichen Kick bereiten. Denn die Qualität einer Grenzerfahrung hängt nicht vom Risiko ab, sondern von der Dauer der Zeit, die wir uns auf den Moment konzentrieren können: durch Fühlen, Hören, Riechen, Spüren, Sehen und durch das Bewußtsein für all die Dinge, die in und um uns herum sind.

Zunächst erfahren wir viele kurze euphorische Momente als etwas Positives. Als ich Windsurfen lernte, mußte ich jedoch nach einiger Zeit immer größere Risiken eingehen, um den gleichen Kick wie vorher zu erleben. Natürlich setzte ich dabei nicht mein Leben aufs Spiel – wohingegen Fallschirmspringer, Bungeejumper, Rennfahrer und Motorradrennfahrer dieses Risiko tatsächlich auf sich nehmen. Allerdings verhindern ihr Wissen und Können meist größere Katastrophen.

Das gilt jedoch nicht für Drogenkonsumenten. Wenn wir unsere Konzentrationsphase einmal genauer betrachten, wirft dies ein völlig neues Licht auf die Frage, warum unsere Gesellschaft zur Sucht neigt. Eine Sucht ist schlicht und einfach der Versuch, aus einer bestimmten Tätigkeit oder Substanz einen Kick zu erhalten. Da unsere Momente zu kurz sind, um während eines ganz alltäglichen Erlebnisses eine Grenzerfahrung zu machen, wenden wir uns Drogen zu (oder Sex, Arbeit, Geld, Macht). Aber weil sich die Dauer des Fokus verkürzt, benötigen wir immer mehr – so lange, bis wir abhängig sind.

Die Sucht ist nur eine Facette des Verlangens nach negativen Stimulanzien, derer wir uns bedienen, sobald die positiven euphorischen Momente nicht mehr genügen oder nicht mehr erreichbar sind. Weil sie in ihrem alltäglichen Leben keine Grenzerfahrungen machen können, weil sie es nicht *fühlen* können, nehmen viele Menschen Zuflucht zu externen Reizen. Dies ist meines Erachtens der Grund, warum sich viele von uns ständig mit einem Handlungsstrang aus der Vergangenheit (wovon im letzten Kapitel die Rede war) beschäftigen, warum bei ihnen Probleme vorprogrammiert scheinen, warum jemand, der sich auf einen Seitensprung eingelassen hat, häufig schnell die nächste Affäre beginnt, und warum manche Menschen gerne Stuntmen, Felsspringer oder Bungeespringer beobachten. Es sind Ersatzreize, aber in unserer Phantasie erleben wir alles am eigenen Leib.

Ich meine damit nicht, daß es sich bei einem Geschäftsabschluß, der Steilwanderklimmung, dem riskanten Spiel oder der Liebesaffäre nicht um wichtige Teile unseres Lebens handelt. Das sie begleitende euphorische Gefühl kann sich als eine Quelle intensiver Freude erweisen. Aber wenn sich der Akt an sich zu einer Sucht entwickelt, wird es gefährlich. Ein oder zwei Gläser Wein zum Essen vervollständigen die Mahlzeit, aber ständiger, zwanghafter Alkoholkonsum zerstört das ganze Leben.

Unser Leben verändert sich grundlegend, sobald wir erst einmal in der Lage sind, unsere Geschwindigkeit zu verringern, den Moment auszudehnen und uns dem Leben um uns herum vollständig zu öffnen. Dann kann uns ein Spaziergang durch den Wald, das Spiel mit unseren Kindern oder eine Symphonie von Beethoven den gleichen Kick, die gleiche Grenzerfahrung bereiten wie ein Fallschirmsprung. Das Aufsaugen des Duftes einer Blüte, eine Meditationsstunde, sogar das Erledigen der Hausarbeit oder der Genuß einer Mahlzeit können plötzlich ein intensives Gefühl der Zufriedenheit schenken. Da sich das Leben der meisten Menschen nicht im Tempo eines Formel-1-Rennens abspielt, sollten wir einmal darüber nachdenken, wie aufregend es ist, wenn wir die meisten Höhepunkte aus unserem alltäglichen Dasein beziehen können.

Wir haben uns heutzutage mit den vielfältigsten Ablenkungsformen umgeben, die es je gab. Fernsehen, Kino, Bücher, CDs, Walkman, aktive und passive sportliche Betätigung, Fißneßclubs und dergleichen mehr – alles vermeintliche Möglichkeiten, um uns vom Streß zu »befreien«. Aber bei diesen Zerstreuungen handelt es sich nur um Mittel zur Vermeidung und nicht zur Lösung von Streß. Wie oft haben Sie schon vor dem Fernseher gesessen, als Ihnen der Gedanke an ein nicht fertiggestelltes Arbeitsprojekt einen Adrenalinstoß durch die Adern jagte… und Sie von Sender zu Sender zappten, auf der Suche nach einem Programm, das Sie vielleicht besser ablenken könnte?

Manchmal trägt die bloße Anzahl an möglichen Ablenkungen zur Verstärkung des Streßgefühls bei. Wenn Sie in ein Kinocenter mit zehn verschiedenen Filmen gehen, kommt möglicherweise der Gedanke auf: »Diesen Film könnte man sich ansehen, aber vielleicht wäre dieser besser.« Und hinterher stellen Sie fest: »Vielleicht hätte ich mir doch den anderen Film ansehen sollen.« Beobachten Sie einmal, wie lange manche Kunden in einer Videothek benötigen, bis sie sich für einen Film entschieden haben. Aber auch Restaurants bieten etliche Gerichte, Bibliotheken Tausende von Büchern und Reisebüros Hunderte von Reisezielen an.

Natürlich ist woanders *immer* irgend etwas los. Wir haben nicht nur das Gefühl, daß uns etwas entgeht, wir verpassen *tatsächlich* etwas: den anderen Kinofilm, das andere Gericht, das andere Reiseziel. Dieses Wissen lenkt unseren Geist beständig in diese

und jene Richtung, und mit jeder Ablenkung nimmt das Streßgefühl ein kleines bißchen zu.

Jede Möglichkeit könnte die »richtige« sein, und es ist auch keineswegs verkehrt, fernzusehen, ins Kino zu gehen, Sport zu treiben oder ein Restaurant zu besuchen. Aber wir müssen uns klarmachen, daß man seinen Emotionen zwar durch Ablenkung entfliehen kann (was sicherlich angenehm ist und sich manchmal
auch als Vorteil erweist), daß sich aber beständige Zerstreuung
möglicherweise zu einer Sucht entwickelt und wie ein Betäu-
bungsmittel wirkt. Man riskiert dabei, daß der Streß plötzlich in
Form von Alpträumen, Magenbeschwerden oder einer allgemeinen Gefühllosigkeit zurückschlägt.

Ein Kennzeichen von Streß ist die Bereitschaft, sich jederzeit auf
die nächstbeste Zerstreuungsmöglichkeit zu stürzen. Aber wenn
wir von einem flüchtigen Moment zum nächsten hetzen, werden
wir niemals zufrieden sein. Schließlich verlieren wir nicht nur
unsere Fähigkeit, uns zu amüsieren und zerstreuen zu lassen, sondern auch unsere Fähigkeit, uns an überhaupt *irgend etwas* zu erfreuen. Wir verdammen uns zu dem Gefühl, daß »das Paradies genau dort ist, wo du dich gerade befindest. Nur daß es viel, viel
besser ist« – wie die Performancekünstlerin Laurie Anderson es
ironisch formulierte.

Doch tatsächlich *ist* das Paradies genau dort, wo Sie sich gerade
befinden. Basta.

Wenn wir »ja« sagen zur Gegenwart – ob es sich dabei um das
Paradies handelt oder um Schmerz oder irgendeinen Zustand dazwischen –, dann müssen wir auch lernen, »nein« zu sagen. Und
das ist nicht so einfach.

Die meisten von uns wollen sich anderen Menschen öffnen,
helfen, wo sie können, und für ihre Familie, Freunde und Kollegen »da sein«. Aber wir können immer nur eine Aufgabe nach der
anderen erledigen, und manchmal ist unsere Zeit so sehr von
einem Gefühl oder einem Ereignis mit Beschlag belegt, daß wir
nur vorgeben können, für jemand anderen »da zu sein«. Allerdings

tragen wir zusätzlich zu unserem Streßgefühl bei, wenn wir eine Bereitschaft vortäuschen, die gar nicht vorhanden ist.

Ich habe dieses Problem in meiner Praxis regelmäßig erlebt. Am Ende des Tages vervollständigte ich noch meine Patientenkartei, obwohl ich wußte, daß ich versprochen hatte, bereits eine halbe Stunde vorher zu Hause zu sein. Und dann klingelte auch noch das Telefon: ein Patient mit einem Problem. Ich wollte eigentlich nicht ans Telefon gehen, nahm den Hörer dennoch jedesmal wieder ab. Das hatte zur Folge, daß ich einerseits mit meinem Patienten telefonierte und andererseits versuchte, meine Notizen zu beenden, wodurch ich meine Aufmerksamkeit auf zwei Aufgaben verteilen mußte und es nicht erwarten konnte, endlich aufzulegen. In diesem Moment war ich für meinen Patienten nicht wirklich da und fühlte mich auch noch gestreßt durch den Wunsch, woanders zu sein.

»Ich brauche einmal deinen Rat«, bittet uns ein Freund am Telefon. »Hast du einen Moment Zeit?«

»Tut mir leid«, antworten wir. »Im Augenblick geht es nicht. Kann ich dich später zurückrufen?«

Diese Einstellung ist wesentlich besser, als dem Ratsuchenden nur unsere geteilte Aufmerksamkeit zu schenken oder irgendeinen unbedachten Rat zu erteilen. Wenn es sich natürlich um einen Notfall handelt – falls jemand krank ist, einen Unfall hatte oder eine schwere Krise durchmacht –, dann muß man selbstverständlich zu Hilfe eilen und sich voll und ganz auf das Problem des Freundes konzentrieren.

»Nein« zu sagen erfordert Stärke und Mut. Nichtsdestotrotz handelt es sich dabei um eine wesentliche Voraussetzung, um den gegenwärtigen Moment wahrnehmen zu können, die genauso wichtig ist wie das Akzeptieren der eigenen Gefühle – auch wenn wir in Kauf nehmen müssen, einen Freund, Klienten oder Kunden dadurch kurzfristig zu enttäuschen.

Der deutsche Philosoph Schopenhauer sagte einmal: »Der Wechsel allein ist das Beständigste.« Heutzutage können wir sicher sein, daß sich unsere Welt beständig hin zu noch größerer Komplexität verändern wird und stetig noch mehr Auswahlmöglichkeiten sowie noch größere potentielle Streßauslöser hinzukommen.

Also ziehen wir die Schlußfolgerung, daß wir sowieso nichts dagegen unternehmen können, und akzeptieren den Streß, unter dem wir leiden, obwohl wir wissen, daß es sich zunehmend verschlechtern wird. Was mir in Gesprächen mit anderen jedoch immer wieder auffällt, ist die Tatsache, daß wir sehr wohl in der Lage sind, Einfluß auf unsere Umgebung auszuüben. Wir können durchaus lernen, unsere Reaktion auf eine bestimmte Situation bewußt auszuwählen.

So fiel einer meiner Teilnehmerinnen einmal die ehrenvolle Aufgabe zu, für ihre Kirchengemeinde ein Abendessen vorzubereiten – ein wöchentliches Ereignis, bei dem sich die Mitglieder gegenseitig zu übertreffen suchten. Unglücklicherweise wurde ihr Mann an diesem Tag durch einen Notfall im Büro festgehalten und konnte ihr nicht bei den Vorbereitungen helfen. Außerdem erkrankte ihr Babysitter, und sie mußte sich selbst um ihr Kind kümmern.

Je mehr Zeit verstrich, desto nervöser wurde sie, und sie hatte das Gefühl, daß ihr jemand die Kehle zuschnürte. Ihr blieb nichts anderes übrig, als noch schneller zu arbeiten und noch mehr Dinge gleichzeitig zu erledigen. Mit ihrem vierjährigen Kind im Schlepptau erledigte sie also die Einkäufe, deckte den Tisch, putzte das Haus, bereitete den Truthahn, backte einen Nuß- und einen Kirschkuchen … Und als ihre Panik während der Zubereitung des Salats ihren Höhepunkt erreichte, fiel ihr die riesige Salatschüssel auf den Fuß und verletzte sie so sehr, daß ihr Blut den Teppich rot färbte.

Wie sie in dieser Situation reagierte, kann uns allen als Beispiel dienen: Sie fing an zu lachen. Hier, inmitten des sie umgebenden Chaos, hatte sie die Wahl: Sie konnte entweder in noch größere Panik geraten oder aber dieses Muster durchbrechen – was sie durch ihr Lachen tat.

Sie holte mehrmals tief Luft und entschied sich, den Vorfall einfach zu negieren. Schließlich konnte sie sowieso nichts daran ändern, und in diesem entspannten Moment wußte sie, daß sie das Abendessen einfach *stattfinden* lassen konnte. Ihre Nervosität legte sich. Das Abendessen würde sie schon irgendwie hinkriegen.

Mein Freund Sid hatte, solange er sich erinnern konnte, Angst vor einer Fahrt auf der Achterbahn. Schon als Kind mied er ängstlich diese Kirmesattraktionen, und er bewahrte sich diese Angst bis ins Erwachsenenalter. Aber die Achterbahn machte ihn auch neugierig. Also nahm er sich eines Tages seine Kamera, schraubte ein Teleobjektiv auf, stellte sich vor der Achterbahn auf und machte Fotos von den Menschen, deren Wagen gerade den höchsten Punkt der Bahn überschritt – kurz bevor es hinab in die Tiefe ging.

Nach dem Entwickeln der Bilder stellte er fest, daß die Passagiere im Grunde zwei verschiedene Verhaltensmuster zeigten: Entweder war ihr Gesicht angstverzerrt, und sie klammerten sich an ihren Sitz, oder sie warfen die Arme in die Luft und warteten in ekstatischer Freude auf die rasende Abfahrt.

Sid betrachtete die Aufnahmen eingehend und traf eine bewußte Wahl. Er fuhr zum ersten Mal in seinem Leben mit einer Achterbahn – und seine Frau machte ein Foto, als sein Wagen den höchsten Punkt passierte: Sid mit hochgerissenen Armen und vor Vergnügen lachend.

Kurzum: Die Gesellschaft mag uns zwar streßauslösenden Situationen aussetzen, aber wir können beschließen, uns nicht stressen zu lassen. Von Natur aus mögen wir vielleicht feige sein, aber wir können lernen, tapfer zu handeln.

Ein Großteil des erlebten Stresses wird durch uns selbst verursacht. Es ist wichtig, daß wir verstehen, daß wir Streß nicht immer von außen auferlegt bekommen.

Meine Freundin Carole erzählte mir folgende Geschichte: »Ich stamme aus einer Familie, bei der ein Flug um drei Uhr nachmittags bedeutete, daß wir erst um drei Uhr am Flughafen ankamen, in der Hoffnung, daß das Flugzeug noch nicht gestartet war – was dazu führte, daß wir bereits auf dem Hinweg lautstark diskutierten, ob es nicht besser sei, gleich wieder umzukehren und nach Hause zu fahren. Nachdem ich verschiedene Reisen ohne meine Familie unternommen hatte, stellte ich fest, daß es sich keineswegs um eine ›Zeitverschwendung‹ handelt, wenn man bereits eine Stunde vor Abreisetermin am Bahnhof oder Flughafen eintrifft und sich dadurch viel Streß und Panik erspart. Natürlich nehme ich mir eine Zeitung oder etwas zu arbeiten mit, falls ich das Gefühl habe, ›irgend etwas tun zu müssen‹. Und manchmal bleiben mir auch nur zwanzig Minuten bis zum Abreisetermin. Aber die Tatsache, daß ich gelernt habe, meine Ankunfts- und Abfahrtszeiten realistischer zu planen, hat sich als der größte Streßvermeidungsfaktor erwiesen, den ich kenne.«

Carole lernte, sich Zeit zu nehmen – etwas, das ich mir gerade mühevoll beizubringen versuche. Fast mein gesamtes Leben habe ich es irgendwie geschafft, noch soeben rechtzeitig anzukommen. Bevor ich mich mit unserem Zeitverständnis und dem Rhythmuswechsel beschäftigte, lobte ich mich sogar dafür, daß es mir gelang, den Kinosaal erst im letzten Moment vor Beginn des Films zu betreten, den Zug in der letzten Sekunde zu erreichen, kurz bevor er sich in Bewegung setzte, und das Flugzeug immer als letzter zu besteigen. Anfangs habe ich noch massenhaft Zeit, aber dann muß ich noch eine Notiz schreiben oder ein Gespräch führen, oder ich stecke im Stau fest – und schaffe es daher selten, meinen Bestimmungsort pünktlich zu erreichen.

Mein früheres Verhalten hing wahrscheinlich teilweise mit der Tatsache zusammen, daß man bei einem enggesteckten Zeitplan den Eindruck erhält, die zur Verfügung stehende Zeit optimal zu nutzen. Wir zeigen der Welt damit, daß unsere Zeit viel zu kostbar ist, um nur »herumzusitzen«, während sich die anderen im Kino bereits die Vorankündigungen ansehen oder sich mit den Handgepäckfächern im Flugzeug abmühen.

Aber als ich mich mit dem Phänomen Zeit intensiver beschäftigte, wurde mir klar, mit wieviel Streß ein solch enggesteckter, unflexibler Zeitplan verbunden war. Ich erinnerte mich, daß ich mit der ständigen Frage lebte, ob ich die ersten Minuten des Films wohl noch mitbekommen würde, und mich einem schädlichen Adrenalinstoß nach dem anderen aussetzte, wenn ich panisch durch die langen Flughafenkorridore hetzte.

Obwohl ich auch heute noch hin und wieder in alte Gewohnheiten verfalle, habe ich in den vergangenen Jahren gelernt, mir selbst mehr Zeit einzuräumen. Ich versuche auch nicht mehr, »schnell noch etwas zu erledigen«, sondern verlasse das Büro rechtzeitig, so daß ich mir Zeit lassen kann. Und wenn ich dann relativ früh den Flughafen betrete, handelt es sich keineswegs um »verschwendete« Zeit, die ich bis zum Abflug verbringe.

Im Radio hörte ich unlängst einen Bericht über eine Untersuchung zum Streßverhalten von Pendlern. Man führte dazu einen Test durch und bat zwei Fahrer, mitten in der Rush-hour die gleiche Strecke zurückzulegen. Der eine Fahrer sollte so schnell wie möglich fahren – und dazu häufig die Spur wechseln, langsamere Wagen überholen, bei Gelb nicht anhalten, sondern weiterfahren und so fort. Den anderen Fahrer bat man lediglich, sich mit dem Verkehrsfluß »treiben« zu lassen. Bei beiden Fahrern wurde die benötigte Zeit gestoppt. Dem »Fahrbahnwechsler« gelang es zwar, fünf Minuten vor dem »Sonntagsfahrer« einzutreffen, doch dafür war er auch völlig überdreht und erschöpft, während der andere in aller Ruhe und entspannt am Ziel ankam. Der schnellere Fahrer hatte fünf Minuten »eingespart«, sich aber dabei einem solchen Streß ausgesetzt, daß ihn diese Tour de force wahrscheinlich fünf oder mehr Minuten seines Lebens kosten wird.

Diese buchstäbliche Hetzjagd von Ort zu Ort stellt nur das offensichtlichste Beispiel für selbst verursachte Zeitnot dar. Wenn wir uns einem solchen Druck jedoch nicht aussetzen, fällt es uns eindeutig leichter, den gegenwärtigen Moment wahrzunehmen, uns *Zeit* für den Moment zu nehmen. Ich wiederhole es noch einmal: Im gegenwärtigen Moment gibt es keinen Streß.

Wahrscheinlich werfen Sie jetzt ein: »Aber mein Chef benötigt den Bericht bis zum Nachmittag, und ich habe ihn noch lange nicht fertig! Was meinen Sie also mit ›Es gibt keinen Streß‹?« Meine Antwort lautet: »Wenn Sie sich gestatten, *in diesem Moment* gegenwärtig zu sein – jetzt in diesem Augenblick –, und das akzeptieren, was Ihnen der Moment beschert, dann wird das Streßgefühl verschwinden. Streß und Nervosität existieren nur dann, wenn Sie sich außerhalb des Moments befinden, mit den Gedanken in der Vergangenheit oder in der Zukunft weilen. Halten Sie sich an die Gegenwart. Ihr Bericht wird davon nur profitieren.«

Es ist richtig: Wir sind die einzigen, die unseren Streß beherrschen können, auch wenn wir keineswegs die einzigen sind, die ihn verursachen. Wir können davonlaufen, uns verstecken, uns ablenken – oder aber wir gestatten uns, ganz im gegenwärtigen Moment zu existieren.

Stellen Sie sich vor, Sie sitzen im Wartezimmer Ihres Hausarztes. Was fühlen Sie, wenn es ziemlich lange dauert, bis Sie an der Reihe sind? Sie können sich der Wartezeit widersetzen, sie regelrecht *hassen*, die Sprechstundenhilfen nerven, sich sehnlich wünschen, an einem anderen Ort zu sein. Oder Sie entscheiden sich für eine friedvollere Haltung.

Wie wäre es, wenn Sie diese Wartezeit nicht als »Verschwendung« betrachten, sondern Ihre Einstellung ändern und diese Zeit als »geschenkte« Zeit empfinden – als ein unerwartetes Geschenk, vergleichbar dem Geldschein, den Sie in der Tasche eines Mantels finden, den Sie seit letztem Sommer nicht mehr getragen haben? Ich garantiere Ihnen, Ihr Streß wird verschwinden.

Verkehrsstaus, Warteschlangen in der Bank oder vor der Supermarktkasse – das sind alles Orte, an denen Sie wie Sid auf der Achterbahn bewußt Ihre Einstellung ändern und eine friedvollere und gesündere Haltung einnehmen können. Eine meiner Kursteilnehmerinnen, Judy, erzählte mir, daß sie in Momenten, in denen sie sich gestreßt oder frustriert fühlt, »schöne Dinge« zu sehen versucht: »Ich schaue umher, bis irgend etwas meinen Blick auf sich zieht und festhält. Das kann alles mögliche sein. Ich beobachte beispielsweise, wie das Sonnenlicht durch die Blätter der Pflanzen auf dem Fensterbrett fällt und das Grün in Millionen von Schattierungen aufteilt. Einige Blätter werden von hinten beleuchtet und schimmern durchsichtig, fast gläsern, andere liegen im Schatten, und wieder andere werden direkt von der Sonne angestrahlt. Nicht zu vergessen der Kontrast zwischen den Grüntönen und den Erdfarben des Blumensubstrats und des Topfes. Und all die kleinen Sprünge und Risse in der Glasur des Blumentopfs, die eigenwillige Muster bilden… Ich kann dann einfach nur dasitzen und erkennen, wie schön und wundervoll dieser alltägliche Gegenstand ist. In solchen Momenten verliere ich jegliches Zeitgefühl.«

Es spielt wirklich keine Rolle, wo wir »schöne Dinge« sehen. Meredith, eine andere Teilnehmerin, zeigte auf das Notausgangszeichen im Konferenzraum des Omega Institute. Der Kontrast zwischen dem Rot des Zeichens und der gelben Wand ließ den Gegenstand fast wie moderne Kust erscheinen. Und es handelt sich *tatsächlich* um Kunst, es ist schön – wenn wir uns entschließen, es auf diese Weise zu betrachten.

Es ist Ihnen sicher nicht entgangen, wie Judy ihre Wahrnehmung des gegenwärtigen Moments beschrieb – denn genau das tat sie in dieser Situation: Sie hatte jegliches »Zeitgefühl verloren«. Aus diesem Grunde sind wir von Zeit umgeben, sobald wir uns im Jetzt befinden. Die Zeit umringt uns, statt an uns vorbeizurauschen. Und wir treiben mit auf dem Fluß der Zeit.

5. Die Ausdehnung des Moments

Jeder mit Sorgfalt und Geduld geöffnete Moment
ist eine Ewigkeit.

Noah Ben Shea

Erinnern Sie sich an die Geschichte des Mönchs, der – von zwei Tigern belauert – eine köstliche Erdbeere genoß? Eines Tages erzählte ich diese Legende in meinem Kurs und erhielt folgende Erwiderung: »Der Mönch hat einfach die Realität verdrängt«, sagte ein Teilnehmer. »Er verschloß die Augen vor dem, was ihn oben und unten erwartete, und konzentrierte sich auf die Erdbeere.«

Bei dieser Parabel geht es jedoch nicht um Blindheit und Verleugnung: Der Mönch ist sich seiner Zwangslage durchaus bewußt. Aber gerade *aufgrund* seiner Situation ist er um so besser in der Lage, den Moment voll auszukosten. Die Geschichte stellt vielmehr folgende Frage: Falls uns etwas Angsteinflößendes bevorsteht, sind wir dann fähig, es in dem Moment zu durchleben, in dem es tatsächlich eintritt, oder neigen wir dazu, das Szenario machtlos immer wieder durchzuspielen, bevor überhaupt irgend etwas passiert ist?

Unabhängig davon, was in der Vergangenheit geschah oder sich in der Zukunft ereignen wird – warum sollten wir den gegenwärtigen Moment in seiner ganzen Fülle verpassen? Selbst wenn man kurz davorsteht, in die Tiefe zu rutschen – warum sollte man auf die Erdbeeren verzichten?

Das mag vielleicht abgedroschen klingen, aber die Bedeutung dieser Aussage ist für unser tägliches Leben von großer Tragweite. Es spielt keine Rolle, ob wir in einem von uns nicht beeinflußbaren Verkehrsstau feststecken oder uns Sorgen über eine bevorstehende Konferenz oder einen Termin machen – solange wir nicht lernen, uns jedem Moment zu öffnen und für ihn gegenwärtig zu sein, wird unser Leben immer mehr an Tempo zunehmen und an uns vorbeirauschen. Häufig entscheiden wir uns dafür, den gegenwärtigen Moment zu *verkürzen*, statt ihn auszudehnen. Dr. Larry Dossey, der Autor von »*Space, Time and Medicine*«, bat einmal eine Gruppe von Geschäftsleuten, einen Moment mit geschlossenen Augen dazusitzen und ihm (ohne zu zählen) mitzuteilen, wann etwa eine Minute verstrichen sei. (Vielleicht versuchen Sie es einmal selbst.) Die meisten Anwesenden riefen bereits nach fünfzehn Sekunden, die Minute sei um; ein Teilnehmer kam gerade einmal auf sechs Sekunden.

Wenn eine subjektive »Minute« nur fünfzehn Sekunden dauert, wie lange währt dann ein Moment? Ein paar Nanosekunden?

Solange wir nicht lernen, uns jedem Moment zu öffnen und die Dinge zu akzeptieren, die er uns bringt, wird unser Leben bis zu unserem sicheren Ende einfach an uns vorbeirasen. Um in der emotionalen Zeit leben zu können, müssen wir den Moment ausdehnen, ihn weit öffnen, damit wir hineintreten, ohne Ängste darin verweilen und erfahren können, was in diesem Augenblick vor sich geht.

Da sich die Menschen mehrheitlich vor dem fürchten, was der Moment uns bringen mag, vermeiden sie eine Begegnung. Die Tiger aus der Legende erzeugen gleichermaßen Streß und Nervosität, so daß wir uns beständig beschäftigen, um sie zu vergessen oder sie zu negieren. Wenn wir uns aber mit ihrer Existenz abfinden, akzeptieren wir auch uns selbst und die Unabänderlichkeit unseres eigenen Todes.

Viele von uns glauben, daß sie die »Erdbeere essen«, sobald die Tiger davongelaufen sind und sich »die Dinge beruhigt haben«. Wenn die Krisensituation vorbei ist, nehmen wir uns Zeit zum Entspannen, Zeit, um das Leben zu genießen, mit der Diät zu beginnen, Sport zu treiben oder den Urlaub unserer Träume zu verbringen.

Aber wenn die Tiger endlich verschwunden sind, nehmen möglicherweise mehrere Löwen ihren Platz ein. Falls wir das zulassen, werden Vergangenheit und Zukunft so viel Druck auf uns ausüben, daß wir uns nicht bewußt werden, was in diesem Moment direkt vor uns liegt.

Daher sollten Sie Ihre Geschwindigkeit *jetzt* verringern, *jetzt* innehalten und sich *jetzt* aufmerksam umschauen.

Die Wahrnehmung des gegenwärtigen Moments ist keine leichte Übung; wäre sie das, so würden wir uns während der ganzen Zeit entspannt und locker fühlen. Statt dessen erfordert es Mut und Engagement, unser Leben grundlegend zu verändern, dem Einfluß der Sychnronisation zu entgehen und uns denen zu widersetzen, die uns zu einem immer schnelleren Tempo antreiben. Es erfordert sowohl die Akzeptanz unserer Zwangslage als auch unserer selbst.

Leider erkennen die meisten Menschen die Bedeutung und einzigartige Realität des gegenwärtigen Moments erst dann, wenn sie mit einer schweren oder sogar tödlichen Krankheit konfrontiert werden. Die Auseinandersetzung mit unserem eigenen Tod kann zu einer bewußteren, umfassenderen Wahrnehmung der Gegenwart führen, zu der wir vorher nicht in der Lage schienen.

Im Laufe der vergangenen Jahre habe ich mich intensiv mit Aids- und Krebspatienten sowie mit anderen Patienten beschäftigt, die an einer schweren oder tödlichen Krankheit litten. Ich war von ihrem Mut und der außergewöhnlichen Wandlung, die sie durchmachten, tief ergriffen. Betty, eine Patientin mit Brustkrebs im Endstadium, erzählte mir: »Diese Krankeit ist das Beste, was mir je passiert ist. Meine Ehe war am Ende, mein einziger Sohn hatte sich mir völlig entfremdet, und ich war permanent nervös und ängstlich. Aber aufgrund meiner Krebserkrankung wurde mir folgendes klar: Wenn ich jemals etwas verändern wollte, dann mußte ich es *jetzt* tun. Also lernte ich meinen Mann auf eine Weise kennen, wie es mir zuvor nicht gelungen war, und entwickelte eine wunderbare Beziehung zu meinem Sohn.«

Diese neugefundene Wertschätzung des Lebens erstreckte sich über zwischenmenschliche Beziehungen bis hin zu den alltäglichsten Dingen: einer Mahlzeit, einem Spaziergang über eine

Wiese, der Schönheit der Dämmerung oder einer zufälligen Begegnung mit einem Fremden.

Einfache Wunder solcher Art sind in jedem Moment und an jedem Tag im Überfluß vorhanden und für uns alle – ob gesund oder krank – erreichbar. Wir sollten nicht bis fünf vor zwölf warten, um ihren Wert zu erkennen.

Die bewußte Konzentration auf den gegenwärtigen Moment definiert sich in dem Begriff »*mindfulness*« (Achtsamkeit), der aus der buddhistischen Meditationspraxis stammt und sich auf den Zustand beständiger Wahrnehmung des gegenwärtigen Moments bezieht.

Dieser Ausdruck ist etwas verwirrend. Er bezeichnet weder ein Leben in völliger Vergeistigung noch die Tatsache, daß alles und jedes ständig analysiert wird oder daß man sich nur noch in der mentalen Zeit befindet. Statt dessen bezieht er sich auf die bewußte Wahrnehmung der Gegenwart, wobei wir all unsere Fähigkeiten und all unsere Sinne gebrauchen; er meint das Bewußtsein für die Dinge, die um uns herum und in uns selbst geschehen. Achtsamkeit ist ein Daseinszustand, den wir in jedem Moment unseres Lebens erfahren können. Dazu bedarf es lediglich unserer Aufmerksamkeit und unseres Bewußseins.

Wenn wir den Zustand achtsamer Aufmerksamkeit erreichen, öffnet sich uns der gegenwärtige Moment, das Jetzt. Und in diesem Augenblick strömt das Leben herein. Je mehr wir uns in einfachen, alltäglichen Situationen in Achtsamkeit üben, desto besser wird unsere Wahrnehmungsfähigkeit. Je besser wir in der Lage sind, den täglichen Dingen Beachtung zu schenken, desto mehr gelingt es uns, aller Dinge, die wir tun, bewußter gewahr zu werden. Diese Fähigkeit können wir genauso erlernen wie lesen und schreiben oder radfahren. Der einzige Unterschied liegt darin, daß ein solcher Lernprozeß eine Verringerung unserer Geschwindigkeit erfordert, wobei wir uns von der Hektik befreien und uns gestatten müssen, einmal »nichts zu tun« – unseren Bestrebungen, uns dieser Idee unter allen Umständen zu widersetzen, zum Trotz.

Achtsamkeit stellt sich beinahe automatisch ein, wenn wir eine schwere Krise durchmachen oder einen Moment großer Freude erleben. Ein Autounfall katapultiert uns beispielsweise in einen Zustand höchster Aufmerksamkeit. Wenn Sie je in einen plötzlichen, schweren Unfall verwickelt waren, wissen Sie, daß jegliche Gedanken an die Vergangenheit oder Zukunft sofort verschwinden und daß Sie später wahrscheinlich mit erstaunlicher Lebendigkeit jedes kleinste Detail des Geschehens wiedergeben können.

Auch nach einer wunderbaren Nacht mit unserem Partner oder einem köstlichen Essen mit Freunden entsinnen wir uns genau der Geräusche, Düfte und Farben. Wir können uns deshalb daran erinnern, weil wir in diesem Moment achtsam waren – unsere sämtlichen Sinne und Fähigkeiten waren daran beteiligt.

Es steht völlig außer Frage, daß wir alle den Zustand der Achtsamkeit erfahren. Wir müssen jedoch lernen, ihn auch in den alltäglicheren Momenten des Lebens – im Grunde in allen Situationen unseres Lebens – herbeizuführen.

An dieser Stelle meldet sich in meinem Kurs fast immer jemand mit dem folgenden Einwand zu Wort: »Es ist sicherlich schön, achtsam zu sein, solange ich mich mit etwas beschäftige, was ich gerne mache – mit jemandem zu schlafen oder Tennis zu spielen. Aber warum sollte ich achtsam sein, wenn ich das Geschirr spüle?«

Die Antwort darauf lautet: »Jedesmal, wenn wir den gegenwärtigen Moment beiseite schieben und nicht gegenwärtig sind, hören wir auf zu leben. Natürlich können Sie sich entschließen, nie wieder abzuwaschen; aber wenn Sie das Geschirr spülen und vorgeben, etwas anderes zu erledigen, oder sich fürchterlich hetzen, um schnell zu etwas ›Wichtigerem‹ zu kommen, dann bedeutet dies, daß Sie Ihr Leben verleugnen. Bei der Achtsamkeit geht es darum, alle Aspekte unseres Lebens, jeden einzelnen Moment, wahrzunehmen – die neunundachtzig Prozent, die unseren Alltag ausmachen, zusammen mit den restlichen, außergewöhnlichen Augenblicken.«

Der Schlüssel zu einer tieferen Wertschätzung und Wahrnehmung des Lebens liegt in der Schlichtheit des Alltäglichen. Es ist leicht, während eines intensiven Erlebnisses achtsam zu sein; tatsächlich können wir uns kaum dagegen wehren. Aber wenn wir bewußt achtsam und lebendig sind, während wir den Boden wischen, mit dem Auto fahren oder in der Stadt spazierengehen, dann dehnen wir den alltäglichen Moment aus, so daß unser Leben erfüllter und befriedigender verläuft.

Anne, eine Teilnehmerin aus einem meiner Kurse zum Thema »Wellness«, beschrieb ihre eigenen Erfahrungen. Nach einigen Entspannungsübungen spürte sie, wie sich ihr Lebenstempo verringerte und sie sich der Dinge immer bewußter wurde: »Mein Blick fiel auf ein Blatt an einem Baum, der in der Nähe des Weges zu meiner Hütte stand, und ich ging hinüber, um es genauer zu betrachten. Das Blatt hatte eine wunderschöne, prächtige und leuchtendgrüne Farbe. ›Das ist das faszinierendste Blatt, das ich je gesehen habe‹, dachte ich damals. Ich nahm es in meine Hände, stand einfach dort und schaute es mir lange an – fühlte seine Oberflächenstruktur, zeichnete seine Adern nach und stellte fest, daß die Blattadern an Flüsse hoch über der Erde erinnerten, deren Lauf sich teilte und wieder vereinigte. Ich verlor jegliches Zeitgefühl. Als ich bei meiner Hütte ankam, wurde mir klar, daß ich wahrscheinlich zwanzig Minuten auf dieses einzelne Blatt gestarrt hatte.«

Natürlich unterschied sich dieses Blatt nicht von den Millionen Blättern, denen Anne in ihrem bisherigen Leben begegnet war. Aber es handelte sich wohl deshalb um das faszinierendste Blatt, weil es das einzige war, das sie überhaupt bewußt betrachtet hatte. Normalerweise unterscheiden wir weder ein Blatt vom anderen noch einen Baum vom anderen. Wenn wir durch den Wald spazieren, nehmen wir das Grün in seiner Gesamtheit auf – mehr geschieht jedoch nicht. Denken wir aber einmal darüber nach, so erkennen wir, daß jeder Moment unseres Lebens die Möglichkeit einer tiefen und fest im Gedächtnis verankerten Erfahrung bereithält. Wir müssen sie nur wahrnehmen.

Ein ähnliches Erlebnis offenbart sich uns, wenn wir eine Strekke, die wir sonst nur mit dem Wagen zurücklegen, einmal zu Fuß ablaufen. Es scheint dann, als hätte plötzlich jemand einen neuen Baum gepflanzt oder ein Haus gebaut, was wir bisher überhaupt nicht bemerkten. Wenn wir unsere Geschwindigkeit verringern, werden wir uns der Dinge bewußt, die uns die ganze Zeit umgeben.

Fürchten Sie sich nicht vor dieser Drosselung des Tempos.

Ich verbringe zwei Monate im Jahr auf einer Insel in der Karibik und nutze die Gelegenheit, um mein Lebenstempo zu reduzieren, wodurch ich mich stärker mit mir selbst verbunden fühle. Dort empfinde ich einen ruhigeren Rhythmus, eine Art Urrhythmus, den ich aufgrund meiner Arbeit am Omega Institute nur allzuoft unterdrücken muß.

Bei meinem letzten Aufenthalt hielt ich eines Abends auf einem Hügel an, um zunächst den Sonnenuntergang zu beobachten und dann zu erleben, wie ein wunderbarer Vollmond am Firmament aufstieg. In der Ferne sah ich viele kleine Inseln im smaragdgrünen Meer schimmern, jede Insel mit einer ganz eigenen Tönung. Ich lehnte mich gegen eine Steinmauer am Straßenrand, saß einfach nur dort und versank in der Magie dieses atemberaubenden Anblicks. Schon bald hielt ein Wagen neben mir an. Eine Frau sprang heraus, um schnell eine Aufnahme zu machen, während ihr Mann im Wagen mit laufendem Motor darauf wartete, daß sie wieder einstieg. Dann fuhren beide wie der Blitz davon.

Ich war mir sicher, daß sie die Aufnahme ihren Freunden zu Hause zeigen und ihnen von den wunderbaren Orten erzählen würden, die sie alle besucht hätten. Aber ich fragte mich, ob sie sich die Zeit genommen hatten, die vor ihnen liegende Schönheit wirklich zu sehen und zu fühlen.

Als nächstes kam ein Wagen mit drei oder vier Insassen vorbei. Ein Mann rief mir aus dem rollenden Wagen zu: »Das hier ist einer der schönsten Orte der Welt, was?« und fuhr dann weiter, ohne anzuhalten.

Das Leben wird soviel erfüllter und befriedigender, wenn wir uns nur gestatten, unsere Geschwindigkeit in dem Maße zu verringern, daß wir seine Schönheit wahrnehmen und schätzen können. Achtsamkeit »stiehlt« uns keine Zeit; sie schenkt sie uns.

Unser Widerstand dagegen, die Dinge langsamer anzugehen, rührt von alten Gewohnheiten, durch die wir uns bisher keinen Gefallen erwiesen haben. Wenn ich meinen Teilnehmern gegenüber das erste Mal erwähne, sie sollten ihre Geschwindigkeit verringern, wirken sie aufgebracht und verzweifelt. Sie denken dann ganz offensichtlich: »Ich habe so viele Dinge in meinem Leben zu erledigen – da ist eine Tempoverminderung das Letzte, was ich brauche!«

Aber ich schlage *keineswegs* vor, unsere Fähigkeiten hinsichtlich der Effizienz und Produktivität über Bord zu werfen. Und es spricht absolut nichts dagegen, mit dem Wagen zur Arbeit zu fahren, statt zu Fuß zu gehen. Ich meine auch nicht, daß wir künftig in einem Indianerzelt leben sollten, und durch Trägheit am Arbeitsplatz gefährden wir nur unsere Stelle. Ebenso rede ich nicht davon, daß wir den ganzen Tag nur meditieren oder still und ernst sein sollten. Ein wichtiger Bestandteil bei der bewußten Wahrnehmung des Lebens ist unsere Fähigkeit, Freude und Spaß zu empfinden, was häufig eine Steigerung der Geschwindigkeit bedeutet.

Was ich anstrebe, ist ein Gleichgewicht, eine Achtsamkeit, die es uns erlaubt, unserem Leben einen anderen Rhythmus zu verleihen. Sobald Sie es einmal versuchen, werden Sie eine verblüffende Entdeckung machen: Erst wenn wir unser Tempo verlangsamen, »drehen wir richtig auf«.

Es gibt viele Möglichkeiten, die Ausdehnung des Moments bewußt zu üben – und damit die Zeit zu schaffen, die wir benötigen, um uns unserem Leben ganz zu öffnen. Die verschiedenen Methoden umfassen eine große Bandbreite: Wir können einfach nur dasitzen und bewußt atmen oder die Situationen, in denen wir uns mit angenehmen Dingen beschäftigen, aufmerksam wahrnehmen oder uns spirituellen Übungen widmen. Auch die Dauer bleibt uns überlassen: wenige Minuten bis eine halbe Stunde täglich oder aber ein ganzes Meditationswochenende. Am besten wäre es natürlich, wir könnten beides miteinander kombinieren.

Eine der einfachsten und effektivsten Methoden zur bewußten Wahrnehmung des gegenwärtigen Moments, zur Wahrnehmung unseres Lebens besteht darin, unsere Atmung zu beobachten. Die Atmung ist eine Möglichkeit, uns mental und emotional wieder ins Gleichgewicht zu bringen, als würden wir unsere innere Uhr neu einstellen. Die Atmung ist ein intensiver und harmonisierender Rhythmus unseres Körpers. Wenn wir uns gestatten, unsere Atmung bewußt wahrzunehmen, verlangsamt sich unser Atemrhythmus, und wir wechseln zu einem ruhigen, friedvollen Rhythmus über, der für unseren Körper sehr wohltuend ist.

Probieren Sie es doch direkt einmal aus! Während Sie diese Seiten lesen, atmen Sie natürlich auch; aber jetzt sollten Sie Ihrer Atmung gewahr werden und sie regelrecht fühlen. Füllen Sie Ihre Lungen langsam vollständig mit Luft, dann lassen Sie die Luft langsam und ganz gezielt wieder heraus. Wiederholen Sie diesen Vorgang ruhig mehrmals und »beobachten« Sie Ihren Atem während des Ein- und während des Ausatmens. Dabei entsteht doch ein angenehmes Körpergefühl, nicht wahr?

Vielleicht möchten Sie das Buch ein paar Minuten beiseite legen, um in Ruhe durchzuatmen. Setzen Sie sich auf einen bequemen Stuhl und stellen Sie beide Füße auf den Boden, oder legen Sie sich flach hin, falls das für Sie angenehmer ist. Achten Sie einmal darauf, wie sich Ihr Körper anfühlt: Sind Sie verkrampft oder entspannt? Spüren Sie Verspannungen im Rücken oder Nacken? Entspannen Sie sich und lassen Sie alle Glieder locker herabhängen. Wonach riecht der Raum? Welche Geräusche nehmen Sie wahr, wenn Sie ganz still sind?

Das Schließen der Augen ist besonders nützlich. Denn unsere Augen sondieren konstant unsere Umgebung und reflektieren die Sprunghaftigkeit unserer Gedanken. Aber durch das Schließen werden wir aus einem automatischen, fast roboterhaften Rhythmus herausgeholt, mit dem wir uns unbewußt synchronisieren.

Konzentrieren Sie nun Ihre Aufmerksamkeit auf Ihre Atmung, legen Sie Ihre Hand auf den unteren Bauchbereich und atmen Sie langsam ein, wobei Sie die Luft bis in den entlegensten Winkel Ihrer Lungen strömen lassen – was in dem Moment der Fall ist, wenn Ihr Unterbauch Ihre Hand nach oben drückt. Nehmen Sie sich hierfür ein paar Sekunden Zeit, verschieben Sie Ihre Hand während des Einatmens ein Stückchen nach oben – und fühlen Sie Ihren Atem. Zum Schluß wird sich die Körperpartie unter dem Schlüsselbein anheben. Achten Sie auf eine fließende, ruhige und entspannte Atmung. Lassen Sie Ihre Schultern herabhängen und entspannen Sie Ihre Gesichtsmuskulatur. Nach einigen ruhigen Atemzügen werden Sie spüren, wie sich ein Gefühl der Entspannung in Ihnen ausbreitet.

Nutzen Sie Ihre Atmung, um mit sich selbst in Einklang zu kommen. Schließlich atmen wir sowieso ständig und können somit durch die gezielte Atmung den gegenwärtigen Moment besser wahrnehmen. Dazu sind nur wenige Minuten erforderlich; anschließend können Sie erfrischt und entspannt zu Ihrer unterbrochenen Tätigkeit zurückkehren und wieder einen schnellen Rhythmus annehmen.

Diese einfache Technik des Innehaltens und der Atmung mit geschlossenen Augen ist ein sehr wichtiger Bestandteil meines täglichen Lebens geworden. Selbst inmitten größter Unruhe – wenn ich einen schmerzhaften oder aber auch einen besonders freudigen Moment erlebe – schenkt mir diese Atemübung immer wieder das gleiche Ergebnis: Es scheint, als ob ich zu mir selbst, zu mir nach Hause komme. Trotz der mich umgebenden Hektik empfinde ich Frieden und Ruhe. Die Meditationslehrerin Gunilla Norris schreibt darüber:

> »Still sitzend brodeln wir vor Aktivität,
> schweigend hören wir den Tumult unserer Existenz.«

Es ist ganz typisch, wenn Sie zu Beginn einer solchen Bewußtseinsübung feststellen, daß Ihre Gedanken davonjagen – »jammernd, jaulend und johlend«, wie ein Dozent am Omega Institute es einmal formulierte. Aber genau wie bei einer Woge der Emotion wird auch das Unbehagen beim Beobachten der Atmung bald verschwinden. Wenn die Gedanken durch Ihren Kopf schießen, registrieren Sie sie einfach und atmen Sie sie mit dem nächsten Atemzug weg. Je öfter Sie sich darin üben, desto ruhiger wird Ihr Geist. Das ruhige Beobachten des Atems kann sich positiv auf Ihre Konzentrationsfähigkeit auswirken. Die in Ihrem Geist erzeugte Stille wird sich zu einer tiefen Ruhe entwickeln, die Sie fortan in jeder Situation herbeiführen können.

Ich persönlich schätze besonders eine Technik, die Thich Nhat Hanh in den Westen brachte und bei der man im langsamen Rhythmus der Atmung die folgenden Sätze wiederholt:

Ich atme ein, ich werde ruhig.
Ich atme aus, ich lächle.

Atmen. Normalerweise atmen wir, ohne darüber nachzudenken – und doch hält uns die Atmung am Leben. Es gibt eine alte Zen-Legende über einen jungen Novizen, der das Beobachten des eigenen Atems als langweilig empfand und sich darüber beschwerte. Daraufhin forderte ihn sein Meister auf, seinen Kopf in einen Eimer mit Wasser zu tauchen und eine Weile in dieser Haltung zu verharren. Als der junge Mönch schließlich nach Luft schnappend den Kopf aus dem Eimer hob, fragte ihn sein Meister: »Und, findest du Atmen immer noch langweilig?«

Eine andere effektive Methode zur Bewußtseinserweiterung, zur Wahrnehmung des gegenwärtigen Moments, besteht in einer der vielen Meditationsformen. Der Schriftsteller Steven Levine erklärte dazu: »Meditation ist ein Schlüssel zur Unendlichkeit.«

Die Meditation ermutigt dazu, uns auf unsere Umgebung einzustimmen und in uns selbst einzutauchen, was auch immer in uns vorgehen mag. Mit anderen Worten: Meditation lehrt uns, unser Bewußtsein zu erweitern und uns zu konzentrieren.

Aber wie bei jeder Form der Kunst kommt es nicht darauf an, was man macht, sondern wie man es macht. Dies gilt auch für die Meditation. Leider wird sie im Westen sehr häufig von einem Leistungszwang begleitet: Wenn ich täglich zwei Stunden meditiere und alles richtig mache, *dann* wird die Erleuchtung über mich kommen. So funktioniert es jedoch nicht. Wir werden dieses Thema im achten Kapitel (über das Ich) noch eingehender behandeln; aber konzentrieren wir uns jetzt auf Teresa, eine Frau aus Kentucky, die bereits über siebzig ist und noch nie in ihrem Leben an einer offiziellen Meditationsübung teilnahm. Sie beschreibt hier ihr tägliches Ritual: »Jeden Morgen, noch bevor die anderen aufwachen, bereite ich mir eine Tasse Tee, setze mich in meinen Schaukelstuhl auf der Veranda, träume vor mich hin und bin ganz in Gedanken versunken. Dabei tue ich absolut nichts. Ich denke auch nicht an all die Dinge, die ich noch erledigen muß oder an irgend etwas Bestimmtes. Falls ich mir über irgend etwas Sorgen mache oder mich über irgend jemanden geärgert habe, lasse ich die Gedanken daran einfach aufkommen – und dann gehen sie auch schon vorüber.

Die meiste Zeit sitze ich nur da, schaukle vor mich hin und sehe zu, wie die Sonne aufgeht, und – oh, es ist wunderbar zu leben, zu atmen, den Duft der Tannen in der Luft zu riechen! Was bin ich doch für ein Glückspilz! Ich muß nichts weiter tun, als vor mich hin zu schaukeln, und schon fühle ich mich glücklich! Manchmal muß ich auf meine ›Morgenstunde‹ verzichten; dann fühle ich mich den ganzen Tag nicht wohl in meiner Haut.«

»In Gedanken versunken« – diesen Ausdruck habe ich schon häufig aus dem Munde eines ganz besonderen Menschen gehört, dem zu begegnen ich einmal die große Ehre hatte.

Mitte der siebziger Jahre faßte ich den Entschluß, mein Medizinstudium in einem Krankenhaus in Nordindien abzuschließen. Dort erfuhr ich von einem Hindu-Mystiker namens Shri Bhagwan, der in einem nahe gelegenen Tempel lebte und den ich sofort aufsuchte.

Die nächsten vier Monate arbeitete ich vormittags im Krankenhaus und verbrachte den Rest des Tages zusammen mit Shri

Bhagwan. Ich sprach mit ihm über das Leben an sich und erlebte meine eigene Existenz aus einer Perspektive, die mir vollkommen neu war. Stunden saßen wir schweigend nebeneinander – in Gedanken versunken – oder unternahmen bedächtige Spaziergänge in die Stadt, ohne dabei ein bestimmtes Ziel vor Augen zu haben. Und nebenher erzählte er mir von seinem früheren Leben.

Als ich Shri Bhagwan kennenlernte, war er bereits Anfang Achtzig und hatte seinem früheren, intellektuell und politisch aktiven Leben abgeschworen. (Er hatte mit Mahatma Gandhi zusammengearbeitet und mit ihm während des indischen Unabhängigkeitskampfs im Gefängnis gesessen.) Shri Bhagwan beherrschte viele Sprachen, war sehr belesen und hatte sich nichtsdestotrotz für ein Leben in absoluter Einfachheit entschieden.

Inzwischen führte er das Dasein eines Nomaden und überwinterte im Erste-Klasse-Wartesaal des Bahnhofs von New Delhi, während er die wärmeren Monate in einem Tempel in den Hügeln verbrachte, wo er auf dem nackten Boden schlief. Er hatte fast keine Besitztümer und legte sich selbst harte Beschränkungen auf: Geld, Schreiben, Lesen, auf einem Stuhl zu sitzen, einen anderen Menschen zu berühren und noch hundert andere Dinge waren verboten. Ich erlebte ihn als einen der freiesten Menschen, mit denen ich je zusammengewesen war. In seiner Gegenwart schien es, als würde die Zeit stillstehen. Dabei geschah nichts Besonderes, und es gab nichts, wo man hingehen, und nichts, was man tun konnte. Dennoch fühlte ich mich glücklich und zufrieden.

Anfangs erfüllte mich diese neugewonnene Zufriedenheit mit Sorge. Schließlich war ich hier, um im Krankenhaus zu helfen, und ich sah mich selbst bei der Verrichtung allerlei wichtiger Aufgaben. Und doch war ich mir bewußt, daß der mit Bhagwan verbrachten Zeit etwas Magisches, eine gewisse Spannung innewohnte. Ich fühlte mich höchst lebendig und ganz im gegenwärtigen Moment, was mir völlig neu war.

Vor dieser Phase hatte ich den Zen-Buddhismus in den Vereinigten Staaten auf typisch westliche Weise studiert. Ich erhoffte mir eine Art Erleuchtung durch das Erreichen eines bestimmten Bewußtseinszustands, den ich jedoch nicht näher definieren konnte und ganz eindeutig noch nicht erfahren hatte. Bhagwan machte sich über meine »zenistischen« Meditationsübungen lustig. Er forderte mich auf, diese Vorstellungen fallenzulassen und mich auf eine bewußtere Wahrnehmung des gegenwärtigen Moments zu konzentrieren. Darüber hinaus galt es keinen anderen Bewußseinszustand zu erreichen; ich brauchte nach nichts anderem zu streben. Ich mußte lediglich die Tür öffnen, die einen Zugang zum umfassenden, bewußten Erfahren des Jetzt bot.

Noch heute fühle ich sein Wohlwollen. Während unserer gemeinsamen gedankenverlorenen Stunden, unserer Wanderungen und Besuche in einem örtlichen Süßwarengeschäft (wo er jedesmal darauf bestand, daß ich mir ein Gebäckstück gönnte, während er selbst niemals eines nahm) zeigte er mir die Möglichkeit, vollkommen im Hier und Jetzt zu sein, und das daraus resultierende, bemerkenswerte Gefühl der Freiheit und der Ruhe.

Ich habe mich entschieden, nicht so zu leben wie er, und werde es auch Ihnen nicht empfehlen, aber Shri Bhagwans Persönlichkeit hat mich inspiriert, und die Meditation ist immer noch ein wichtiger Teil meines Lebens. Dank der Meditation habe ich erkannt, daß es möglich ist, den Moment zu einem Gefühl der Zeit-Freiheit auszudehnen, das so bereichernd ist, daß wir uns aller Stufen unserer Existenz bewußt werden.

Roshi Philip Kapleau, ein Meister des Zen, beschrieb die Meditation als den »Tanz des Todes«. Wenn wir uns – von allen Aufgaben und Geschäftigkeiten befreit – selbst ins Angesicht schauen, dann blicken wir auf unser wahres Ich. Bei der Ausübung meiner Meditationssitzungen höre ich sehr häufig meinen inneren Motor aufheulen, und meine Gedanken flüstern mir allerlei Dinge zu, die ich jetzt in diesem Moment eigentlich erledigen sollte. Aber wenn man einfach ruhig sitzen bleibt, die Gedanken kommen und gehen läßt und ein Gefühl der Ruhe über die Hektik des Alltags ausbreitet, erwächst daraus eine tiefe Erfahrung.

Nichtsdestotrotz fühle ich nach einiger Zeit, wie das Leben um mich herum wieder an mir zerrt und mich zur Aufnahme meiner unterbrochenen Aktivität veranlaßt. Es ist keineswegs so, daß ich stets mit größter Begeisterung meditiere, manchmal fällt es mir sogar ziemlich schwer. Und ich fühle mich auch nicht automatisch besser oder ganz wundervoll, wenn ich mich wieder erhebe. Aber wenn ich regelmäßig meditiere, spüre ich den Unterschied in meinem Leben sofort – als ob ich mehr Ruhe hätte, als ob mein Leben fließender verlaufe. Ich denke, daß ich irgendwo tief in meinem Inneren mich mit einem Rhythmus der Ruhe und Harmonie synchronisiere, der eine wahrhaft heilende Wirkung ausübt.

Viele spirituelle Strömungen kennen einen Bewußtseinszustand der Erleuchtung, ein alles umfassendes Bewußtsein, bei dem nicht länger zwischen Subjekt und Objekt unterschieden wird, sondern ein Gefühl für die Einheit aller existierenden Dinge entsteht. Der Dalai-Lama hat einmal gesagt, daß nur dort Zeit existiert, wo es auch Unbeständigkeit gibt – und das Leben, wie wir es kennen und erfahren, verändert sich unablässig.

Die Zeit ist daher ein Maßstab für Veränderung; sie existiert nur, weil es auch den Wandel gibt. Und je mehr Veränderungen uns umgeben, desto deutlicher haben wir den Eindruck, daß die Zeit wie im Flug vergeht. Passiert jedoch nichts um uns herum, scheint die Zeit langsamer zu vergehen; und sie scheint völlig stillzustehen, wenn es keine Veränderungen mehr gibt, wenn wir über das, was kommt und geht, über alles Vergängliche hinausschauen. Zeitlosigkeit wird als reines Bewußtsein der Existenz, jenseits aller Veränderungen erfahren. Und dies erzeugt Erleuchtung: das Erwachen aus einem Zustand beständiger Veränderung.

Im Grunde bedeutet Erleuchtung, daß man so tief in den gegenwärtigen Moment eintaucht, daß nichts anderes mehr existiert. Die Entwicklung eines stärkeren Konzentrationsvermögens, um noch vollständiger im gegenwärtigen Moment aufzugehen, erweist sich dazu als der Schlüssel. Es bedeutet auch, daß wir uns von allem vollständig lösen. Wir müssen aufhören, uns permanent auf den nächsten Moment auszurichten, und uns die Schöpfung gönnen, die uns zuteil wird, sobald wir in die Gegenwart eintauchen.

Eine weitere Methode, um uns in den gegenwärtigen Moment – zu den Erdbeeren vor uns – zu versetzen, besteht darin, langsame Musik zu hören. Da wir uns so mühelos mit unserer Umgebung synchronisieren, sind wir in der Lage, unseren eigenen Rhythmus, unser Lebenstempo, vom Rhytmus der Musik beeinflussen zu lassen. Denken Sie nur einmal an das neu erwachte Interesse für gregorianische Musik oder an die sich ähnlich auswirkende New-Age-Musik. (Falls Sie eine andere Musikrichtung bevorzugen, sollten Sie es einmal mit Mozart versuchen – solange die Musik nur Ihre Geschwindigkeit verringert.)

Meistens nutzen wir Musik als Hintergrundbeschallung (wie etwa in Supermärkten) oder als Untermalung alltäglicher Pflichten, damit wir unsere Gefühle nicht wahrnehmen müssen. Aber welch einen Unterschied erfahren wir, wenn wir der Musik wirklich *zuhören*, statt sie einfach »nur aufzulegen«. Hören Sie sich einmal zwanzig Minuten lang eines Ihrer (langsamen) Lieblingsmusikstücke an – und gestatten Sie Ihrem Körper, im Rhythmus zu tanzen oder mitzuschwingen. Nun, wie fühlen Sie sich danach?

In zahlreichen Kulturen sind religiöse Zeremonien und Meditationen vom Klang einer Glocke oder eines Gongs begleitet. Bei einer gut schwingenden, volltönigen Glocke wird der Klang noch lange nachhallen – und dadurch (genau wie langsame Musik) den Moment ausdehnen. Die Glocke führt uns vom Stakkato-Geräusch unserer Gesellschaft zu einem anderen, ruhigeren Rhythmus. Es ist ein nachhallender, wohltuender Klang, der uns dabei hilft, unser Konzentrationsvermögen zu stärken.

In meinen Seminaren erklären wir einen Teilnehmer zum Gongspieler, der uns den gegenwärtigen Moment wahrnehmen lassen soll. Ohne Ankündigung schlägt die betreffende Person in unregelmäßigen Abständen den Gong, woraufhin alle im Raum Anwesenden in ihrer momentanen Tätigkeit innehalten, ihre Augen schließen und dreimal tief ein- und ausatmen, bis der Klang verhallt ist, um dann die Diskussion erfrischter und mit wacherem Verstand fortzusetzen.

Auch Weihrauch ist ein wichtiger Bestandteil bei religiösen Feierlichkeiten, denn ein starker Duft hilft uns ebenfalls, den Moment auszudehnen. Wir alle kennen das Gefühl, wenn wir durch einen bestimmten Geruch wieder in eine Situation der Vergangenheit zurückversetzt werden und eine Art Déjà-vu-Erlebnis empfinden. Momente, an die wir uns durch einen Duft wieder lebhaft erinnern, haben wir damals ganz bewußt und gegenwärtig wahrgenommen.

Unsere primitiveren, das heißt früher entwickelten Sinne – Geruchssinn, Tastsinn und Gehör – stehen in engerer Verbindung zu unseren Emotionen und reagieren langsamer als unsere Augen, die in direkterer Weise mit unserem Denkvermögen verbunden sind. Der Gebrauch dieser langsameren Sinne versetzt uns in die Lage, den gegenwärtigen Moment auszudehnen. Er war bereits die Rede davon, wie Musik den Rhythmus eines Augenblicks bestimmen kann. Auch wenn wir massiert werden, jemand unseren Rücken berührt oder unsere Wange streichelt, wird unsere Konzentration auf den Moment gerichtet. Und Sie werden bald erkennen, daß Sie Gerüche in den Situationen am deutlichsten wahrnehmen, die vollkommen auf die Gegenwart gerichtet sind: wenn man uns beispielsweise etwas zu essen vorsetzt oder wenn wir einen Blumengarten betreten. Wir assoziieren intensive Düfte (von Parfüms bis zu Körpergerüchen) mit Sexualität – und in der Sexualität erfahren wir den gegenwärtigen Moment am deutlichsten.

Sicherlich haben Sie bereits gemerkt, daß wir uns bei den bislang vorgestellten Techniken zur Wahrnehmung des Moments einiger Attribute großer religiöser Traditionen bedienen. Das liegt daran, daß diese spirituellen Traditionen spezielle Methoden nutzen, die so konzipiert sind, daß sie uns bis zu einem Punkt entspannen, an dem wir *aufmerksam* werden – und Ehrfurcht vor dem Leben empfinden können. Aufmerksamkeit und Andacht – darin liegt das Geheimnis.

Die Wahrnehmung des gegenwärtigen Moments hat nichts Mystisches an sich und bildet dennoch den Kern jeder Mystik.

Beobachten Sie einmal ein spielendes Kind. Es geht vollkommen in seinem Spiel auf, ohne sich Gedanken über die Zukunft zu machen und ohne sich über Vergangenes zu grämen. Das ist wahre Zeit-Freiheit. Aber schon kurze Zeit später wird uns dieses natürliche Selbstbewußtsein, unsere natürliche Verwunderung genommen. Jocelyn, eine Teilnehmerin Mitte Dreißig, beschreibt, wie sie diese Zeit-Freiheit als Kind empfand und wie schwierig es war, darauf verzichten zu lernen: »Vor meiner Schulzeit spielte ich eines Morgens draußen und blies Seifenblasen mit so einem Ding, mit dem man riesige, buntschillernde Blasen erzeugen konnte, die durch die Luft schwebten und irgendwann platzten. Ich war völlig auf mein Spiel konzentriert und beobachtete fasziniert, wie das Sonnenlicht auf jeder tanzenden Kugel irisierende Farben zum Vorschein brachte. Ich ging vollständig darin auf…

Plötzlich steckte meine Mutter ihren Kopf aus dem Fenster und rief: ›Jocelyn, was machst du denn da? Komm endlich herein, sonst wirst du dich noch zur Schule verspäten!‹

Ich hatte ganz deutlich das Gefühl, daß ich mit etwas sehr Wichtigem beschäftigt war, obwohl ich nicht erklären konnte, wieso. Es schien, als ob mich meine Mutter buchstäblich mit einem Ruck aus der Gegenwart riß, in der ich so tief verwurzelt war. Und das Gefühl, daß mich Menschen und Dinge aus der Gegenwart reißen, hat mich seitdem permanent begleitet.«

Wir werden aus dem gegenwärtigen Moment *gerissen* – oder reißen uns als Erwachsene selbst heraus –, obwohl die Gegenwart alles ist, was wir haben. Bereits Buddha lehrte uns, daß sich das Leben nur in der Gegenwart abspielt.

Ich fürchte, daß wir diese Weisheit vergessen haben. Wenn wir den gegenwärtigen Moment versäumen, verpassen wir das Leben selbst.

6. Rhythmuswechsel

Die einfache Fähigkeit,
die Welt um uns herum aufmerksam wahrzunehmen,
könnte die Grundlage
eines erfüllten, lebenswerten Lebens bilden.

David Whyte

Jeder Rhythmuswechsel beginnt mit einem zweistufigen Prozeß zur Veränderung unseres Fokus – und damit unserer *Wahrnehmung*.

Als erstes müssen wir uns einfach der *Gegenwart bewußt werden*.

Dies mag auf den ersten Blick überflüssig erscheinen: Sind wir uns nicht immer der Gegenwart »bewußt«? Die Antwort lautet: Nein. In den vorangegangenen Kapiteln haben wir gesehen, wie abgelenkt unser Geist den größten Teil des Tages ist – aufgrund von Ängsten, Streß oder negativer Synchronisation. Unzählige Einflüsse hindern uns an der direkten Erfahrung unserer selbst und der Welt um uns, und wir verbringen den größten Teil unseres Tages in diesem Zustand der Ablenkung. Ein Rhythmuswechsel ist nur dann möglich, wenn wir innehalten, beobachten und die Existenz dieses gegenwärtigen Moments deutlich und bewußt wahrnehmen.

Als zweites müssen wir den speziellen *Rhythmus und Fluß* des gegenwärtigen Moments fühlen.

Ein Rhythmuswechsel ist eine bewußte Anstrengung, eine Entscheidung, unsere Beziehung zu einem bestimmten Rhythmus oder einer Gruppe von Rhythmen zu verändern, der beziehungsweise die sich in uns oder um uns herum befinden. Im allgemeinen nehmen wir einen Rhythmuswechsel vor, wenn ein Rhythmus für uns schädlich ist, das heißt, wenn wir eine negative

Synchronisation erleben – und wir einen neuen Rhythmus, eine andere Form der Synchronisation annehmen wollen. Andererseits stellen wir manchmal fest, daß es uns schwerfällt, uns einem besonders positiven Rhythmus anzupassen. (Ich erinnere mich an einen Konzertbesuch, bei dem ich eine wunderschöne Symphonie hörte, die Musik genoß und mir ihrer Schönheit bewußt war – und mich dennoch leicht unbehaglich fühlte, weil ich nicht aufhören konnte, an die Welt außerhalb des Konzertsaals zu denken.) In jedem Fall müssen wir uns öffnen, um den Rhythmus des gegenwärtigen Moments fühlen und verstehen zu können, denn sonst werden wir nicht in der Lage sein, darauf zu reagieren.

Jeder dieser vorbereitenden Schritte ist notwendig, wenn wir effektiv und mit Leichtigkeit einen Rhythmuswechsel vornehmen wollen. Mit ihrer Hilfe erschaffen wir einen Kern der Achtsamkeit, aus dem heraus eine umfassende Achtsamkeit erwachsen kann.

Ich vergleiche den Prozeß des Rhythmuswechsels gerne mit dem Wechseln der Gänge an einem Fahrrad. Und ein Rhythmuswechsel ohne die Grundlage eines einfachen, klaren Bewußtseins für das, *was wirklich geschieht*, ist wie ein Schaltvorgang, bei dem man die ganze Zeit mit geschlossenen Augen fährt.

Wenn wir mit dem Fahrrad fahren, entscheiden wir ganz bewußt, wann wir einen anderen Gang einlegen – aber wir sind immer noch in der Lage zu fahren, weil wir gelernt haben, den größten Teil dieses Prozesses unbewußt auszuführen. Aber wir können uns alle an den ersten Versuch erinnern – wie wir auf die Hebel und die Pedale starrten und Schlangenlinien fuhren, weil wir dem Schaltvorgang so viel Aufmerksamkeit widmeten, daß wir aus dem Rhythmus kamen, der uns im Gleichgewicht hielt. Erst als unser Körper und unser Unterbewußtsein die Arbeit übernahmen, »wußten« wir, wie man Fahrrad fährt.

Ein Rhythmuswechsel verläuft im Grunde umgekehrt: Er benötigt die Lenkung und Verstärkung unserer Aufmerksamkeit mit

Hilfe eines bewußten Prozesses, den ich als »bewußte Aufmerksamkeit« bezeichnen möchte. Vielleicht erreichen Sie irgendwann einen Punkt, an dem Sie nicht länger darüber »nachdenken« müssen, aber bis dahin sollten Sie sich bewußt zur Achtsamkeit durch einen Rhythmuswechsel erziehen – so wie ein Mönch seine Meditationstechniken anwendet, um zur Erleuchtung zu gelangen.

Im Grunde passen wir bei einem Rhythmuswechsel unseren Rhythmus dem externen Rhythmus des Moments an oder versuchen ganz bewußt, unseren eigenen Rhythmus zu finden und beizubehalten. Leider werden wir die meiste Zeit – ohne bewußte Aufmerksamkeit für den Rhythmus des Moments – einfach vom Marschtakt um uns herum mitgerissen. Es ist, als ob wir ständig in der Schrecksekunde leben würden, die uns nach dem ersten Ton des Weckers am Morgen durchzuckt: In dieser Sekunde sind wir benebelt und nicht ganz sicher, wer und wo wir sind, reagieren aber bereits auf den Befehl.

Wir müssen lernen, die Bedürfnisse jedes Moments zu erkennen. Ein bestimmter Augenblick kann eine sofortige, schnelle Reaktion verlangen – und wenn dies so ist, reagieren wir ohne Zögern oder den Wunsch nach einem langsameren Vorgehen. Wir reagieren in der Gegenwart, schnell und direkt. Ein anderer Moment könnte eine Interaktion mit einem Menschen beinhalten, der unser Verständnis oder unsere Unterstützung benötigt. Hier ist ein langsameres Vorgehen gefragt; und indem wir uns dessen bewußt werden, verringern wir unsere Geschwindigkeit und werden gegenwärtig. Wenn wir dagegen den ganzen Tag gearbeitet haben, werden wir uns unseres inneren Verlangens nach Ruhe und Entspannung bewußt und lassen die externen Rhythmen der Welt um uns herum abklingen, während wir die Synchronisation mit uns selbst suchen.

Als Arzt gehörte es zu den täglichen Pflichten meiner Praxis, durch manche Tagesabläufe hindurchzuhetzen: Eintragungen in die Patientenkartei, Erledigung anstehender Telefonate, Untersuchung von Problemfällen mit akuten Traumata, die sofortige Hilfe benötigten. In solchen Momenten war ich voll konzentriert bei der Sache, erledigte meine Aufgabe sehr effektiv und fühlte mich großartig dabei.

Danach setzte ich mich in meine Praxis und untersuchte beispielsweise eine Patientin mit Magenschmerzen oder einen Mann mit Atembeschwerden. Solche Situationen erforderten das »Herunterschalten« in den langsameren, sorgsameren Rhythmus des gegenwärtigen Moments. Wenn mir dies gelang, entstand ein intensiveres, innigeres Kommunikationsniveau, der Patient fühlte sich ernstgenommen und umsorgt, wir stießen leichter zur Ursache der Krankheit vor, und die Ängste bezüglich der Behandlung wurden genauer besprochen und diskutiert.

Aber ein solches Vorgehen erforderte einen bewußten Rhythmuswechsel; andernfalls hätte ich mein rasantes Tempo aufrechterhalten, mich sofort auf ein Problem konzentriert, keinerlei persönlichen Kontakt hergestellt, irgendein Mittel verschrieben und wäre zu meinem nächsten Patienten geeilt. Das Ergebnis wäre weder für den Patienten noch für mich befriedigend ausgefallen – unterbewußte Ursachen und Schmerzen wären niemals entdeckt worden, und der Patient hätte frustriert die Praxis verlassen, immer noch voller Angst vor einer potentiell ernsthaften Krankheit. Wir hätten nicht zu einem Rhythmus gefunden, der einer Heilung förderlich gewesen wäre.

Wenn in dieser Zeit der Druck und die Anforderungen meiner Arbeit sich zu stark bemerkbar machten, fand ich größte Erleichterung darin, einfach für einige Momente meine Sprechzimmertür zu schließen, die Augen zuzumachen, ein paarmal tief durchzuatmen, meinen eigenen Rhythmus zu fühlen und zu entspannen. Auf diese Weise fielen mir die Rhythmuswechsel in anderen Momenten des Tages sehr viel leichter.

Die Kunst beim Rhythmuswechsel besteht – ebenso wie bei der Gangschaltung am Fahrrad – darin, ein Alltagstempo zu finden, das zum einen unsere Seele pflegt und uns zum anderen die Unzahl der vor uns liegenden Aufgaben und Verantwortlichkeiten erfüllen läßt. Bewußte Aufmerksamkeit und der Gebrauch von Ritualen sind dafür unbedingt notwendig.

Ein Rhythmuswechsel läßt sich mit Hilfe von Ritualen besonders effektiv vollziehen. Historisch gesehen sind sich alle Religionen der Notwendigkeit von Rhythmuswechseln bewußt und haben Rituale entwickelt, um eine deutliche Trennung zwischen geistlicher und weltlicher Zeit zu schaffen. Als Bestandteil dieser Rituale verwandten sie verschiedene, bereits im vorigen Kapitel erwähnte Mittel – Beschwörungen und heilige Gesänge, Glocken und andere Klänge, Gebete, Bilder, Weihrauch –, um die Gläubigen in den geistlichen Zustand zu versetzen, sie von der Aktivität zur Kontemplation und vom Alltäglichen zum Universellen zu bringen.

Aber Rituale müssen nicht mit einer Religion verbunden sein: Wir können unsere eigenen Rituale erfinden, die uns den Übergang zum gegenwärtigen Moment, den Wechsel von einem Rhythmus zum anderen erleichtern.

Die Arbeiter auf den Feldern benutzten Gesänge zum Rhythmuswechsel, während die Bürger antiker Staaten ihren Lebensrhythmus mit Hilfe von Festen und Feiertagen änderten.

Heute, in der modernen Welt, bieten sich unzählige Möglichkeiten, unsere eigenen Rituale für einen Rhythmuswechsel zu schaffen. Wir müssen uns nur der Tatsache bewußt sein, daß sie existieren, und sie danach zielgerichtet einsetzen. Sie können das Klingeln eines Telefons oder der Schulglocke beziehungsweise den Einschaltton eines Computers verwenden, um mehrmals tief durchzuatmen. Halten Sie vor jeder Mahlzeit einen Moment inne und versuchen Sie ganz bewußt, zu beten oder sich in anderer Weise auf das Essen zu konzentrieren. Auch der Abwasch, der Spaziergang mit dem Hund und das Zusammenfalten der Wäsche eignen sich als Rituale für einen Rhythmuswechsel. Bleiben Sie ein paar Minuten im Auto sitzen, bevor Sie nach der Arbeit in Ihr Heim zurückkehren, oder machen Sie ein paar Übungen, bevor Sie morgens aus dem Haus gehen – auch dies kann zu einem Rhythmuswechsel führen. Eine Konzentrationspause vor einer geschäftlichen Besprechung läßt sich ebenfalls zu einem Ritual gestalten – so wie jeder Basketballspieler einen Moment innehält, sich konzentriert, ausatmet und in sich hineinhorcht, bevor er einen Freiwurf ausführt.

Während meiner hektischen Tage als praktischer Arzt mußte ich immer wieder feststellen, daß es mehr zu tun gab, als ich in meinem Tagesplan unterbringen konnte. Um die Mittagszeit hinkte ich meinen Terminen bereits hinterher, hatte aber noch nicht die Möglichkeit gehabt, die Karteikarten meiner Morgenpatienten zu aktualisieren, und stand gleichzeitig vor der schwierigen Aufgabe, verschiedene Anrufe erledigen zu müssen und Patienten mit akuten Problemen noch irgendwie in meinem Terminplan einzuschieben. Wenn Sie mich in dieser Zeit etwa eine Stunde nach dem Essen gefragt hätten, was ich mittags zu mir genommen hatte – ich hätte es Ihnen nicht sagen können; jeden Tag schlang ich etwas hinunter, während ich mich gleichzeitig mit etwas anderem beschäftigte. Ich erinnere mich daran, daß ich mir wünschte, mir mein Essen intravenös einzuflößen, damit meine Hände zum Arbeiten freiblieben.

Heute weiß ich, daß Essen zu den wichtigsten Gelegenheiten für einen Rhythmuswechsel zählt und daß es für uns lebenswichtig ist, seinen Rhythmus zu Anfang einer Mahlzeit zu ändern. Das Ritual des Gebets vor dem Essen, das Innehalten für ein paar tiefe Atemzüge oder einfach einige Momente der Ruhe ermöglichen es uns, den Rhythmus unserer vorherigen Aktivität zu verlassen, für einen Augenblick zu entspannen, gegenwärtig zu werden und danach unsere Mahlzeit bewußt zu genießen. Dabei ist es ganz egal, ob man dieses Ritual als eine Huldigung Gottes, eines Schöpfers, der Natur oder einfach als einen Augenblick betrachtet, in dem man mit sich selbst in Einklang kommt. Für mich hat es sich zu einem regelmäßigen Fixpunkt entwickelt, an dem ich in meinem Leben wieder gegenwärtig werde.

Kennen Sie das Konzept des sogenannten »Geschäftsessens«? Verschwenden Sie keine Zeit mit dem eigentlichen Essen; konzentrieren Sie sich auf das Geschäft. Lassen Sie sich nicht durch etwas so Banales wie ein Essen (auch wenn die Speisen köstlich sind, wie so häufig bei einem Geschäftsessen) vom wahren Tagesziel abhalten: Geld verdienen. Keine Zeit für Kontemplation oder schlichtere Freuden. Keine Zeit für die Gegenwart.

Vor kurzem reiste einer meiner Freunde durch die italienische Provinz. Er hielt an, um etwas zu kaufen, und stellte fest, daß er sich genau den Zeitpunkt des Tages ausgesucht hatte, an dem jedermann seine Arbeit unterbrach, um ein üppiges Essen zu sich zu nehmen und auszuruhen. Es gelang meinem Freund nicht, *irgend jemanden* dazu zu bewegen, ihm ein paar Minuten zu opfern und ihm das Gewünschte zu verkaufen – das Pausenritual war den Menschen wichtiger als all sein Geld. In den nächsten Tagen fiel ihm auf, daß man überall so lebte und immer zu einer bestimmten Nachmittagsstunde eine Pause einlegte. Für die gesamte Gesellschaft besaß das Leben im Jetzt höchste Priorität; niemand kam auf den Gedanken, weiterzuarbeiten, um damit später Freizeit »kaufen« zu können.

Es gibt eine Reihe von Ritualen, auf die wir bereits zurückgreifen, um im Verlauf des Tages einen Rhythmuswechsel durchzuführen. Wir sollten uns dieser Rituale bewußt werden und zumindest erkennen, daß wir sie nutzen – ohne uns über das Warum allzu viele Gedanken zu machen, da uns eine solche Erkenntnis die Möglichkeit bietet, ihnen eine Priorität einzuräumen. Darüber hinaus hilft es uns, die Bedeutung dieser Rituale für unser Leben richtig einzuschätzen.

Wenn Menschen von der Arbeit nach Hause kommen, wechseln sie ihre Kleidung, gehen mit dem Hund spazieren, werkeln im Garten herum, spielen mit ihren Kindern, meditieren, trainieren oder unterhalten sich ruhig mit ihrem Partner: All das sind Rituale. Nancy, eine meiner Kursteilnehmerinnen, erzählte, daß sie sich nach dem Nachhausekommen immer in ihren Lieblingssessel zurückzieht. Unmittelbar danach hüpft ihre Katze ins Zimmer, läßt sich auf ihrem Schoß nieder und nimmt, liebevoll schnurrend, ihre tägliche Massage in Empfang. Im Tausch dafür erhält Nancy das Geschenk eines täglichen Rituals, das ihr den Wechsel zu einem langsamen, fürsorglichen Rhythmus ermöglicht.

Auch mein Vater pflegte ein immer gleiches Ritual, wenn er abends nach Hause kam und von der Arbeitszeit auf die Familienzeit umschalten wollte. Er begrüßte zunächst meine Mutter und uns und ging danach unter die Dusche – ganz egal, wie spät es war. Ich erinnere mich, wie ich zusammen mit meiner Mutter und meinen Geschwistern am gedeckten Tisch saß und darauf wartete, daß Vater herunterkam. Auch wenn meine Mutter wegen seiner Verspätung häufig aufgebracht oder wütend war – und wir Kinder sie dabei unterstützten, weil wir Hunger hatten –, konnte meinen Vater dennoch nichts von seinem persönlichen Ritual abbringen. Er war nicht wirklich zu Hause, pflegte er zu sagen, bis er nicht »den Tag abgewaschen hatte«, und dafür benötigte er seine Dusche.

Im Rückblick wird mir klar, daß ein größeres Verständnis zwischen meinem Vater und meiner Mutter geherrscht hätte, wenn sich beide der Bedeutung des Rituals bewußt gewesen wären und miteinander darüber gesprochen hätten. Möglicherweise hätte sie sein Ritual akzeptiert und respektiert – oder er wäre vielleicht sofort zu uns an den Tisch gekommen und hätte auf seinen Rhythmuswechsel verzichtet, wenn das Essen bereits eine halbe Stunde oder länger auf dem Tisch gestanden hätte. Wenn beide die Perspektive des anderen erkannt und verstanden hätten, wäre ein Bruch vermutlich zu vermeiden gewesen.

Ich kenne verschiedene Menschen, die beim Nachhausekommen sofort das Fernsehen einschalten, um sich die Nachrichten anzuschauen. Hierbei handelt es sich um eine Angewohnheit, nicht um ein Ritual: Es ist nichts anderes als ein einfaches Aktivieren von Bildern und Klängen und verändert nicht den Grundrhythmus der Gesellschaft, den sie mit nach Hause gebracht haben.

Angewohnheiten und Rituale lassen sich sehr leicht voneinander unterscheiden. Fragen Sie sich bei jeder Aktivität: »Wenn ich bewußt meinen Rhythmus verändern wollte, würde ich dies jetzt tun?« Sie werden feststellen, daß Ihre Rituale tatsächlich den Rhythmus verändern, während Angewohnheiten dazu neigen, die Gleichheit des Rhythmus zu verstärken.

Dennoch ist es möglich, mit Hilfe von bewußter Aufmerksamkeit Angewohnheiten in Rituale zu verwandeln. Wenn Sie beispielsweise beim Nachhausekommen immer das Fernsehen einschalten, weil Sie Ihre Geräuschkulisse »brauchen« – anstatt ein Fernsehprogramm sehen zu wollen –, können Sie sich dieses Bedürfnis bewußtmachen. Beim nächsten Mal sollten Sie Ihre Musikanlage statt des Fernsehens einstellen, wirklich der Musik zuhören und so Ihren Rhythmus verlangsamen.

Auch Hausarbeiten können sich zu bewußten Ritualen entwickeln. Ich besorge beispielsweise jeden Abend den Abwasch und benutze das Spülen als Mittel, um zu mir selbst zu finden. Für mich ist dies eine wunderbare Methode, meine Achtsamkeit zu stärken. Mittlerweile habe ich sogar festgestellt, daß mir das Abwaschen wirklich gefällt. Es ist eine der Aufgaben, von denen ich weiß, daß ich sie trotz meines hektischen Tagesablaufs auf jeden Fall zu Ende bringe; ich kann diese Aufgabe erledigen, ohne mich dagegen zu sträuben, und sie bereitet mir keinen Streß. Warum sollte ich mich dabei beeilen? Um mir selbst zu beweisen, wie schnell und effektiv mir das Geschirrspülen von der Hand geht? Also spüle ich einfach die Teller ab und atme tief durch. Es zählt weder zu meinen größten Freuden, noch ist es weltbewegend – aber dieses banale Ritual hilft mir, gegenwärtig zu werden, und bildet daher eine der Grundlagen für den Rhythmus und Fluß, der Wohlbefinden und Harmonie in mein Leben bringt.

Es gibt Hunderte von anderen möglichen Ritualen – einige werden Sie vielleicht schon praktizieren, andere könnten Sie übernehmen. Ich habe bereits erläutert, wie intensiv die Musik unseren Rhythmus verändern kann; warum verwenden Sie sie nicht als Ritual? Wenn ich zum Beispiel zu meinem wöchentlichen Basketballspiel fahre, lasse ich immer schnelle Musikstücke laufen, um mich aufzuputschen.

Pflegen Sie Ihre Hobbys oder andere »unproduktive« Aktivitäten. Einer meiner Schüler, Phil, verbrachte Monate mit der Reparatur einer alten Wurlitzer-Musikbox, an der er jeden Abend nach der Arbeit herumschraubte. »In unserer High-Tech-Ära«, sagte er mir, »war dies eine Möglichkeit für mich, in die Vergangenheit zu reisen. Ein quietschender Tonarm im Zeitalter der CD. Die Arbeit daran war wie eine Meditation.«

John Stokes, ein meisterhafter Spurensucher, der bei den australischen Aborigines lernte und heute am Omega Institute unterrichtet, empfiehlt uns, ganz bewußt das erste Tier zu grüßen, dem man am Morgen begegnet – auch wenn es sich um eine Ameise handelt. Auf diese Weise kommt man in Einklang mit der Natur. In unserer mechanischen und elektronischen Welt ist die Natur beinahe ausgeschlossen; wenn wir uns allerdings dessen bewußt werden, was uns wirklich umgibt, gewinnt sie erstaunlich stark an Bedeutung. Wenn Sie sich klarmachen, daß es ein und derselbe Vogel ist, der jeden Morgen vor ihrem Fenster zwitschert, nimmt er die Eigenschaften eines individuellen Wesens, eine Persönlichkeit an – und entwickelt sich zu einem Symbol für die gesamte Welt der Natur, mit der Sie auf diese Weise in Beziehung treten.

Falls Sie ein Haustier haben, sollten Sie einen Teil Ihres Tages dafür reservieren, es bewußt zu beachten oder mit ihm zusammen zu sein. Statt Ihren vierbeinigen Hausgenossen geistesabwesend zu streicheln, sollten Sie genau auf seine – und auf Ihre eigenen – Reaktionen achten, wodurch Sie einen ruhigeren Rhythmus annehmen.

Wenn Sie Kinder haben, sollten Sie sich jeden Tag Zeit für sie nehmen und bewußt bei ihnen sein. Falls Sie mehrere Kinder haben, sollten Sie mit jedem einzelnen Kind einen Teil Ihrer Zeit verbringen. Auf diese Weise können Sie sich nicht nur mit dem wunderbaren Rhythmus der Kindheit synchronisieren, sondern Sie lernen Ihr Kind vielleicht auch auf ganz neue Art kennen.

Ehren Sie das alltägliche Ritual, indem Sie sich Zeit dafür nehmen. Ich stehe früh auf, um meine Meditation durchzuführen und mich auf den Tag einzustimmen. Stellen Sie Ihren Wecker ein wenig frührer als bisher gewohnt, damit Sie das Ritual Ihrer Wahl durchführen und den Tag in Ihrem eigenen Rhythmus beginnen können, anstatt sich sofort kopfüber in den der Außenwelt zu stürzen.

Eine Freundin von mir ist jeden Tag fünfzehn Minuten vor Arbeitsbeginn im Büro. Vor Jahren hätte sie sich unmöglich vorstellen können, freiwillig zu früh zu kommen – und wäre entsetzt gewesen, wenn ihr jemand diesen Vorschlag unterbreitet hätte. Heute sagt sie, daß dieses Ritual ihr Leben völlig verändert und auf raffinierte Weise ihre Einstellung zur Arbeit von Grund auf geändert habe. Indem sie sich einfach die Zeit schenkt, ihre Papiere durchzugehen und in Ruhe nachzudenken, beginnt sie den Tag in ihrem eigenen Tempo und ist in der Lage, diesen Rhythmus während der Arbeitszeit aufrechtzuerhalten – anstatt sich, wie bisher, ständig gehetzt und immer hinter der Zeit zu fühlen.

Ein anderer Freund macht im Büro statt einer Kaffee- oder Zigarettenpause eine Meditation. Eine dritte Freundin sitzt mindestens fünf Minuten im Auto, bevor sie nach der Heimfahrt von der Arbeit ihr Haus betritt und ihren Mann und die drei Kinder begrüßt.

All das sind Möglichkeiten zum Rhythmuswechsel; Sie können diese Rituale verwenden oder Ihre eigenen finden (einige Rituale benutzen Sie bereits; suchen Sie weitere). Letztendlich ist es nur wichtig, daß Sie *wissen*, daß Sie sie benutzen.

Im nächsten Kapitel werde ich einige Aspekte unseres Lebens betrachten und aufzeigen, welche Möglichkeiten sie für einen Rhythmuswechsel bieten. Bei den meisten meiner praktischen Vorschläge handelt es sich um Rituale, die Sie in Ihren Tagesablauf einbauen können. Sie fallen alle unter die folgenden sechs Kategorien:

In den gegenwärtigen Moment gelangen – Zeitgrenzen schaffen – Das Alltägliche würdigen – Spontane Zeit schaffen – Tun, was man gerne tun möchte – Zeitoasen schaffen.

Lassen Sie uns nun diese Techniken genauer betrachten.

7. Übungen zum Rhythmuswechsel

Das Wunder besteht nicht darin, auf dem Wasser zu gehen.
Das Wunder besteht darin, im gegenwärtigen Moment
auf der grünen Erde zu gehen
und den Frieden und die Schönheit zu genießen,
die uns im Jetzt umgeben...
Wenn wir Wege entdecken, unseren Körper und Geist
in den gegenwärtigen Moment zurückzubringen,
können wir alles berühren,
was erfrischend, heilend und wunderbar ist.

Thich Nhat Hanh

In den gegenwärtigen Moment gelangen

Wenn wir im Alltag von Streß oder Hektik umgeben sind, ist die
Möglichkeit zum Rhythmuswechsel besonders wichtig. Sie fühlen
sich, als ob Ihr Herz oder Ihr Kopf jeden Augenblick platzen
müßte, als ob Sie ein noch höheres Tempo eingeschlagen hätten,
als das Chaos, das Sie umgibt, als ob Ihr Pulsschlag plötzlich seine
Geschwindigkeit erhöht hätte? Sie haben den Eindruck, an einem
Rennen teilzunehmen, bei dem Sie jeder überholt? Genau in solchen Momenten ist es lebenswichtig für jeden von uns, ein Ritual
oder einen Prozeß zu kennen, das oder den wir einleiten können,
um wieder »zu uns« zu finden.

So wie Computertastaturen mit einer Pausentaste ausgestattet
sind, sollten auch Sie sich einen persönlichen Pausenknopf zule-
gen. Wenn Sie jedesmal, wenn sich Ihre Angst aufbaut, Ihre eigene
Methode zur Geschwindigkeitsverringerung und zum Eintritt in
die Gegenwart benutzen, werden Sie feststellen, daß Sie der Situation Ihren persönlichen Rhythmus auferlegen, anstatt sich den

von außen auf Sie einwirkenden Kräften zu ergeben, welche die Ursache für Ihren Streß darstellen.

Wie ich im vorhergehenden Kapitel bereits erwähnte, lasse ich in meinen Kursen einen der Teilnehmer in unregelmäßigen Abständen einen Gong schlagen – und in diesem Augenblick halten wir alle inne, schließen die Augen und atmen dreimal tief durch. Auch Sie sollten sich einen persönlichen »Gong« anschaffen, dessen Klang Sie immer dann erzeugen können, wenn Sie Ihr Tempo verändern wollen.

Im Grunde wird unser Leben ständig unterbrochen – nicht von einem Gong, sondern von Dingen, die dringend unsere sofortige Aufmerksamkeit erfordern. Wenn sich solche Unterbrechungen ergeben, sollten wir versuchen, nicht sofort darauf zu reagieren, sondern die Gelegenheit nutzen, um zu pausieren und in den gegenwärtigen Moment zu gelangen.

Es gibt tatsächlich eine Art Gong, die jeder von uns im alltäglichen Leben als Pausensignal verwenden kann: Thich Nhat Hanh rät uns, das Telefon als Gong des Erwachens zu nutzen. Wenn es klingelt, sollten Sie innehalten und tief durchatmen, anstatt den Hörer sofort von der Gabel zu reißen. Auf diese Weise reduzieren Sie Ihre Geschwindigkeit, werden ruhiger und sind besser in der Lage, den Anruf entgegenzunehmen.

Lehrer können die Pausenglocke verwenden, um durchzuatmen und vor der nächsten Unterrichtsstunde den gegenwärtigen Moment wahrzunehmen. Wir alle kennen immer wiederkehrende Ereignisse in unserem Tagesablauf, die sich als Glocke benutzen lassen. Wenn es wieder soweit ist, entspannen Sie sich einfach für eine Minute – und machen Sie danach mit dem weiter, was Sie erledigen müssen, ohne sich dabei gehetzt zu fühlen.

Zusätzlich zu der Einführung eines persönlichen »Gongs« sollten Sie immer dann bewußt atmen, wenn Sie an die Atmung denken. Atmen Sie tief durch – und wiederholen Sie dies so lange, bis Sie merken, wie das Tempo nachläßt und Ihr innerer Motor langsamer läuft. Ich habe schon in einem der vorhergehenden Kapitel die Bedeutung der Atmung erwähnt; denn während die meisten anderen Möglichkeiten zum Übergang in den gegenwärtigen Moment individuell verschieden sind, ist das Atmen universal.

Häufig entschuldige ich mich inmitten einer hitzigen Besprechung, um »die Toilette aufzusuchen«. In Wirklichkeit greife ich nur zu einem Vorwand, um den Raum zu verlassen und mir selbst einen Augenblick des freien Atmens zu gönnen.

Wenn einer meiner Freunde sich im Büro gehetzt fühlt, schließt er seine Bürotür und blickt einfach starr auf das Bild eines wunderschönen Sonnenuntergangs, das er während seines letzten Urlaubs gemacht hatte. Er sagte mir, daß seine Tochter, ein Mädchen im Teenageralter, so lange mit ihrem Teddy »kommuniziert«, bis ihre innere Unruhe sich gelegt hat.

Eine meiner Kursteilnehmerinnen erzählte uns, daß sie einen Tiegel mit Tigerbalsam in ihrem Schreibtisch aufbewahrt und sich von Zeit zu Zeit die Schläfen damit einreibt. Sie fühlt die Wirkung noch Minuten danach und dehnt auf diese Weise den Moment aus, in dem sie ihr Tempo verlangsamt. Eine andere Freundin hört sofort nach ihrer Ankunft im Büro drei Minuten lang entspannende Musik aus dem Kassettenrecorder.

Eine weitere Kursteilnehmerin erzählte mir, daß sie bis zehn zählt, bevor sie sich einer Tätigkeit widmet oder an einer Diskussion beteiligt. Eine andere hat ein Prisma in ihrem Schreibtisch und betrachtet für einen Moment den Einfall und die Brechung des Lichts, bevor sie sich an ihre nächste Aufgabe begibt. Ein weiterer Seminarteilnehmer, ein Pianist, trinkt ein Glas Wasser, bevor er auf die Bühne geht – egal, ob er durstig ist oder nicht. Und ich kenne eine Mutter mit einer dreijährigen Tochter, die sich immer dann »Mutter-Zeit« nimmt, wenn ihr Kind einen Wutanfall bekommt; sie zieht sich in ihr Zimmer zurück und verschließt die Tür für fünf Minuten.

»Das klingt ja beinahe wie Kindesmißhandlung«, sagte jemand aus dem Kurs zu ihr.

»Nicht im geringsten«, antwortet sie. »Das einzige, was geschieht, ist, daß sie aufhört zu weinen. Wir beide werden entspannter und können einen Rhythmus finden, in dem wir miteinander kommunizieren, anstatt uns gegenseitig auf die Nerven zu gehen. Und wenn sie heute wütend auf mich ist, sagt sie zu mir: ›Los, mach Mutter-Zeit.‹«

Wie immer geht es auch hierbei nicht um das Ritual an sich, sondern um das Bewußtsein, daß dieses Ritual ein Hilfsmittel ist, das speziell und bewußt eingesetzt wird, um Streß, Ängsten oder eingebildeten Krisen entgegenzuwirken. Ohne derartige Hilfsmittel nimmt der Streß zu; bei ihrer Anwendung verschwindet er. Denken Sie daran: *Im gegenwärtigen Moment gibt es keinen Streß.*

Zeitgrenzen schaffen

Jeder von uns benötigt etwas Zeit ganz und ausschließlich für sich allein, die ihm bestenfalls täglich zur Verfügung steht. Dabei sollte es sich möglichst um stets den gleichen Zeitraum handeln – wie etwa eine halbe Stunde nach dem Mittagessen, fünfzehn Minuten vor Arbeitsbeginn (fünfzehn Minuten sind das mindeste) oder eine Stunde am Nachmittag –, der völlig frei bleibt von Konferenzen, Telefonanrufen oder Unterhaltungen.

Diese Zeit sollte von klaren Grenzen umgeben sein, welche die nie endenden Unterbrechungen außen vor lassen. Sie ist rein dem eigenen Selbst vorbehalten: keine Aktivitäten oder Ziele, kein Aufholen liegengebliebener Verpflichtungen. Diese Zeit ist für uns reserviert und für das, was wir gerade tun wollen – sie gehört uns, nicht der Gesellschaft, unserem Chef oder unserer Familie. Natürlich sind Sie nicht gezwungen, irgend etwas zu tun; dies ist eine Zeit des »Seins«, nicht des »Tuns«. Wir benötigen nur ein wenig Freiraum, losgelöst von den Anforderungen des Tages.

Nutzen Sie diese Zeit zur Meditation, zur Besinnung, oder erfreuen Sie sich an den Dingen, die Sie umgeben. Häufig wird ein solcher Zeitraum als »unproduktiv« erachtet. Ich sehe darin dagegen eine Möglichkeit, im Prozeß des Lebens gegenwärtig zu sein, ohne Endresultat oder Anstrengung.

Diejenigen, die dieses Ritual bereits kurz nach dem Aufstehen vollziehen, werden einen besonders positiven Effekt feststellen. Wer den Tag auf diese Weise in seinem eigenen Rhythmus beginnen kann, gibt damit den Grundrhythmus für den Rest des Tages vor. Mit dem Hund vor die Tür gehen, ein Spaziergang durch die Natur, joggen, im Haus herumwerkeln, ein Bad nehmen, meditieren, Musik hören, ein Gedicht oder einen besinnlichen Text lesen – all diese Methoden lassen uns unseren inneren Rhythmus fühlen und verstärken ihn, so daß er länger in uns präsent bleibt.

Obwohl die Bedeutung eines solchen Zeitraums seit langem anerkannt ist, erweist es sich als schwierig, ihm einen festen Platz im Tagesablauf einzuräumen. Um eine Grenze rund um Ihre freie Zeit aufrechtzuerhalten, benötigen Sie unter anderem die Fähigkeit, »nein« zu sagen – und wir müssen einige formelle Grenzen ziehen, damit wir und alle anderen diese Zeit für uns allein akzeptieren.

Die Begrenzungen dürfen nicht zu flexibel sein: Sie werden nur dann einen Nutzen aus dieser Zeit ziehen, wenn Sie darauf bestehen, sie ganz allein zu verbringen. Jeder Kollege, ein Kind, der Partner oder ein Freund wird Ihnen den angestrebten Rhythmuswechsel unmöglich machen. Das »Nein« gilt nur für diesen Zeitraum; danach können Sie wieder »ja« sagen.

Nora, eine meiner Kursteilnehmerinnen, stimmt der Notwendigkeit eines genau umgrenzten Zeitraums aus ganzem Herzen zu. Wenn sie morgens aufsteht, weiß ihr Mann, daß sie etwas Zeit für sich selbst braucht – weil sie ihn darum gebeten und ihm erklärt hat, wie wichtig dies für sie ist. In dieser Zeit »werkelt sie vor sich hin« und konzentriert sich völlig auf die kleinen Aufgaben. Dabei genießt sie es besonders, den Morgenkaffee aufzusetzen. »Es ist wunderschön, wie es tropft und dampft«, sagt sie. »Ich sehe und höre so gerne zu. Wenn ich Kaffee zubereite, tue ich nichts anderes.« Wenn der Kaffee auf dem Tisch steht, weiß ihr Mann, daß Noras begrenzter Zeitraum vorüber ist, und zusammen beginnen sie ihren Tag in einem entspannten, leichten Rhythmus.

Natürlich gehört die eigene Unterbrechung der begrenzten Zeit zu jenen Störungen, die man auf jeden Fall vermeiden sollte.

Es gibt immer Rechnungen zu bezahlen, Rasenflächen zu mähen, wichtige Telefonate zu erledigen, Antwortbriefe zu schreiben. Es gibt immer irgend etwas zu tun – und je mehr man erledigt, desto mehr wartet darauf, in Angriff genommen zu werden: Die Arbeit wird nie ein Ende nehmen.

Daher müssen Sie sich einen Bereich Ihres Tages reservieren, an dem Sie solche »Selbst-Unterbrechungen« einfach nicht dulden. Versuchen sie, sich nur eine halbe Stunde täglich von Ihren Verpflichtungen zu befreien und etwas zu tun, was Sie als befriedigend *in sich* empfinden und was keinem produktiven Zweck dient. Wenn Gott sich den siebten Tag freinehmen konnte, um zu ruhen, dann ist eine halbe Stunde pro Tag von uns nicht zuviel verlangt.

Begrenzte Zeit sollte an die Schönheit einer Blume erinnern: Sie verfolgt keinen Zweck, sie ist einfach vorhanden. Und wie eine Blume sollte sie uns erfrischen und in uns das Bewußtsein für die Großartigkeit der Welt wecken.

Gehen Sie im Park spazieren. Gehen Sie schwimmen (nicht wegen des gesundheitlichen Aspekts, sondern rein aus Spaß). Fahren Sie Fahrrad, nehmen Sie ein ausgedehntes Bad, trinken Sie eine Tasse Tee oder meditieren Sie.

Ginnie, eine leitende Angestellte in einer Werbeagentur, schilderte uns mit großer Lebendigkeit die Auswirkungen, welche die Einführung einer begrenzten Zeit auf sie hatte. Vorher war sie jeden Morgen aus dem Bett gesprungen und sofort zur Arbeit gehetzt. »Ich fühlte mich, als ob ich auf einem herumwirbelnden Riesenrad gefangen saß. Es gab keine Zeit dazwischen, keine Zeit zum Ausruhen, außer wenn ich bewußtlos wurde. Das Ganze war unbarmherzig und manchmal sogar brutal. Aber ich habe gelernt, mir die Zeit zu nehmen. Heute stehe ich so früh auf, daß mir zwischen dem Anziehen und dem Verlassen der Wohnung zumindest eine Stunde Zeit bleibt. Und es lohnt sich! Ich sitze herum und tue nichts. Oder ich denke über meine Träume nach. Manchmal lese ich Zeitung oder gehe spazieren – aber diese eine Stunde hat mein Leben völlig verändert. Und ich bin überrascht, wie einfach das war. Für mich ist das Ganze eine meiner wichtigsten persönlichen Entdeckungen, der Schlüssel, der mein Leben zu *meinem Leben* macht – und nicht mehr zum Leben eines Menschen, der nur seine Batterie wieder auflädt, um als Chefin zur Arbeit gehen zu können.«

Das Alltägliche würdigen

Alle Aspekte des Lebens tragen verborgen einen großen Reichtum in sich. Allerdings behandeln die meisten von uns ihre Tage als eine lose Kette von Höhepunkten – eine entscheidende Konferenz, ein gutes Essen, eine wunderbare Liebesnacht, ein Ausflug mit den Kindern –, wobei die Zeiten dazwischen nur dazu da sind, die »wichtigen« Ereignisse miteinander zu verbinden, und keinen eigenen Wert besitzen. Dabei liegen gerade in diesen alltäglichen Momenten wahre Schätze für die Seele verborgen – wir müssen nur lernen, sie zu finden.

Zum Beispiel gibt es zwei Wege, den Boden zu putzen: Ich kann putzen, um den Boden zu säubern, oder ich kann putzen, *um zu putzen.*

Mit anderen Worten: Ich kann mit meinem Aufnehmer herumwischen und gleichzeitig an all die Dinge denken, die ich während der »wichtigen« Phasen meines Lebens erledigen muß, oder ich widme der Tätigkeit des Putzens meine volle Aufmerksamkeit: dem Spiel der Muskeln, dem Anblick des Bodens, den Geräuschen des Aufnehmers.

Das Resultat ist das gleiche: Der Boden wird geputzt. Aber, wie mein ehemaliger Tanzlehrer zu sagen pflegte: »Es zählt nicht, was Sie machen, sondern wie Sie etwas machen.« Und wenn ich den Boden putze, um *den Boden zu putzen* – vielleicht sogar als eine Art von Tanz –, dann erlebe ich den Vorgang des Putzens und damit den gegenwärtigen Moment.

Brenda, eine Finanzanalytikerin mit eigenem Büro zu Hause, erzählte in einem Rhythmuswechsel-Seminar, daß sie gerne bügelt, wenn sie sich frustriert fühlt.

Alles lachte. »Du *magst* Bügeln? Ich schicke dir meine Wäsche!«
Sie lachte mit ihnen. »Ich habe selbst genug, schönen Dank. Aber
vor meinem Büro steht immer ein Bügelbrett.« Dann beschrieb sie
ihr Ritual: »Ich nehme eine Bluse aus dem Korb für Bügelwäsche.
Ich spritze etwas Wasser darüber und lege sie auf das Brett. Die
Bluse duftet so rein, und wenn ich das Bügeleisen daraufsetze,
zischt es. Während ich mit dem Bügeleisen über die Bluse gleite,
tritt plötzlich das Blumenmuster des Stoffs deutlich hervor – die
Farben werden leuchtender, als sie es im trockenen Zustand waren.
Langsam und sorgfältig glätte ich die Knitterfalten, und der Stoff
fühlt sich unter meiner Hand warm und angenehm an. Das
braucht seine Zeit; wenn man zu schnell ist, erhält man Bügelfal-
ten. Also konzentriere ich mich auf das Bügeln, beobachte, rieche
den Dampf. Wenn ich fertig bin, ist alles glatt und wie neu.«

Wir alle konnten die Stärke ihrer Präsenz beim Bügeln fühlen.
Sie erteilte uns eine Lektion im »Zen des Bügelns«.

Und was würde sie tun, wenn sie sich nach dem Bügeln immer
noch ängstlich oder frustriert fühlte?

»Wieder bügeln.«

Häufig benehmen wir uns wie Kinder, die glauben, daß sie ihre
Hausaufgaben »machen müssen«. Natürlich kann man auf diese
Weise leben – aber stellen wir uns einmal vor, daß wir alle Hektik
und alles andere vergessen, was wir noch erledigen müssen, wunderbare Musik auflegen und uns einfach erlauben, uns selbst zum
Rhythmus und Schwung der Klänge zu bewegen. Die Hausarbeit
könnte wirklich Spaß machen. Und wenn wir schon diese alltäglichen Dinge, die einen Großteil unseres Lebens ausmachen, in
jedem Fall ausführen müssen – warum sollten wir sie dann auch
noch als Schinderei empfinden?

Schließlich ist es unser Leben, und wir haben die Wahl.

Thich Nhat Hanh erklärte es so: »Wenn ich nicht in der Lage bin, freudig meine Teller abzuwaschen, und sie statt dessen
so schnell wie möglich spüle, damit ich zu meinem Nachtisch
komme, werde ich auch nicht in der Lage sein, mein Dessert mit
Freude zu genießen. Ich werde mit der Gabel in der Hand dasit-

zen und darüber nachdenken, was ich als nächstes tun muß, und die Struktur und das Aroma des Nachtischs werden ebenso verloren sein, wie sich die Freude am Essen verflüchtigt. Ich werde immer in die Zukunft gezerrt werden und nie dazu fähig sein, im gegenwärtigen Moment zu leben.«

Wenn wir das Alltägliche nicht würdigen, schieben wir die Gegenwart von uns weg. Und wenn uns dieses Wegschieben zur Gewohnheit wird, werden wir höchstwahrscheinlich auch die außergewöhnlichen Augenblicke von uns schieben, weil wir in unserem Drang »weiterzumachen« nicht mehr die Bereitschaft aufbringen, sie wirklich zu genießen.

Aber wenn wir die Fähigkeit entwickeln, auch in den alltäglichen Momenten unseres Lebens gegenwärtig zu sein, beginnnen wir, das Leben selbst und unseren Alltag zu schätzen. Und dadurch, daß wir lernen, die Gegenwart in allen Dingen wahrzunehmen, gewinnen die wahren »Abenteuer« noch zusätzlich an Wert.

Spontane Zeit schaffen

Erinnern Sie sich an Tage mit Schnee? Als Kind schaltete ich dann jeden Morgen nach dem Aufstehen sofort das Radio an, um zu hören, ob die Schulen geschlossen wurden – und was war ich glücklich, wenn wir schneefrei hatten! Ein freier Tag, völlig unverplant, an dem ich machen konnte, was ich wollte! Es erschien mir wie ein Geschenk Gottes.

Wenn ich dies in meinen Kursen erzähle, kann ich die Erinnerungen im Raum fast spüren. Alles seufzt vor Nostalgie und denkt an die unerwarteten Freuden solcher Tage zurück.

Als Erwachsene müssen wir uns unsere eigenen »Schneefrei-Tage« oder zumindest »Schneefrei-Zeiten« schaffen – eine Zeit für ungeplante, unerwartete Ereignisse. Wir sollten uns dieses Geschenk machen. Und warum auf Schnee warten?

Die meisten von uns führen ein Leben in Routine. Die Wochentage gehören der Arbeit, die Wochenenden der Hausarbeit und den sozialen und persönlichen Verpflichtungen. Nach dem Abendessen werden die Familienangelegenheiten besprochen; unseren Urlaub genießen wir an unserem »Lieblingsplatz«. Es gibt kaum einen Unterschied zwischen, sagen wir, einem Freitag im September und einem Dienstag im Mai.

Wir können in unserem Leben Vielfalt erwarten, aber wir neigen dazu, Gleichheit anzustreben. Wir wollen unser Leben mit etwas »Neuem« füllen, doch irgendwie haben wir noch nicht herausgefunden, wie. Wir fühlen uns in unserem Leben wohl, und obwohl die Vorstellung eines Wechsels lockt, haben wir Angst vor dessen Umsetzung in die Wirklichkeit.

Aber Routine führt zu innerer Passivität, und Wiederholung kann uns in einen Zustand versetzen, in dem wir kaum je die Gegenwart tatsächlich erleben, sondern einfach hindurchgleiten, ohne unserer Umgebung – und letztendlich unserer selbst – bewußt zu sein.

Natürlich bauen wir ein Vorgefühl der Freude in unsere Routine ein: Wir freuen uns auf unseren Sommerurlaub, ein Picknick am Wochenende oder einen Film am Freitagabend. Aber häufig stellt sich das, dem wir mit soviel Optimismus entgegengeblickt haben, als Enttäuschung heraus (es regnet in Strömen, der Film hält nicht das, was man sich von ihm versprochen hat), oder es findet überhaupt nicht statt, weil etwas dazwischenkommt (der Chef besteht darauf, daß Sie in den Ferien arbeiten, die Kinder bekommen die Masern). Irgendwie bleibt das Leben immer hinter unseren eigenen Erwartungen zurück.

Spontane Zeit ermöglicht uns, alles Festgefahrene zu durchbrechen und frisch und ohne jede Erwartung eine wirklich neue Erfahrung zu erleben. Auch wenn wir die Unsicherheit fürchten oder Angst haben, uns zu langweilen, handelt es sich um eine Möglichkeit, wirklich gegenwärtig zu sein. Und wir müssen diese Erfahrung nicht mehr mit dem vergleichen, was wir uns darunter vorgestellt hatten.

Mein guter Freund Rob, ein immer unternehmungslustiger

Rechtsanwalt, wollte mitten im Winter die Wärme der Sonne auf seiner Haut spüren. Also ging er zum Flughafen und nahm das erste Flugzeug nach Süden. Er landete auf einer Insel in den Tropen, von der er noch nie etwas gehört hatte – und verbrachte dort den schönsten Urlaub seines Lebens. Alles war neu, abenteuerlich und, wie sich herausstellte, einfach wunderbar.

Rob war sich der Tatsache bewußt, daß er ein enormes Risiko einging: Die Reise hätte ein Flop werden können, es hätten keine Hotelzimmer mehr frei sein können und dergleichen. Aber das Risiko einer solchen Freiheit in unserem Leben erlaubt uns, die Gegenwart auf eine Weise zu erleben, die wir sonst häufig bewußt vermeiden, indem wir den gewohnten Wegen und Aktivitäten folgen.

Es war vor allem die *Spontaneität*, betonte Rob, die diese Reise so interessant machte. In dem Augenblick, als die Maschine abhob und er nicht wußte, wie alles ausgehen würde, hatte er sich besonders lebendig gefühlt.

Ich selbst kam eines Tages auf dem Flughafen der indischen Hauptstadt New Delhi an, um von dort nach Bombay weiterzufliegen. Aber an diesem Tag ging keine Maschine, teilte man mir mit. Ja, ich besaß ein Ticket, und ja, der Flug war am Tag zuvor bestätigt worden. Nichtsdestotrotz würde heute keine Maschine nach Bombay fliegen.

Ganz »häßlicher Amerikaner«, schimpfte und protestierte ich – ohne jeden Nutzen. Mein eigenes Gebrüll würde die Maschine auch nicht in die Luft bekommen. Ich saß fest.

Ich entdeckte allerdings bald, daß das nicht stimmte: Statt dessen erlebte ich diese spontane Zeit als einen der belebendsten Tage meines Lebens. Ich fühlte mich wie ein Blatt im Wind, ohne Ziel und Verpflichtungen, in einer Zeit frei von Zeit. An diesem Tag *passierte* nichts Besonderes, aber ich erinnere mich daran immer als an einen magischen Moment – und habe danach so oft wie möglich versucht, mir selbst spontane Zeit zu schenken.

Ich meine damit natürlich nicht, daß Sie von jetzt an keinen Urlaub mehr planen oder einfach ziellos umherwandern, wann immer Ihnen danach ist. (Obwohl letztere Idee ihre Vorteile hat: Ich kenne jemanden, der sich hin und wieder ganz bewußt verläuft, um die besondere Erfahrung zu erleben, alles als neu und unbekannt zu sehen.) Ich möchte Ihnen nur nahelegen, spontane Zeit in Ihr Leben zu bringen.

Ich versuche für mich selbst, spontane Zeit zu *schaffen*. Und paradoxerweise *plane* ich sie im voraus.

Nehmen Sie sich einen Mittwochnachmittag in drei Wochen, notieren Sie Ihren eigenen Namen in Ihren Terminkalender und verlassen Sie um ein Uhr mittags das Büro für einen ungeplanten Nachmittag, an dem Sie tun und lassen, was Ihnen gerade einfällt. Oder nehmen Sie sich einen Samstag und fahren Sie… irgendwohin. Sie können alles machen, was Sie wollen, solange es nicht geplant ist. Wenn Ihr »spontaner Samstag« sich einfach zu einem Tag entwickelt, den Sie lesend im Bett verbringen, soll es so sein. Die einzige Regel lautet: Die spontane Zeit ist *Ihre* Zeit und *nicht verplante* Zeit.

Viele Menschen behaupten, daß ihnen für so etwas nicht genügend Zeit bleibt. Ich kenne jemanden, der sich spontane Zeit zu nehmen versuchte, den Zeitraum jedoch mit Bleistift in seinem Kalender vermerkte. Natürlich kam etwas dazwischen, und er radierte den Eintrag aus. Dann versuchte er es mit einer Kugelschreibernotiz, die er aber wieder durchstrich. Schließlich schnitt er einfach die Seite aus seinem Terminkalender heraus – für ihn die einzige Möglichkeit, »seine« spontane Zeit durchzusetzen.

Die Entscheidung, daß wir nicht genügend Zeit haben – oder jemand anderen oder etwas anderes darüber entscheiden lassen –, ist nichts anderes als Widerstand. Jeder von uns ist dazu in der Lage, egal wie beschäftigt wir sind und wie zwanghaft wir unsere Tage verplanen.

Also nehmen Sie sich einen Samstag in naher Zukunft vor, tragen Sie Ihre spontane Zeit im Kalender ein – und wenn jemand Pläne machen will, sagen Sie ihm, daß Sie schon etwas vorhaben.

Tun, was man gerne tun möchte

Als ich die Teilnehmer eines meiner Kurse fragte, was sie mit Vorliebe täten, sagte ein Mann, ein Grundstücksmakler: »Ich male gerne Bilder in Malbüchern mit Wachsmalstiften aus.«

»Wie mutig von ihm, das zuzugeben!« dachte ich. Der Mann war kein angehender Rembrandt, der sich eine neue Karriere aufbauen wollte; er malte mit Wachsmalstiften, weil es ihm gefiel. Der kindliche Zeitvertreib hatte sich zu einem Vergnügen für den Mann entwickelt.

Ich muß oft an ihn denken. Jeder von uns muß manchmal etwas einfach aus Spaß tun, ohne Motivation in Form von Erfolg, Fortbildung oder Belohnung, was über die Freude an reiner Aktivität hinausgeht.

Meine eigene Liebe gilt dem Basketball. Ich spiele nicht deshalb, weil sportliche Betätigung »gesund« für mich ist (obwohl ich nichts dagegen habe, fit zu sein) oder weil ich »gewinnen muß« (obwohl ich gerne gewinne). Ich spiele Basketball aus Spaß an der Sache und achte darauf, daß dies regelmäßig geschieht.

Im Sommer spiele ich am Omega Institute um fünf Uhr nachmittags, und zwar montags, donnerstags und samstags. Es gehört für mich zum Ritual, pünktlich zu beginnen – Basketball ist eine der wenigen Aktivitäten, bei denen ich immer pünktlich bin. Die Mitarbeiter und meine Freunde wissen, daß ich zu diesen Zeiten unabkömmlich bin; Fremde mit dringenden Anliegen müssen einfach warten.

Vor ein paar Jahren arbeitete ich regelmäßig mit einem Geschäftspartner zusammen, dessen Büro etwa eine Stunde von dem Platz entfernt lag, auf dem ich immer Basketball spielte. Also sagte ich jeden Montag- und Donnerstagnachmittag um halb vier Uhr nachmittags: »Ich muß jetzt gehen.«

Er starrte mich an. »Aber du gehst doch *nur* Basketball spielen!«

Ich lächelte. »Aber wir sind doch hier *nur* geschäftlich tätig.«

Für mich nahmen beide Tätigkeiten den gleichen Stellenwert ein. Ich empfand es als Glück, beides ausüben zu können.

In unserer Gesellschaft ist es nicht »erlaubt«, Spaß auf Kosten des Geschäftlichen zu haben. Offensichtlich ist Entspannung nur dann gestattet, wenn man seine Arbeit getan hat.

Ich behaupte, daß wir beides miteinander mischen müssen – denn beides ist gleich wichtig.

Sie könnten einwenden, daß man Sie entlassen würde, wenn Sie sich während der Arbeit freie Zeit nähmen. Aber wenn Sie Ihre Arbeitsstelle verlassen können, um einen Termin beim Arzt wahrzunehmen, müßte es doch auch möglich sein, Zeit für einen Spaziergang zu finden (womit Sie wahrscheinlich genausoviel für Ihre Gesundheit täten) – oder ein Malbuch auszumalen.

Mein Ratschlag lautet deshalb: Stehlen Sie sich die Zeit, wenn Sie müssen, aber sorgen Sie dafür, daß Ihnen zumindest *etwas* Zeit zur Verfügung steht. Wenn wir das Bedürfnis nach Zeit für uns selbst nicht ernst nehmen, werden wir zu Maschinen im Dienst unserer Chefs, unserer Familien und der linearen Zeit.

Und ohne daß wir es bemerken, läuft unser Leben an uns vorbei.

Zeitoasen schaffen

Wir haben gesehen, wie wichtig kurze Unterbrechungen der Zeit – Tage, Stunden, Minuten, Momente – sind, um wieder in die Gegenwart zu gelangen. Aber zumindest einmal im Jahr sollten wir eine längere Periode, zumindest eine Woche, mit etwas Außergewöhnlichem verbringen – mit etwas, was uns hilft, in einen langsameren, weniger an der Außenwelt orientieren Rhythmus zu wechseln.

Für viele von uns bedeutet dies den Rückzug an die See, in die Berge oder die Wälder, denn die unberührte Natur spielt in unserem psychologischen und physiologischen Leben eine bedeutende Rolle. Schließlich haben wir uns alle vom Rhythmus der Natur in den Rhythmus des Elektronikzeitalters begeben, und eine Rückkehr zu einem langsameren, natürlicheren Rhythmus ist ein lebensnotwendiger Akt.

Es ist schon eine Zeitlang her, als ich mit zwei anderen Männern in einem kleinen Segelboot im Golf von Mexiko kreuzte. An eine Nachtwache kann ich mich noch besonders gut erinnern: Während die anderen beiden schliefen, gelangte ich in Einklang mit dem Rhythmus des Meeres. Einige Jahre später unternahm ich mit einem Freund einen Campingausflug nach Utah, wo ich »tagelange Momente« allein in der Wildnis verbrachte. (Mein Freund und ich verabredeten einfach ein tägliches Signal als Zeichen, daß alles in Ordnung sei; dann gingen wir unserer Wege.) Hier fühlte ich mich eins mit den Bergen und dem Himmel, als Teil der ursprünglichen, ewigen Existenz der Erde.

Unzweifelhaft hatten manche von Ihnen ähnliche Erlebnisse, während einige andere eher eine sanftere Art der Synchronisation vorziehen (was meist auch für mich gilt). Ich reise besonders gerne in die Karibik, wo alles nach der »Inselzeit« abläuft. Es handelt sich um einen langsamen Rhythmus, der normalerweise jeden amerikanischen Touristen zur Weißglut bringt – bis er oder sie seinem Zauber erliegt und die Vorstellung, wieder in den Rhythmus des »Arbeitslebens« wechseln zu müssen, zu hassen beginnt.

Ist Ihnen aufgefallen, daß ich das Wort »Urlaub« nicht benutzt habe? Für viel zu viele Menschen steht es gleichbedeutend mit einem Besuch von Disneyland mit den Kindern und dem damit verbundenen Bad in der Menge oder einem Besuch von sechs europäischen Städten in zehn Tagen – »Urlaube«, die den frenetischen Rhythmus des restlichen Jahres aufrechterhalten. Das Wort »Urlaub« stammt ab vom mittelhochdeutschen Wort für »erlauben«. Und genau darum geht es: Sie sollten sich selbst einen ausgedehnten Zeitraum »erlauben«, der frei bleibt von Ihrer üblichen Arbeit, Ihrer Routine und Ihren Rhythmen.

Eine Zen-Geschichte verdeutlicht, was ich damit sagen will:

Ein westlicher Professor auf der Suche nach Erleuchtung besucht einen Zen-Meister und wird in dessen Haus willkommen geheißen. Während sie sich unterhalten, gießt der Zen-Meister Tee für den Professor ein. Er gießt so lange Tee in die Tasse, bis der Tee über den Rand fließt, über den Tisch läuft und den Boden überschwemmt.

»Können Sie nicht aufpassen, Sie Dummkopf? Der ganze Tee ist übergelaufen!« ruft der Professor wütend.

»Sie sind hergekommen, um etwas von mir zu lernen«, antwortet der Meister. »Aber Sie sind so von Ihrem eigenen Wissen erfüllt, daß kein Platz mehr für etwas anderes bleibt.«

In unserem eigenen Leben sind wir meist so mit Arbeit, Sorgen, Beziehungen und Streß beschäftigt, daß kein Platz mehr für Reflexion bleibt. Dabei kann Reflexion sehr heilsam sein, denn wir benötigen sie, um zu beurteilen, wo wir sind und wo wir sein wollen.

Wir sind nur dann zur Reflexion fähig, wenn unsere Geschwindigkeit niedrig genug ist, daß wir denken und fühlen können, ohne dabei von Ereignissen oder anderen Menschen abgelenkt zu werden. Mit Hilfe von Zeitoasen ist es möglich, unseren Rhythmus für einen längeren Zeitraum zu verändern und zu dem natürlichen Rhythmus zurückzukehren, der uns bei der Geburt mitgegeben wurde und der häufig durch die Ereignisse des täglichen Lebens blockiert wird.

Eine Zeitoase zu schaffen ist nicht einfach. Viele Menschen sind zu Beginn ihres Urlaubs noch nervöser als bei ihrer Arbeit, da sie den enormen Druck verspüren, in eine begrenzte Anzahl von Tagen soviel Spaß wie möglich hineinzupacken.

Als Noah, ein Mann von Mitte Sechzig, vor einigen Jahren unser Omega-Seminar in der Karibik besuchte, wirkte er furchtbar angespannt: Seine Hütte gefiel ihm nicht, es gab Eidechsen, und er konnte seinen Zimmergenossen nicht leiden. Als wir am Ende unseres Aufenthalts zum Flughafen fuhren, gestand er mir mit einem verschämten Lächeln, daß er sein Ticket vergessen hatte – eigentlich seine gesamte Brieftasche. Ich sagte ihm, daß wir ein neues Ticket kaufen und es auf seine Rechnung setzen würden; das Finanzielle konnten wir nach unserer Rückkehr in die Vereinigten Staaten regeln.

»Mein Gepäck habe ich ebenfalls vergessen«, sagte er. Ich starrte ihn verblüfft an und bemerkte zum ersten Mal, daß er Sandalen, ein T-Shirt und Shorts trug – nicht unbedingt die passende Kleidung für eine Rückkehr zu den Schneestürmen von Albany.

Noah schaffte es doch noch, nach Hause zu kommen. Aber ich wette, daß es ihn sehr viel Zeit gekostet hat – wenn es ihm überhaupt noch einmal gelang –, wieder seinen vorkaribischen Rhythmus aufzunehmen. Außerdem frage ich mich, ob er fast alles »vergaß«, was er mitgebracht hatte, weil ihm klarwurde, daß er in der Karibik etwas sehr viel Wertvolleres fand.

Man benötigt Zeit, um sich Zeit zu »nehmen« – was einer der Gründe ist, warum ich von langen Sommern abrate, in denen als Pausen nur »lange Wochenenden« vorgesehen sind, ganz zu schweigen von Jahren der Arbeit, in denen man für einen Urlaub »zu beschäftigt« ist. Es gibt keine Übungen, die uns beibringen, wie man sich eine Zeitoase aufbaut, aber Sie müssen sich der Tatsache bewußt sein, daß diese Oasen dazu da sind, um benutzt zu werden, und daß Sie Ihr Leben so planen sollten, daß sie Ihnen auch zur Verfügung stehen.

Sie müssen nicht in die Karibik fahren, um Zeitoasen zu finden. Ein befreundetes Pärchen mietete mit zwei Freunden für eine Woche ein Haus auf dem Land. In letzter Minute sagte das andere Paar ab. Da sich meine Freunde das Haus allein nicht leisten konnten, aber jedem erzählt hatten, daß sie eine Woche nicht in der Stadt wären, zogen sie sich in ihre Wohnung zurück – schliefen, wenn ihnen danach war, besuchten Nachmittagsvorstellungen im Kino und liebten sich am Morgen. Mit anderen Worten: Sie lebten in ihrem persönlichen Rhythmus. Es war der beste Urlaub, den sie je zusammen verbrachten.

ZWEITER TEIL

Laßt uns in die Tiefe der Zeit hinabsteigen,
um zu den heiligen Kräften in uns zu gelangen.
Laßt die Ausdehnungen der Zeit,
in denen wir mit unseren Vorfahren
und den zukünftigen Generationen leben, sich uns offenbaren,
als unser Geburtsrecht und allumfassendes Zuhause.
Laßt uns uns von dem winzigen, engen Zeitkorsett befreien,
in das uns unsere Kultur und Gesellschaft gezwängt haben.
Laßt uns tief einatmen und eingehen in den weiten Horizont
des menschlichen Lebens
und unserer kollektiven Existenz.

Joanna Macy

8. Ich

Verweile so nah wie möglich am Flußbett,
an dem dein Leben fließt.

Henry David Thoreau

Eines der Hauptprobleme bei uns im Westen besteht darin, daß wir
ständig etwas tun, immer beschäftigt und immer in Bewegung sind.
Wir verbringen zwar einen Großteil der Zeit allein, aber selbst
dann sind wir noch beschäftigt. Unsere Gesellschaft erhebt das Be-
schäftigtsein zu einer Tugend, und wir fühlen uns schon fast schuldig, wenn wir nichts zu tun haben.

Und doch besteht ein Bedürfnis nach mehr Zeit für *Abgeschiedenheit*, zum Nachdenken und zur Meditation, in der das Gehirn
sich in einem Ruhezustand befindet und man sich ausgeglichen
fühlt. Dies zu erreichen ist eines der Hauptziele dieses Buches.

Wir fürchten die Einsamkeit, weil wir Angst haben vor den
Gefühlen, die auftauchen, bevor wir uns entspannen, und weil
wir Angst vor dem haben, was hinter unserer »Arbeits«-Identität
steckt. Ich bin Arzt, Vater, Dozent – immer in der einen oder anderen Rolle. Aber wer bin ich ohne dies alles?

Und so räumen wir auf, wenn wir allein sind, bezahlen Rechnungen, kochen, sehen fern oder lassen uns von Radio oder Walkman mit Lärm einhüllen; in Wirklichkeit sehnen wir uns nach Gesellschaft – auch dann, wenn kein anderes menschliches Wesen in
der Nähe ist.

Es besteht ein Unterschied zwischen »allein« und »einsam« sein.
Sind wir allein, so können wir in jeder Art von Stimmung sein:
glücklich oder traurig, verärgert oder gelassen. Aber Einsamkeit
tut unweigerlich weh – und so ist es fast natürlich, daß wir davor
fliehen.

Wie oft haben wir bereits ein Haus betreten, in dem ein Fernsehgerät eingeschaltet war, ohne daß sich irgend jemand in dem Raum aufhielt und fernsah? Warum reden wir, wenn wir allein sind, mit uns selbst, und warum greifen wir plötzlich zum Hörer und rufen einen Freund an?

Wir spüren das Bedürfnis, von Menschen und Aktivität umgeben zu sein, uns dem Rhythmus des anderen anzupassen. Wir wollen alles, nur keine Abgeschiedenheit, denn dort schlummert die Einsamkeit.

Ich erinnere mich noch lebhaft an eine emotional sehr bewegte Zeit, in der ich bei meiner Familie keinen Trost finden konnte, weil diese selbst Teil des Problems war. Auch meine Freunde habe ich nicht aufgesucht, weil ich nicht wollte, daß sie von dem Problem erfuhren.

Also lebte ich eine Zeitlang allein in einer kleinen Hütte am Ufer eines Sees. Nach einer unruhigen Nacht saß ich dann eines Morgens auf der Veranda, betrachtete das reglose Wasser und wurde plötzlich von einem Gefühl der Einsamkeit gepackt. Für mich stand fest, daß niemand mich liebte oder sich darum kümmerte, ob ich lebte oder tot war. Ich war nackt und wehrlos. Ich war sicher, daß mich nie wieder jemand besuchen würde.

Anfangs verspürte ich den Drang, aufzuspringen und irgend etwas zu tun – egal was –, um den Schmerz zu lindern. Aber ich *zwang* mich, sitzen zu bleiben, und öffnete mich dem Gefühl. Mein Gefühl der Einsamkeit verwandelte sich in Wut und dann in Traurigkeit: alles unangenehme und schmerzhafte Empfindungen. Ich verspürte immer noch die enorme Anstrengung, die es kostete, mit diesen Empfindungen – und ihrer tiefen Wirkung – dort auf meinem Platz auszuharren.

Dann entdeckte ich eine Eiche am Seeufer und konzentrierte mich in meiner ganzen Gefühlstrunkenheit darauf. Ich weiß noch, daß ich dachte, daß die Eiche dort, wo sie stand, gar nicht einsam wirkte, daß sie in der Welt einfach nur ihre Rolle als Eiche spielte. Sie schien majestätisch, eine gegen den Horizont wundervoll abgegrenzte Figur.

Plötzlich fühlte ich mich wie diese Eiche, abgegrenzt, allein, einfach ich selbst, mit einem großartigen Freiheitsgefühl – ich war nicht mehr einsam, nur noch allein.

Ich hatte den Tiefpunkt meines Gefühls erreicht, und damit war es verschwunden. Ich war mit dem Rhythmus der Natur, mit dem fast bewegungslosen Rhythmus einer Eiche verschmolzen.

Ich erlebte einen Rhythmuswechsel.

Diese sehr intensive Erfahrung rufe ich mir immer wieder ins Gedächtnis, wenn die Angst vor dem Alleinsein aufkommt. Es hat mein Verhältnis zum Alleinsein verändert. Was auch passiert: Ich muß einfach nur sein, ohne etwas zu *tun*.

Wir alle möchten wie dereinst Greta Garbo hin und wieder »allein sein«. Was für eine Erleichterung, denken wir, endlich einmal vom Ehegatten und den Kindern oder von der Arbeit oder gutmeinenden Freunden wegzukommen und ein bißchen Zeit für uns allein zu haben. Wie glücklich sind wir, wenn wir allein duschen können, uns in unser Arbeitszimmer einschließen, drinnen bleiben, wenn der Rest der Familie draußen herumtobt, allein essen oder eine Geschäftsreise machen und die Nacht allein verbringen. Kein Lärm. Niemand, der stört. Keine Verpflichtung. Frieden: einfach wundervoll!

Wenn wir es dann irgendwie schaffen, eine längere Periode der Abgeschiedenheit zu verwirklichen, passiert etwas Seltsames: Wir fühlen uns einsam oder bekommen Angst, wünschen uns zurück in den sicheren Schoß unserer Familie, unserer Freunde oder unserer Arbeitskollegen. Ihre »Sünden« sind vergessen (oder zumindest verziehen); wir vermissen sie sogar!

Hierbei handelt es sich um unseren Widerstand, den gegenwärtigen Moment wahrzunehmen, denn in der Gegenwart empfinden wir dieses emotionale Unbehagen. Deshalb wollen wir uns möglichst schnell mit anderen beschäftigen. Aber in ihrer Gegenwart fehlt uns das Gespür für das Jetzt, da sie uns als Mittel zur Vermeidung unangenehmer Gefühle dienen. Die anderen Menschen liefern uns eine Fluchtmöglichkeit.

Eine Patientin namens Joan erzählte mir einmal, daß nach ihrer Pensionierung ihre Freunde hofften, daß »sie sich auch danach noch zu beschäftigen« wisse. Diese Vorstellung war so tief verwurzelt, daß sie sich plötzlich Sorgen machte (als ob sie irgendein Verbot mißachtet hätte), als sie feststellte, daß sie *keineswegs* ständig beschäftigt war und *diesen Zustand sogar genoß.*

»Du wirst dich bald schlecht fühlen, wenn du dich nicht beschäftigst«, wurde sie gewarnt. Und als sie sich dennoch gut fühlte, fürchtete sie, daß mit ihr irgend etwas nicht stimmte. Dabei reagierte sie lediglich auf die von außen an sie herangetragenen Erwartungen, was sie »zu fühlen hatte«, und nicht auf ihre wahren Empfindungen. Die Gesellschaft (Tradition, Familie, Ärzte, Minister, Regierung) sagt uns dauernd, wie wir zu reagieren haben, wodurch wir uns unbehaglich fühlen, wenn unsere eigene Reaktion in irgendeiner Form davon abweicht.

Ein tennisbegeisterter Freund gab seinen Firmenjob auf, um sich selbständig zu machen. Jetzt würde er sich die Zeit selbst einteilen können, und er schwor sich, die Übertragung der »U.S. Open« vom Anfang bis zum Ende im Fernsehen zu verfolgen und die Arbeit frühmorgens und spätabends zu erledigen.

Schon am ersten Nachmittag der Fernsehübertragung plagten ihn plötzlich Schuldgefühle, und er sprang von der Couch auf. »Ich sollte lieber etwas tun«, dachte er. »Ich sollte lieber arbeiten.«

Er lachte über sich selbst, als er mir das erzählte.

»Hättest du dich auch schuldig gefühlt, wenn du tatsächlich als Zuschauer bei dem Match dabeigewesen wärst, anstatt das Turnier im Fernsehen zu verfolgen?« fragte ich ihn.

Er dachte kurz nach. »Auf keinen Fall.«

»Wenn du zu Hause Musik spielen läßt, kannst du dir dann eine Symphonie vom Anfang bis zum Ende anhören?«

»Kaum, wenn überhaupt.«

»Aber während eines Konzertbesuchs?«

»Ohne Schwierigkeit. Eine Symphonie *und* ein Konzert, mit großem Vergnügen.«

Ich erklärte ihm, daß dies alles eine Frage der Synchronisation sei. Wenn er allein war, paßte er sich dem durch die Gesellschaft eingeprägten Rhythmus an, und sein Schuldgefühl stellte einen Tadel seitens der Gesellschaft wegen seiner »Zeitverschwendung« dar.

Aber auf dem Tennisplatz oder in einer Konzerthalle ließ er sich nicht auf den Sport oder die Musik ein, sondern war Teil des Publikums. Allen (die für das Ereignis ja auch gutes Geld bezahlten) war es »gestattet«, sich zu vergnügen, also auch ihm.

Das gleiche Ereignis. Die gleiche »freie« Zeit. Aber hier mit Angst verbunden und dort das reinste Vergnügen.

Die Gesellschaft erlaubt es, daß wir uns gemeinsam mit anderen ein Spiel ansehen oder ein Konzert besuchen, aber sie runzelt die Stirn, wenn wir das gleiche für uns allein tun.

Es ist sehr wichtig, sich selbst Zeit für das Alleinsein zuzugestehen, in der man macht, was man machen möchte, egal, was die anderen dazu sagen. Es ist in Ordnung, wenn Sie die Kinder nicht mit zu dem Spiel nehmen und wenn Sie nicht jeden Abend mit Ihrem Partner verbringen. Es ist in Ordnung, wenn Sie sich vor dem Familienpicknick drücken oder links gehen, wenn alle darauf bestehen, daß Sie rechts gehen. Auch hier kommt es wieder darauf an, das *Gleichgewicht* zu finden. Es ist Ihre Zeit. Achten Sie darauf, daß diese Zeit auch wirklich Ihnen zuteil wird. Lassen Sie anderen Aktivitäten nicht den Vorrang und verhindern Sie alles, was stört.

Musik hören, wandern in der Natur, Gedichte oder Romane lesen, tischlern oder nähen oder einfach nur abends im Gras liegen und die Sterne betrachten: Dies alles sind Aktivitäten, denen wir in völliger Ruhe für uns allein nachgehen können, solange wir daran denken, daß wir »gegenwärtig sind« und uns mit diesen Dingen nicht nur beschäftigen, um unsere Hände zu bewegen oder vor Gefühlen zu fliehen. Viele von uns wissen gar nicht, was sie für sich allein tun möchten, weil sie noch nicht genügend Ruhezeit mit sich selbst verbracht haben. Sind wir allein, langweilen wir uns oder werden unruhig. Also müssen wir so schnell wie möglich wieder irgend etwas tun.

Woran liegt es, daß auf unserer Prioritätenliste Zeit für uns selbst ganz unten steht?

Ich denke, es ist darin begründet, daß viele von uns meinen, sich diesen »Luxus noch nicht verdient zu haben« – und die Gesellschaft stimmt mit uns überein. Unsere Eltern kritisieren unsere »Faulheit«, wenn wir gerade einmal nicht mit irgend etwas beschäftigt sind, unsere Vorgesetzten schreien uns an, wenn wir ins Leere starren, unsere Ehepartner kritisieren uns, wenn wir »nicht für sie da sind«.

Wohin führt unser Alleinsein? Zu Schuldgefühlen.

Und das, obwohl Thoreau uns sehr eindrucksvoll gezeigt hat, wie wichtig Abgeschiedenheit ist, und Rilke behauptet: »In einer guten Ehe ernennt jeder den anderen zum Wächter über seine Abgeschiedenheit und schenkt ihm, als das Größte in seiner Macht Stehende, dieses Vertrauen.«

»Ich brauche mehr Freiraum« ist ein häufiges Argument, wenn zwei Menschen sich streiten. Ich denke jedoch, daß »Ich brauche mehr Zeit« genauso gilt und außerdem wesentlich weniger bedrohlich wirkt.

Die meisten von uns wissen nicht, was sie allein mit der Zeit anfangen sollen, und fliehen vor dieser Abgeschiedenheit. Aber die Sorge um das eigene Ich ist der Grundstein jeder Beziehung, und Selbstachtung kommt nicht von anderen, sondern aus uns selbst heraus.

Abgeschiedenheit bedarf der Übung. Man muß der Einsamkeit ins Gesicht sehen und erkennen, daß es nichts Wichtigeres gibt, was in diesem Moment getan werden könnte. Stille, einsame Versunkenheit, »Nichts-tun« ist alles andere als »Luxus«, sondern genauso stärkend wie jedes Heilmittel. Die Zeit der Abgeschiedenheit stärkt das Wohlbefinden. Ohne sie ist die Zeit, die wir mit anderen verbringen, weniger erfüllt.

Die Zeit der Abgeschiedenheit ist der Weg zu unserem Geist, wo das Ich sich einem zeitlosen und zugleich zeitvollen Raum öffnet. Der Schlüssel zu diesem Weg heißt Besinnung und Kontemplation.

Wir haben über den Zeitrhythmus gesprochen, der von uns verinnerlicht, synchronisiert wurde, und über den Prozeß der Ausdehnung des Moments. Die Erkundung des Gefühls und das Verstehen des eigenen Selbst (die Voraussetzung, um während der Abgeschiedenheit oder zu jeder anderen Zeit mit sich selbst zufrieden zu sein) sind am besten über Meditation zu erreichen.

Meditation unterstützt diese Ausdehnung des Moments und läßt ihn uns intensiver erleben, da wir uns auf einen allumfassenden Rhythmus einlassen, den wir tief in uns gefunden haben. Es erfordert Übung, im sich entfaltenden Rhythmus des Universums einfach nur dazusein, den gegenwärtigen Moment zu fühlen. Oft hat man Angst, »es falsch zu machen«, aber das ist gewöhnlich nur der Verstand, der sich mittels Gedanken widersetzen möchte, anstatt uns sanft in den Moment hineingleiten zu lassen.

In der Abgeschiedenheit ermöglicht es die Meditation, daß wir uns vom gesellschaftlichen und individuellen Rhythmus loslösen, durch den wir uns so schnell bewegen. Hierbei geht es darum, die Geschwindigkeit so extrem zu drosseln, bis nichts mehr passiert, nichts mehr zu tun ist – nur das Ein- und Ausatmen zu beobachten, zu sehen, wie Gedanken auftauchen und wieder verschwinden. Nur das Sein erfahren – ohne den Zwang, etwas tun zu müssen.

Meditation fällt besonders denen schwer, die auf die Alltagsarbeit der modernen Gesellschaft ausgerichtet sind. Wir verlassen uns auf einen schnellen und aufmerksamen Geist und fühlen uns unwohl bei der Vorstellung, abzuschalten oder nicht auf unsere Gedanken zu reagieren.

Zu Beginn der Meditation weigert sich deshalb der Verstand und zieht unsere Aufmerksamkeit auf sich. Ein Gedanke nach dem anderen huscht durch unseren Kopf. Wir fangen an, darüber nachzudenken, wo wir in einer Stunde sein müssen, und bevor wir uns versehen, haben wir bereits eine ganze Geschichte zusammengedacht, was alles passieren, was schiefgehen wird, warum wir uns über irgend jemanden aufregen und dergleichen. Während der ganzen Zeit sitzen wir nur da und sind unfähig, in der Gegenwart zu sein, weil der Verstand sich mit der Zukunft oder der Vergangenheit auseinandersetzt. Das alles erfordert Übung und Zeit.

Denken Sie daran, daß es bei der Meditation nicht darum geht, irgendeinen anderen Bewußtseinszustand zu erreichen, Visionen zu haben oder seine Persönlichkeit zu verändern. Es geht einfach nur darum, den gegenwärtigen Moment zu erfahren.

Die Sufis verwenden das Wort »Erinnerung« und bezeichnen damit die Rückkehr zu einem früheren Zustand ohne Eile und urteilenden Verstand. Beobachten Sie einmal Ihre Kinder beim Spielen. Sie können ihr Glücksgefühl spüren, das daraus resultiert, daß sie den gegenwärtigen Moment erfahren. Sie müssen nirgendwohin, müssen nicht vorgeben, etwas anderes zu sein als sie sind. Sie müssen einfach nur sein.

Meditation fällt leichter, wenn wir uns dann auf den Moment einlassen, in dem sowieso nichts zu tun ist. Alles, was man zu Beginn braucht, ist ein wenig Zeit für sich selbst. Es genügt, sich auf das Ein- und Ausatmen zu konzentrieren. Wenn wir dabei das Gefühl haben, »Zeit zu verschwenden«, oder wenn wir Langeweile verspüren, dann unterliegen wir nur dem alten synchronisierten Rhythmus, der uns zur Gewohnheit geworden ist.

Nehmen Sie sich jeden Tag fünfzehn bis zwanzig Minuten Zeit zum Meditieren. Es wird sich deutlich auf Ihre Stimmung auswirken. Für mich ist Meditation jeden Morgen wie der Klang eines wundervollen Tones, der für den ganzen Tag den Rhythmus vorgibt. Natürlich schwirren mir manchmal auch Gedanken durch den Kopf, oder ich spüre den Drang, irgend etwas tun zu müssen. Meditation kann mir leichtfallen – oft ist es jedoch ein Kampf. Niemals aber werde ich den Wert dieses Kampfes in Frage stellen. Ich bin mir bewußt, daß durch regelmäßiges Meditieren mein Lebensrhythmus weicher fließt.

Beginnen Sie die Meditation damit, daß Sie sich auf einen Stuhl oder ein Kissen setzen. Ihre Körperhaltung sollte dabei gerade und aufrecht sein, damit Sie wach bleiben und nicht von Müdigkeit befallen werden. Beobachten Sie Ihren Atem und wiederholen Sie beim Einatmen leise das Wort »steigen«, und beim Ausatmen »fal-

Meditation

len«. Oder zählen Sie bei jedem Atemzug bis zehn. Die Methode ist dabei weniger wichtig als die Tatsache, daß Sie Ihrem Verharren in der Stille Zeit widmen.

Verschwenden Sie keinen Gedanken daran, ob Sie es richtig machen. Teresa, deren Geschichte ich im fünften Kapitel erzählt habe, hatte noch nie etwas von Meditation gehört, und doch erweckte das tägliche Ritual, morgens ein paar Minuten ruhig auf der Veranda zu sitzen, ihr Gespür für die Gegenwart und zugleich eine Dankbarkeit, die so intensiv war wie bei jeder anderen Meditationsart.

Um regelmäßige Meditationspraktiken zu entwickeln, ist es hilfreich, wenn Sie sich einer Meditationsgruppe anschließen (Sie sind dann während des Meditierens sowohl allein als auch mit anderen zusammen). Durch die Gruppe entsteht ein kollektives rhythmisches Synchronisationsfeld, das sich auf die Ausbildung dieser Praxis unterstützend auswirken kann.

Meditation ist ein gründlicher Lehrmeister, und wenn Sie sich daran gewöhnen, werden Sie wie ich feststellen, daß Ihr Leben dadurch grundlegend beeinflußt wird.

»Sei wie eine Blume«, rät Thich Nhat Hanh. »Sei da. Lächle.«

Sitzt ganz ruhig, sage ich zu meinen Schülern. Atmet tief. Beobachtet euren Atem. Zählt, während ihr atmet. Erlebt euren Atem. Kehrt zu ihm nach Hause. Sitzt und atmet und laßt die Zeit fließen, ohne euren Verstand, eure Gedanken – nur Bewußtsein.

Die Frage »Bewußtsein … von was?« ist falsch, wie Ram Dass erklärt. Einfach nur Bewußtsein, kein Verstand.

Hier geht es um das Dasein in der Gegenwart. Lassen Sie zu, daß Freude, Schmerz, Furcht, Leben und Tod sich in Ihnen vermischen, wie es tatsächlich in jedem Moment der Fall ist.

Nehmen Sie sich Zeit. Hetzen Sie nicht. Ungeduld signalisiert Ablehnung, Langeweile signalisiert Angst.

Sie werden aufhören, wenn es an der Zeit ist.

Viele meiner Bekannten empfinden das Führen eines Tagebuchs als bemerkenswerte Selbsterkundung. Das Tagebuch wird niemandem gezeigt, und es gibt keine Regeln, welche Notizen es enthalten darf.

Schreiben Sie jeden Tag zu bestimmten Zeiten (morgens nach dem Aufstehen oder abends vor dem Zubettgehen) Ihre Tageserlebnisse auf, notieren Sie, wie Sie sich fühlen, oder die Gedanken, die auftauchen. So können Sie äußerst gründlich an die Kernpunkte Ihres Lebens herankommen, sie sichten und klären.

Meine Freundin Elizabeth erzählte mir, daß sie jetzt schon seit über zwanzig Jahren Tagebuch führe und keinen Tag auslassen möchte. Sie sagt, es sei wie eine Verabredung, um mit sich selbst in Einklang zu kommen, um als Zuhörer dessen, was unter der Oberfläche abläuft, gegenwärtig zu sein.

Manche Menschen brauchen Hilfe, um sich selbst zu verstehen. Sie haben Angst vor unstrukturierter Zeit oder Zeit, die sie allein verbringen. Das Führen eines Tagebuchs oder Meditation scheint ihnen zu schwierig, weil sich ihr Verstand dabei mit beunruhigenden und verwirrenden Gedanken befassen muß. Sie haben kein Gespür dafür, den Verstand zu beruhigen. In ihnen herrschen ständiges geistiges Geplapper und andauernde Emotionsschübe.

Psychotherapie und Psychoanalyse sind zwei Methoden, um mit uns selbst in Kontakt zu treten, unsere Ängste zu überwinden und unsere Beweggründe zu verstehen. Aber die Schwierigkeit bei solchen Therapien liegt darin, daß die Beschreibung unseres psychologischen Verhaltensmusters auf unserer Vergangenheit basiert und wir dazu tendieren, dies als Stütze für die Gegenwart zu benutzen. Eine Therapie stempelt uns zu Introvertierten, Extravertierten oder Zwangsneurotikern. Sie zeigt, wie das Verhalten unserer Eltern während unserer Kindheit den Charakter von uns Erwachsenen geformt hat. Wir können diese Überlegungen auch logisch nachvollziehen, denn wenn wir als Kinder keine Liebe erfahren haben, sind wir heute unfähig zur Liebe. Oder weil wir in der Vergangenheit emotional oder körperlich vernachlässigt wurden, haben wir in der Gegenwart Angst vor engen Beziehungen.

Eine Therapie ist zweifellos ein äußerst wertvoller und richtiger

Weg, um unser Verhalten zu verstehen. Wir erhalten einen großartigen Einblick in unsere innere Natur und können mit den Problemen, die uns das Leben bereithält, und der Art und Weise, wie
wir mit ihnen umgehen, fertig werden. Ich habe festgestellt, daß
bei der Arbeit mit Patienten die Therapie oft eine entscheidende
Rolle spielt, um den Streß und viele andere Kernpunkte des Lebens zu bewältigen.

Obwohl die meisten der heute üblichen psychologischen Therapieformen im wesentlichen darauf ausgelegt sind, wie wir uns
in unserem Leben verhalten, denke ich doch, daß es sich dabei
auch um eine bequeme Möglichkeit handelt, unseren wahren Gefühlen des gegenwärtigen Moments zu entkommen. Wir schieben
die Schuld für unsere Gefühle auf das verinnerlichte psychologische Muster und vermeiden so die Gefühle der Gegenwart.
Wieder einmal verlieren wir uns in den Handlungsfäden oder dem
Drama unseres Lebens, statt uns der Authentizität der gegenwärtigen Gefühle zu öffnen.

Ich habe sehr viele Patienten erlebt, die wegen enormer Streß-
belastung einen Psychotherapeuten aufsuchten, aber der Streß verschwand nicht. Sie wissen genau, *warum* sie gestreßt sind, und in
vielerlei Hinsicht fällt es ihnen dadurch leichter, den Streß in ihr
Leben zu integrieren – nichtsdestotrotz ist er immer noch da.
Wenn es zu einer Krise kommt, tauchen die alten Verhaltensmuster wieder auf, und sie reagieren genauso wie vor der Therapie.

Wir müssen gewährleisten, daß nicht nur einige, sondern alle
Therapieformen Vergangenheit und Gegenwart einschließen. Wir
müssen an den Punkt gelangen, an dem wir das Jetzt einzig und in
seiner ganzen Fülle spüren, wo wir unsere Existenz in der Gegenwart erfahren und nicht an vergangene Wunden und Verhaltensmuster denken.

Wir müssen die Geschwindigkeit reduzieren, um *hier* sein zu
können, wo wir agieren statt reagieren, die Gegenwart spüren,
ohne von der Vergangenheit aufgezehrt zu werden, und nicht vor
der Gegenwart zu alten psychologischen Verhaltensmustern und
-strukturen flüchten, die uns schon einmal gelähmt haben.

Wenn wir unser Tempo dermaßen verlangsamen, um in unserem gegenwärtigen Gefühl zu bleiben, dann – und nur dann – sind wir in der Lage, alte Verhaltensweisen aufzubrechen und ein neues Selbst, eine neue Authentizität zu bilden. Wir werden lernen, auf Situationen völlig anders zu reagieren, statt sie als Konsequenz alter Verhaltensmuster zu betrachten.

Wenn wir im Jetzt authentisch sind, gewinnen wir neue Macht über das Leben – wir werden die Vergangenheit besitzen und nicht sie uns, wir können die Gegenwart kontrollieren und müssen es nicht mehr zulassen, daß ihr die Vergangenheit ihren Stempel aufdrückt. Wir werden über die Fähigkeit verfügen, an jede neue Situation – ja sogar an das Leben selbst – ohne die Fesseln der Vergangenheit und ohne Zukunftsangst heranzugehen.

Während meiner Seminare, die in einer ländlichen Umgebung stattfinden, schlage ich oft vor, eine Stunde lang sitzend in einem Kreis mit einem Durchmesser von 1,80 Meter zu verbringen. Ohne irgendwelche Dinge, die ablenken. Nicht zu reden. Einfach nur zu sein. Anfangs empfinden die Teilnehmer Langeweile und sind verärgert über die Zeitverschwendung, oder sie spüren Ängste aufkommen.

Wenn die Zeit sich dann aber verlangsamt, kommt es unweigerlich zu schönen Erfahrungen. Lang vergessene Kindheitserinnerungen tauchen auf. Es herrscht eine tiefe Entspannung, ein Gefühl von Freiheit in der Zeit.

Versuchen Sie es. Setzen Sie sich mit dem Rücken gegen einen Baum, oder suchen Sie sich irgendeinen Fleck in freier Natur, an dem Sie einen Moment allein sein können. Eine Stunde kann Wunder wirken. So wie viele Stunden Wunder wirken, die man mit Reisen in die Wildnis verbringt (zusammen mit anderen Menschen, aber mit viel Zeit für sich selbst), beim Camping, auf tagelangen Märschen rund um einen See oder am Meer. »Verweile so nah wie möglich am Flußbett, in dem dein Leben fließt«, sagt Thoreau.

Die Natur ist dieses Flußbett. In der Natur liegt die Bewahrung unserer Seele.

Es gibt auch andere Möglichkeiten des Alleinseins, die zwar nicht so intensiv sind wie Meditation oder Stunden in der Natur, die sich aber dennoch als eine wahre Wohltat für die Seele erweisen.

Nehmen Sie ein Schaumbad.

Treiben Sie Sport.

Gehen Sie irgendwo allein hin. (Wohin? Irgendwohin!)

Hören Sie Musik. Machen Sie selbst Musik.

Unternehmen Sie einen Spaziergang durch den Wald.

Bummeln Sie durch die Stadt.

Setzen Sie sich auf die Veranda und schauen Sie in den Himmel. Legen Sie sich ins Bett und betrachten Sie das Spiel des Lichts an der Zimmerdecke.

Lesen Sie einen Roman (es kann ruhig ein Liebesroman sein).

Lesen Sie ein Gedicht. Hier können Sie sich auf den Rhythmus des Dichters einlassen, im krassen Gegensatz zu Prosatexten.

Führen Sie Tagebuch in dem Bewußtsein, daß Sie es niemandem sonst zeigen werden.

Allein zu sein und dabei »nichts zu tun« ist eine Kunst, und wie bei jeder Kunst braucht es auch hier einige Übung, um Ihr Potential voll auszuschöpfen.

Knausern Sie nicht. Betrachten Sie es nicht als Zeitverschwendung. Seien Sie es sich wert.

Das Ich ist heilig, als Individuum und als Teil des fließenden Universums inner- und außerhalb der Zeit.

9. Beziehungen

Eine alte Weisheit sagt:
Wenn wir jeden Menschen, dem wir begegnen, so behandelten,
als sei er der Messias,
dann spielte es keine Rolle, ob er es tatsächlich ist.

Noah Ben Shea

Wenn zwei Menschen sich im gleichen Rhythmus befinden, dann ist die Beziehung gut; wenn nicht, kann es zu Streitereien oder sogar zu Schlimmerem kommen.

Um eine völlig klare und intensive Kommunikation mit einem anderen Menschen zu entwickeln, müssen wir uns Zeit für diesen Menschen nehmen, denn die Zeit bildet das Kernelement jeder Beziehung. Nur durch dieses Teilen von konzentrierter, zielgerichteter Zeit ist es möglich, einen gemeinsamen Rhythmus zu finden. Sobald wir ihn gefunden haben, verinnerlichen wir ihn und wissen instinktiv, daß der Partner bei uns ist.

Leider treten wir nur allzu häufig lediglich mit den oberflächlichsten Aspekten eines Menschen in Beziehung – dem Aussehen, dem Charme, dem Titel – und erkennen zu spät, daß es sich dabei nur um Masken handelt, hinter denen sich das wahre Selbst verbirgt. Es muß nicht schön sein, was schön aussieht, Charme kann eine Tarnmethode für enorme Unsicherheit oder Wut sein, und ein Titel sagt wenig oder gar nichts über innere Werte aus.

Die Maske erscheint oft als die Rolle, die wir in der Gesellschaft spielen: Arzt, Anwalt, Lehrer, Polizist, Mutter, Vater, Vorstandsmitglied. Wenn wir uns aber nicht die Zeit nehmen, hinter die Masken zu sehen, dann ist der Rhythmus, dem wir begegnen, jener der Gesellschaft und nicht der innere authentische Rhythmus des jeweiligen Menschen.

Vor ein paar Jahren wurde ein Spielwarenfabrikant, der Miss-America-Puppen herstellte, vom Produzenten der Barbie-Puppen wegen Plagiats verklagt. Ein Nachrichtensprecher kommentierte, daß das Problem ganz woanders liege: Die Teilnehmerinnen an der Wahl zur Miss America würden versuchen, wie Barbie-Puppen auszusehen! In unserer Gesellschaft trachten wir nur allzuoft danach, unseren Vorbildern einen Stempel aufzudrücken, der nichts damit zu tun hat, wer die Person wirklich ist.

Ein Vorstandsmitglied, im Sitzungssaal stark und mächtig, verbirgt vielleicht tiefe Unsicherheit, die »Stimmungskanone« verstummt angesichts intensiver emotionaler Beziehungen, und der einfache Arbeiter bewährt sich unerwarteterweise besonders in Krisenzeiten.

Um herauszufinden, aus welchem Holz jemand geschnitzt ist, müssen wir uns auf seinen Rhythmus einstimmen, und dafür benötigen wir – wie bereits gesagt – Zeit.

Rhythmus ist der große Kommunikator, wie man leicht beim Tanzen feststellen kann. Ein Paar, das miteinander tanzt, kommt sich näher. Die synchronen Bewegungen entfachen sexuelle Leidenschaft oder führen zu einer Annäherung, wenn die Beziehung gerade in einer schwierigen Phase steckt. Und nirgendwo ist Harmonie so wichtig wie in einer Ehe – oder jeder anderen intimen Beziehung.

Die Griechen wissen das genau; deshalb dauert die Hochzeit bei ihnen mehrere Tage. Jeden Tag wird getanzt. Die Synchronisation der Gemeinschaft – die durch den Rhythmus miteinander verbunden ist – unterstützt das Paar in seiner eigenen Synchronisation. Bei vielen Gesellschaften sind Musik und Tanz regelmäßiger Bestandteil von Gemeinschaftsveranstaltungen. Unsere Gesellschaft hat dazu keinen keinen Bezug mehr. Unsere gegenwärtigen Musik- und Tanzformen sind so chaotisch, daß sie uns oft nicht mehr mit dem Rhythmus des Partners verbinden, sondern die Ekstase und Entfremdung des modernen Lebens widerspiegeln.

Sex ist natürlich das ultimative Zusammentreffen von Rhythmen (und wie frustrierend und bitter es sein kann, wenn kein gemeinsamer Rhythmus gefunden wird, wissen wir wohl alle), aber selbst eine so profane Angelegenheit wie eine Partie Bridge vermag Ihnen den Nutzen der Synchronisation zu veranschaulichen. Sogar beim Tennis, so berichtet ein Freund von mir, empfinden seine Frau und er eine besondere Nähe, wenn sich beide gleichermaßen auf das Spiel konzentrieren – obwohl sie durch das Netz voneinander getrennt sind!

Und dennoch laufen wir vor einem gemeinsamen Rhythmus davon! Wieviel Angst haben wir davor, uns vollständig mit dem anderen Menschen zu synchronisieren!

Am Anfang einer Beziehung hält uns meist die Erregung, der Kick, gefangen, und wir kümmern uns nicht um den Alltagsrhythmus, der uns zu einer intensiven Partnerschaft verbinden kann. Es ist die Erregung der Jagd, die Eroberung, der Orgasmus, die uns anfangs zusammenbringen.

Aber Beziehungen, die auf Sex basieren, sind zum Scheitern verurteilt, wenn wir danach trachten, das Objekt unserer Liebe zu erobern, statt eine wahre Vereinigung anzustreben, eine Vereinigung, die nur dann existieren kann, wenn »ich« und »du« verschwinden und wir wirklich zu einem »wir« werden.

Ich denke, der Grund, warum wir intensive Beziehungen meiden, liegt darin, daß es uns unangenehm ist, den tiefen inneren Alltagsrhythmus in uns selbst zu finden. Aus Angst vor dem, was wir in uns finden, möchten wir die Geschwindigkeit nicht verringern.

Selbstbeobachtung ist unproduktiv, sagen wir uns – besonders wenn die Arbeit gut vorangeht, wir genug Geld verdienen und ein Sexpartner so gut ist wie der andere.

Wenn die sexuelle Erregung nachläßt, kann sie jedoch durch eine andere, viel wesentlichere Erregung ersetzt werden: die Erregung, den Partner wirklich als Mensch kennenzulernen – seine Gedanken, seine Seele, sein Gemüt, seine Gefühle.

Eine solche Empfindung entwickelt sich mit der Zeit – mit dem *Aufbringen* von Zeit.

Einer der großen Mythen über die Ehe ist der Glaube, daß eine

Verbindung, die auf aufrichtiger Liebe basiert, jedes Hindernis überwindet und daß eine derartige Beziehung »schon von alleine funktionieren wird«.

In meiner ersten Ehe mußte ich feststellen, daß dies nicht stimmt. Arbeit, Studium, Hilfe für andere, Geld verdienen – das alles stellte sich zwischen meine Frau und mich, und ich dachte, weil jeder den anderen liebte, gäbe es keinen Grund, mit dem anderen wirklich zusammen zu *sein*. Und so waren wir selbst dann nicht zusammen, wenn wir uns in Gegenwart des anderen befanden. Jeder war mit sich selbst beschäftigt, jeder hatte einen anderen Rhythmus. Wir nahmen uns keine Zeit, die Geschwindigkeit zu drosseln, den anderen zu ergründen, miteinander und füreinander eine Harmonie anzustreben. Gemeinsame Zeit stand auf unserer Prioritätenliste ganz unten. Sie hätte einen der vordersten Plätze einnehmen müssen, um die Ehe zu retten.

Unsere ganze Aufmerksamkeit galt den Kindern. Wir glaubten, wenn wir uns ihnen widmen, würde die Ehe halten. Aber das Eingehen auf den anderen und das gemeinsame Verbringen von Zeit sind die wahren Elemente, die eine gesunde Beziehung braucht.

Die Verringerung der eigenen Geschwindigkeit, bis man den eigenen Rhythmus und den eines anderen spürt – darum geht es beim Rhythmuswechsel. Ich denke, man sollte von der Erkenntnis ausgehen, daß Beziehungen wie die Zeit zyklisch sind und über einen längeren Zeitraum betrachtet werden müssen. Eros vergeht und wird wiedererweckt, heftige Emotionen tauchen auf und verschwinden wieder. Zuneigung wird manchmal in Aktivitäten außerhalb der Beziehung umgesetzt, und ein anderes Mal überwiegt sie wieder. Liebe ist wie Ebbe und Flut, deren Wechselspiel aber von beiden Partnern unterschiedlich empfunden werden kann.

Eine Beziehung als längerfristig und zyklisch zu betrachten beinhaltet auch das Wissen um die Tatsache, daß es unweigerlich zu Problemen kommt und daß Sie in der Lage sein werden, diese Hindernisse zu überwinden (und nicht zu umgehen). Es bedeutet, Unterschiede zu akzeptieren, Disharmonien zu erkennen und immer wieder zu versuchen, miteinander in Einklang zu kommen – auch wenn eine Synchronisation unmöglich erscheint.

Manche Dinge sind besonders tückisch: beispielsweise das Erstellen der Steuererklärung, die Gestaltung der Freizeit, das Bestrafen der Kinder, das Zusammenstellen der Weihnachtsgeschenke oder die Frage, wann und wo man miteinander schläft.

Wenn die Rhythmen nicht übereinstimmen, flackern Streitigkeiten auf. Wenn wir verärgert sind, neigen wir zu einem höheren Tempo, um unseren Standpunkt zu vermitteln, und machen dabei alles nur noch schlimmer. Wir schreien, brüllen, donnern die Türen zu, stampfen wutentbrannt davon und feuern sogar Dinge an die Wand.

Unsere Rhythmen kollidieren, wir kollidieren. Um diesem Kampf aus dem Weg zu gehen, legen wir uns manchmal eine distanzierte Höflichkeit zu, als ob wir Fremde wären und nicht ein langjähriges Liebespaar, Mann und Frau.

In diesem Fall gibt es keine Gegenwart. Selbst wenn wir Seite an Seite sitzen, sind wir wie durch einen Ozean voneinander getrennt. Wir sind so sehr damit beschäftigt, uns gegenseitig aus dem Weg zu gehen, daß wir unweigerlich dem Leben aus dem Weg gehen und uns in einer Art Ferne, einer Halbwelt wiederfinden, wo alles grau und düster ist.

Halbwelten aber sind langweilig, und Langeweile führt zum Tod einer jeden Beziehung. Manchmal kommt es dazu, weil wir versuchen, Konflikte zu vermeiden. Mitunter passiert es auch aus Trägheit, und eine tödliche Routine entsteht: die gleichen Gespräche, die gleichen Fernsehsendungen, die gleichen Tagesabläufe, geregelter Sex.

Langeweile versetzt uns in einen verkrampften Gemütszustand, in dem die Momente kürzer werden statt länger, so daß wir Erlebnisse von außen (oder Drogen wie Kokain oder Fernsehen) brauchen, um uns die nötigen Kicks zu beschaffen. Aber auch emotionale Verletzungen erzielen diese Wirkung. In einer längeren Beziehung, bei der wir den anderen gut kennen und genau wissen, was ihn wirklich verletzt, wird dieses Wissen manchmal als

Waffe eingesetzt. Der verletzte Partner flieht dann oftmals in ein neues Erlebnis, statt das alte zu verarbeiten.

Also suchen wir nach besonders intensiven Erlebnissen wie einer Liebesaffäre, bei der die Erregung an sich schon eine Befriedigung darstellt. In der großen Mehrzahl aller Fälle, bei denen eine Ehe durch eine Affäre in die Brüche geht, bleibt der »fremdgehende« Ehepartner nicht bei seinem Verhältnis, weil er die ganze Unzufriedenheit mitbringt, die ihn überhaupt zum Ehebruch veranlaßte. Wir neigen dazu, von einem Erlebnis zum anderen zu wandern, und halten nach immer intensiveren Nervenkitzeln Ausschau. Aber wenn wir sie finden, sind sie gewöhnlich vergänglich und emotional nicht erfüllend.

Ich möchte hier gewiß keine Predigt halten, insbesonders nicht zum Thema Affären, denn ich glaube nicht, daß es irgendeine »richtige« Art gibt, wie eine Beziehung sein sollte – Monogamie, Monogamie in Fortsetzung, mehrere Beziehungen oder überhaupt keine. Ich möchte damit nur sagen, daß eine Beziehung nur dann echt ist, wenn sie nicht Teil einer Phantasie ist, wenn wir mit dem Partner zusammen den gegenwärtigen Moment wahrnehmen und wissen, wer er oder sie wirklich ist.

Wenn ich mich in solch einem verkrampften Zustand befinde (und wir alle sind das hin und wieder), dann vermeide ich im allgemeinen intimen Kontakt. Ich fühle mich schwunglos, niedergeschlagen, bin vom Leben frustriert. Aber anstatt mich diesen Gefühlen zu stellen, wende ich mich der Phantasie zu (gewöhnlich einer Phantasie, die durch das Fernsehen inspiriert wird), um mich zu erregen, und wünsche mit eine »Fernseh-Frau« oder eine wagemutige Heldentat.

Wenn es mir jedoch gelingt, die Geschwindigkeit zu verringern und meine Emotionen zu besänftigen, dann mag dieser Moment sehr schmerzhaft sein. Aber wenn ich es zulasse, diese Gefühle der Langeweile, der Frustration, der Wertlosigkeit, der Wut und dergleichen zu erfahren, werden solche negativen Emotionen wieder verschwinden, und ich gleite in einen tieferen und authentischeren Zustand.

Und in eben jenem Zustand fühle ich mich in meiner Beziehung und meinem Leben am glücklichsten. Dann erscheinen mir die Momente wieder lang. Dann bin ich mit mir im Frieden.

Für Paare, die zusammenbleiben möchte, aber bisher noch nicht den gleichen Rhythmus gefunden haben und deshalb immer wieder kämpfen müssen und sich wünschen, mehr Zeit miteinander zu verbringen, bietet sich eine Reihe von Möglichkeiten.

Die Psychologen Gay und Kathlyn Hendricks haben sehr intensiv mit Paaren zusammengearbeitet. Als ersten Schritt zur Synchronisation und zur Kommunikation ließen sie die Paare einfach im gleichen Rhythmus atmen. Sie erinnern sich sicher: Wir müssen mit unserem Partner einen gemeinsamen Rhythmus teilen.

Stephen oder Ondrea Levine haben das Ganze noch einen Schritt weiter geführt. Sie baten einen Partner, sich hinzulegen und zu atmen, und den anderen, sich danebenzusetzen und die Atmung zu beobachten. Dann sollte der Sitzende eine Hand auf den Bauch des liegenden Partners legen und den Atem *fühlen*, um dann den eigenen Atem auf den gleichen Rhythmus einzustellen. Die Levines fanden heraus, daß sich die daraus ergebende Bindung enorm vorteilhaft auswirkt. Sie hilft dem Paar, mit der Arbeit an tieferliegenden Problemen zu beginnen, die aus der Disharmonie beider Partner hervorgegangen sind.

Harville Hendrix, Gründer des Institute of Relationship Therapy und Autor des Buchs »*Getting the Love You Want*«, hat ein Verfahren entwickelt, das er die »Imago-Therapie« nennt. Ich halte diese Vorgehensweise bei der Arbeit mit Beziehungen für die beste.

Bei diesem Verfahren wird die Konversation gespiegelt: Jeder Partner *hört* zu, was der andere sagt, und beim Zuhören drosselt man die eigene Geschwindigkeit, statt das Tempo zu erhöhen und alles zu einem Streit eskalieren zu lassen.

Das funktioniert folgendermaßen:

Frau: »Das nächste Mal, wenn wir uns miteinander ›verabreden‹, fände ich es nett, wenn du mir Blumen mitbringst und pünktlich kommst.«

Mann: »Du möchtest also, daß ich dir Blumen mitbringe. Willst du das damit sagen?«

Frau: »Nein, ich habe auch gesagt, daß du pünktlich sein sollst.«

Mann: »Du möchtest also, daß ich dir Blumen mitbringe und ein Restaurant aussuche, das dir gefällt?«

Frau: »Nein, ich habe ebenfalls gesagt, daß du pünktlich sein sollst.«

Vielleicht mag es hier zu offensichtlich scheinen, daß das Paar aneinander vorbeiredet. Hört man aber anderen Paaren zu, die mit Dr. Hendrix das gleiche Verfahren absolviert haben, so wird deutlich, daß sich dieser Vorgang immer wiederholt.

Obwohl er sich bemühte zuzuhören, hat der Mann nur einen Teil dessen verstanden, was die Frau sagte. Aus dem Teil, der ihm entgangen ist, entwickelt sich normalerweise das Problem, das oft zum Streit führt. Die Frau besitzt hier die Möglichkeit, ihn zu korrigieren, und er hat durch das Zuhören seine Geschwindigkeit derart verringert, daß ein Teil seines Ärgers sich auflösen konnte. Er weiß, daß er reden darf, wenn er seine Frau vollkommen verstanden hat, und seine Frau dann reflektieren muß, was er sagt.

Dieses Beispiel streift die eigentliche Arbeit der »Imago-Therapie« nur am Rande. Es gibt eine Menge anderer Methoden, die durch eine verbesserte Kommunikation das Verständnis füreinander stärken können.

Wenn unsere Kommunikation klar und leicht ist, dann befinden wir uns im Einklang miteinander, und es wird deutlich, daß es keine Probleme gibt. Aber die Streitfälle unterliegen in der Regel einem immer wiederkehrenden Muster, und die Argumente ähneln einander. »Das Ganze hatten wir doch schon einmal«, beschwert sich dann meist der eine oder der andere Partner.

Eine Fehlkommunikation macht es erforderlich, die eigene Geschwindigkeit zu verringern, um einen gemeinsamen Rhythmus zu finden, der als Basis für den Aufbau von Harmonie und Verständnis dient. Sie müssen gegen Ihre Neigung ankämpfen, die Lautstärke zu steigern und ihre Reaktionen zu beschleunigen. Nur so werden Sie Ihrer Frustration und Wut Herr, wenn Sie von Ihrem Partner nicht verstanden werden.

Durch die Drosselung des Tempos stehen die Wörter für Sie im Mittelpunkt und werden zu Ihrer Stärke. Da der Rhythmus der meisten Streitfälle jener der Eskalation ist, können Sie mit Hilfe der »Imago-Technik« eine »Deeskalation« bewirken, bevor emotionale Reaktionen (Geschrei, Drohungen, Ultimaten) Sie überwältigen und ein Zuhören unmöglich wird.

Margo Anands Arbeit mit »tantrischer Ekstase« ist wichtig, wenn man das Verhältnis zwischen Sex und dem ausgedehnten Moment verstehen will. Da der moderne Sex, selbst in der Ehe, nur allzuoft zu einer überhasteten Angelegenheit wird, lehrt und rät sie den Paaren, die eigene Sinnlichkeit gemeinsam zu entdecken.

Anand sagt, daß es dabei nicht nur um den sexuellen Akt geht, sondern auch darum, innerhalb der Sinnlichkeit unseren eigenen Rhythmus zu erforschen und diesen mit dem des Partners zu kombinieren. Wenn wir uns für uns selbst und für unseren Partner der Lust öffnen, füreinander da sind, dann gelangen wir in Bereiche der Sexualität, nach denen wir uns sehnen, die uns durch unser Drängen nach dem Orgasmus jedoch häufig entgehen. Der Genuß liegt im Moment, den wir jedoch so oft durch unsere Hast, voranzukommen, versäumen.

Für optimalen Sex ist das Umwerben wichtig. Sie sollten dem Partner mit Worten und kleinen Handlungen schmeicheln, indem Sie zuerst seine Kleidung bewundern (sie befühlen oder beschreiben), während Sie sie ihm ausziehen; danach können Sie jedem Körperteil liebevolle Aufmerksamkeit schenken. Wichtig ist, daß Sie nicht in den Akt investieren, sondern *in den Verlauf.* Jeden Moment des Sexspiels vor dem Orgasmus müssen Sie gegenwärtig erleben – Anand behauptet sogar, daß es gar nicht zum Orgasmus kommen muß.

Duft, Musik, Öle, Speisen, Blumen, Federn – all diese Dinge können die Ekstase steigern, weil sie die Sinne erweitern, und der sexuelle Moment läßt sich über Stunden ausdehnen.

Bei der Überwindung von Schwierigkeiten sexueller oder anderer Art können Rituale außerordentlich hilfreich sein.

Da meistens ein Streit ausbricht, wenn ein Partner heimkommt, bleiben zum Beispiel viele meiner Bekannten zunächst noch ein paar Minuten im Auto sitzen, bevor sie das Haus betreten. So können sie den anderen Rhythmus annehmen – oder sich zumindest darauf einstellen –, der sie drinnen wahrscheinlich erwartet. Sie sind auf diese Weise in der Lage, die Geschwindigkeit zu reduzieren, und die Alltagssorgen treten in den Hintergrund. Dadurch können sie sich schneller auf die Gegenwart einlassen.

Ein Freund erzählte mir einmal, daß er den ganzen Tag über an wichtigen Sitzungen teilgenommen habe und dann ohne Pause direkt nach Hause gefahren sei, wo seine Frau dringend auf seine Entscheidung wegen der Küchenrenovierung wartete.

»Ich bin explodiert«, gab er zerknirscht zu. »Ich konnte einfach keine weitere Entscheidung mehr treffen, also habe ich es an ihr ausgelassen. Sie hatte wirklich allen Grund, sauer auf mich zu sein.«

Seine Frau sah das Ganze aus einem anderen Blickwinkel. »Ich hätte ihn nicht gleich damit überfallen sollen, als er nach Hause kam«, erzählte sie mir, als ich sie nach dem Streit fragte. »Aber ich war so aufgeregt und brauchte seine Hilfe. Als er nicht antwortete, wurde ich wütend. Es war dumm. Ich hätte ihm ein bißchen Zeit zum Abschalten geben sollen. Wir hätten beide zusammen etwas trinken und erst dann reden sollen.«

Einfache Rituale – ein Guten-Morgen- oder ein Gute-Nacht-Kuß, gemeinsames Geschirrspülen, der Aperitif vor dem Abendessen, gemeinsame Meditation (die sehr wirkungsvoll sein kann, wenn sie mit dem Rhythmus eines anderen synchron verläuft), die ruhige Stunde am Abend für ein ungestörtes Gespräch – können Harmonie in eine Partnerschaft bringen, solange die Bedeutung dieser Dinge erkannt wird und beide Partner sie bewußt erfahren, sie also nicht nur aus Gewohnheit oder Routine erledigen.

Ebenfalls sehr wichtig ist die Erkenntnis, daß zwischen Ihnen und Ihrem Partner unvermeidbare Unterschiede existieren. Respektieren Sie diese Unterschiede – oftmals sind sie es gerade, was Sie an Ihrem Partner früher so aufregend fanden. Es genügt nicht, sie nur festzustellen (»Er ist so gedankenverloren, daß er nicht einmal seine Socken aufhebt!«); Sie müssen sie akzeptieren als einen wesentlichen Aspekt Ihres Partners und ihm folglich ohne Wut, Sarkasmus, Herablassung oder Beschwerden einen Platz dafür einräumen.

Akzeptanz, die sich nur in einem langsamen Rhythmus herbeiführen läßt, ist für die äußere konkrete Realität ebenso wichtig wie für die charakterlichen Unterschiede. Einen Menschen, der den ganzen Tag Krisensituationen zu bewältigen hat, sollte man am Abend nicht unbedingt mit gesellschaftlichen Verpflichtungen konfrontieren, während jemand, der den ganzen Tag an das Haus gebunden ist, ein Essen im Restaurant oder einen Kinofilm als Ausgleich erlebt.

Natürlich müssen Sie die Aspekte Ihres Partners, die Sie irritieren, mit ihm diskutieren. Aber denken Sie immer daran, daß es einige Charakterzüge gibt, die sich nicht verändern lassen, und einige, die Ihr Partner nicht verändern *will*. Wenn diese Charakterzüge ein Teil der Person sind, die Sie lieben, dann respektieren Sie sie so, wie Sie ihren Träger respektieren. Und gestehen Sie Ihrem Partner ohne Verärgerung individuelle Zeit zu. Wir alle bewegen uns auf unterschiedlichen Zeitlinien, und diese werden nicht immer synchron verlaufen.

In einem Kurs erzählte mir kürzlich ein Teilnehmer, er sei zweiundfünfzig Jahre mit ein und derselben Frau verheiratet und habe »noch nicht einen Moment der Langeweile« erlebt.

Ich habe ihm nicht geglaubt.

Aber Langeweile muß – auch wenn sie in allen Beziehungen vorkommt (ja sogar notwendig ist, denn stellen Sie sich eine Beziehung vor, in der nichts als Stimulation herrscht!) – nicht das Ende bedeuten.

Von vielen Bekannten höre ich, sie hätten sich im Lauf der Zeit aneinander gewöhnt, fänden sich jedoch gegenseitig nicht mehr erregend, und auf diese Art werde ihre Partnerschaft dann irgendwie fortgesetzt. Aber Trägheit ist eine unbefriedigende Basis für eine dauerhafte Beziehung.

Robert und Judith, Freunde von mir, sind seit über zwanzig Jahren verheiratet und führen eine Ehe, die anscheinend wie Wein mit den Jahren besser wird. Beide sind intensiv und aktiv bemüht, die Beziehung lebendig zu halten. Sie haben schwierige Zeiten durchgemacht, ihre Kämpfe ausgefochten, Langeweile erfahren – und doch bleiben sie dem anderen durch Gespräche und Abenteuer immer gegenwärtig, und die Partnerschaft erhält ihre Spannung aufrecht.

Wie wir in dem Kapitel über das Ich gesehen haben, besteht eine Möglichkeit zur Überwindung der Langeweile darin, sie auszusitzen, bis sie von selbst verschwindet. Dies gilt auch für Paare. Eine Diskussion darüber, warum die Beziehung so oberflächlich geworden ist, die Oberflächlichkeit *spüren*, bis sie sich verflüchtigt – dies sind gute Techniken, aber es läßt sich noch eine Menge mehr tun, um Langeweile in die kreative Kraft umzuwandeln, die sie sein kann.

Langeweile in Partnerschaften rührt meist von einem gleichbleibenden Rhythmus her, einer Monotonie, die jeden Tag der Beziehung beherrscht. Also muß man zuerst den Rhythmus verändern, ihn beschleunigen oder verlangsamen, auf jeden Fall aber etwas *anderes* tun.

Verabreden Sie sich doch einmal mit Ihrer Frau und behandeln Sie sie so, als würden Sie sie das erste Mal umwerben. Führen Sie Ihren Mann an einen Ort aus, an dem er noch nie gewesen ist. Planen Sie besondere Gelegenheiten, die zweiten Flitterwochen, ein festliches Abendessen, ernst und weniger ernst gemeinte Geschenke. Ziehen Sie neue Kleidung an, tragen Sie Ihr Haar anders, lieben Sie sich in einem anderen Zimmer und in einer anderen Stellung.

Ein Bekannter von mir holte seine ahnungslose Frau, die gerade von der Arbeit kam, vom Bus ab. Er hatte einen Picknickkorb vorbereitet, so daß sie auf einer nahe gelegenen Wiese in der Dämmerung zu Abend aßen. Als sie nach Hause kamen, bat er sie, draußen zu warten – und ging ins Haus, um Kerzen anzuzünden, die er bereits auf den Treppenstufen hoch zum Schlafzimmer aufgestellt hatte.

Bei einem anderen Überraschungstreffen begrüßte ein Mann seine Frau frühmorgens, als sie aus dem Zug von Westport nach New York City stieg. Sie hatte ihn am Abend zuvor von ihrem gemeinsamen Sommerhaus in Connecticut aus angegiftet, weil sie sich wegen des kürzlichen Todes ihrer Schwester deprimiert fühlte. Er selbst hielt sich bereits in der Stadt auf (wo sie am nächsten Tag eine geschäftliche Verabredung hatte) und erkannte ihren Schmerz; also erschien er am Zug und tröstete sie inmitten der Grand Central Station mit einer innigen Umarmung. »Es ist das schönste Geschenk, das ich je bekommen habe«, sagte sie ihm.

Ein Paar, das sehr eng mit mir befreundet ist, praktiziert das Spiel »Swept Away, Whisked Away« (etwa: »Weggekehrt, weggescheucht«) als Gegenmittel gegen die Langeweile des immer wiederkehrenden Refrains »Was möchtest du tun? – Ich weiß nicht. Was möchtest *du* tun?« Denn jedesmal, wenn sie in diesen Rhythmus verfielen, unternahmen die beiden am Ende irgend etwas Mittelmäßiges.

Bei »Swept Away« kann einer der Partner über ein ganzes Wochenende bestimmen; bei »Whisked Away« darf er oder sie über ein paar Stunden verfügen. In beiden Fällen muß der Bestimmende etwas aussuchen, was ihm selbst Spaß macht, und der andere hat sich zu fügen. In den »Whisked-Away«-Zeiten kann es sich dabei um einen Ballettbesuch handeln, den sie besonders schätzt und er nicht, oder um ein Fußballspiel, bei dem es sich genau andersherum verhält. Doch wenn das Spiel im Rahmen fairer Regeln abläuft, sind die Worte »Das mag ich nicht« verboten, denn es handelt sich um ein gemeinsames Erlebnis, um ein *reines* Erlebnis, um einen Partnerschaftsakt, der die Spielregeln bestimmt. Nichts muß wiederholt werden, nichts wird regelmäßig getan. Der Spaß des gemeinsamen Erlebnisses zählt, nicht das Ergebnis.

Einmal, bei »Swept Away«, bat meine Bekannte ihren Mann,

leichte Kleidung einzupacken. »Es geht in den Süden«, teilte sie ihm auf dem Weg zum Flughafen mit, »aber ich verrate dir nicht, wohin.«

Die erste Etappe ihrer Reise war Orlando, wo sie in ein anderes Flugzeug umsteigen mußten. »Sobald wir an Bord sind und der Kapitän seine Begrüßungsansprache hält, weiß ich Bescheid«, sagte ihr Mann.

»Vielleicht«, antwortete sie.

Im Flugzeug verband sie ihm die Augen und verschwand für einen kurzen Moment, um mit dem Piloten zu reden.

Nachdem das Flugzeug gestartet war, erfüllte der Pilot ihre Bitte. »Ziel unbekannt«, verkündete er.

Das ist vielleicht nicht unbedingt ein Rezept für das ganze Leben, aber hin und wieder kann so etwas sehr aufregend sein.

Bei der Mehrzahl der Beziehungen herrscht natürlich nicht die Intensität oder Intimität vor wie bei einem Ehe- oder Liebespaar. Aber für jede Beziehung gilt, daß die Verringerung der Geschwindigkeit unsere Freude steigern wird, denn nur so ist es uns möglich, den Moment bewußter zu erleben.

Für die meisten von uns ist zum Beispiel der Händedruck eine rein mechanische Geste – etwas, das uns von der Konvention aufgezwungen und von der Gesellschaft beschleunigt wurde. Aber wenn wir uns mit dem Händedruck Zeit nehmen, dem Gegenüber in die Augen sehen, die Wärme seines Griffes spüren, *eine Verbindung herstellen*, dann wird ein Band geknüpft, und die Beziehung erreicht sofort eine intensivere Ebene.

In anderen Ländern verläßt man sich bei der Begrüßung oder beim Abschied nicht auf den Händedruck. Franzosen und Italiener küssen sich auf beide Wangen, Inder und Japaner verbeugen sich, Ägypter umarmen sich. Diese Zeremonien dienen, wahrscheinlich unwissentlich, als Mittel zur Verlangsamung des Tempos. Amerikaner begrüßen einander hektisch, um schnell »zur Sache zu kommen«.

Da wir mit dem Rhythmus unserer Gesellschaft und deren

Maxime »Zeit ist Geld« synchronisiert sind, werden wir bei Unpünktlichkeit ungeduldig und empfinden Verspätungen als eine Sünde. Das gilt besonders für das Geschäftsleben, trifft aber auch auf gesellschaftliche Situationen zu.

Indianer hingegen, mit ihrer zyklischen, zirkulären Zeitauffassung, halten Verabredungen ein, wie es ihnen gerade paßt. Zu Verhandlungen im Büro für Indianerangelegenheiten kommen die Häuptlinge oft zwei oder drei Tage »zu spät«. Und ein Freund berichtete, daß man sich in Argentinien anläßlich gesellschaftlicher Treffen vorher vergewisserte, ob sie nach »amerikanischer Zeit« (pünktlich) oder nach »argentinischer Zeit« stattfinden, wo man ruhig eine Stunde nach dem vereinbarten Zeitpunkt eintreffen darf.

Wir halten solche Menschen für unverschämt; sie verschwenden unsere Zeit. Aber ein Ausflug beispielsweise in die Karibik und eine Umstellung von amerikanischer Zeit auf »Inselzeit« wird, das versichere ich Ihnen, ihre Sichtweise verändern.

Wenn ich mich in der Karibik aufhalte, fahre ich einen offenen Kleintransporter, der den örtlichen Taxis sehr ähnelt. Häufig kommen Touristen auf mich zu und verlangen gebieterisch, daß ich ihnen ihr Gepäck abnehme oder den Preis für die Fahrt in die Stadt nenne.

Mir macht es nichts aus, für einen Taxifahrer gehalten zu werden (auf den Inseln ist das ein Kompliment), aber ihre Unverschämtheit erschreckt mich. Sie kennen keine Begrüßung, keine Kontaktaufnahme – nur einen Befehl. Ich glaube, ich weiß, wie diejenigen sich fühlen müssen, die auf der Autobahn Gebühren kassieren: wie ein Automat.

Als ich mich hierüber bei meinem guten alten Freund Zedie beschwerte, der *wirklich* Taxifahrer ist (ein durch und durch freundlicher Mann, dem es nichts ausmacht, wenn er von anderen Fahrern im Straßenverkehr geschnitten wird), und ihn fragte, wie er das Tag für Tag aushalten könne, lachte er nur.

»Ach, weißt du, Steph, das ist typisch für die Leute aus dem Norden«, erklärte er. »Dort ist es kalt. Wir sind aus dem Süden, und hier ist es warm. In kälteren Regionen mußt du dich schnell bewegen, sonst frierst du ein. Also halten sie sich nicht lange mit Floskeln wie ›Hallo‹ oder ›Wie geht es Ihnen‹ auf. Aber es sind trotzdem gute Menschen.«

Wenn Menschen »anders« sind als wir, eine »komische Sprache sprechen«, dann wird das Problem akuter. Dr. William S. Condon von der Boston School of Medicine hat herausgefunden, daß bei Stämmen, die sich in unterschiedlichen Dialekten derselben Sprache verständigen, nur dort Frieden herrscht, wo die Dialekte denselben Rhythmus aufweisen. Unterscheiden sie sich, droht Krieg.

So ist es auch in unserem Leben. Manchmal denke ich, der Golfkrieg wäre eventuell zu vermeiden gewesen, wenn Saddam Hussein verstanden hätte, daß für einen Westler vierundzwanzig Stunden auch genau vierundzwanzig Stunden sind, und wenn wir erkannt hätten, daß für ihn ein entsprechendes Ultimatum ungefähr einen Tag bedeutete, aber mit flexiblen Grenzen, da die Zeit in den Kulturen des Nahen Ostens anders erfahren wird.

Gegenwärtig zu sein heißt nicht nur Aufgaben, sondern auch die Menschen wahrzunehmen, die wir normalerweise als gegeben hinnehmen. Ich möchte damit nicht sagen, daß Sie die Straße entlanggehen und dabei jeden begrüßen sollen, der Ihnen entgegenkommt. Aber jenen Menschen, mit denen wir es in unserer Gemeinschaft zu tun haben, können wir auf eine menschliche Art begegnen, eine Art, die uns daran erinnert, daß wir alle in diesem Leben zusammengehören. Wieder ist es nur eine Kleinigkeit, aber sie hilft uns, daran zu denken, daß wir alle miteinander verbunden sind.

Als wir kürzlich in einem Seminar über dieses Thema sprachen, gestand Bruce seinen Kummer darüber, wie er mit zufälligen Bekanntschaften in seinem bisherigen Leben umgegangen war. »Ich gehe seit Jahren in dieselbe Wäscherei. Jedesmal sind da diese zwei reizenden Leute – ich glaube, sie sind aus Taiwan –, freundlicher geht es kaum. Sie grüßen mich immer mit einem sehr herzlichen warmen Lächeln: ›Mr. Simmons, wie geht es Ihnen?‹ Und ich – ich sage meistens nur: ›Hier ist meine Wäsche‹ und ›Zehn Dollar‹ und

›Auf Wiedersehen‹. Kein Hallo, und ich habe sie nie gefragt, wie es ihnen geht.«

Wie lange dauert es – dreißig Sekunden? zwei Minuten? –, um mit einem anderen Menschen den Kontakt herzustellen? Es geht nicht darum, seine ganze Lebensgeschichte mitzuteilen oder von der Arbeit zu erzählen, sondern einfach nur darum, eine Verbindung zu schaffen. Diese Zeitdauer wird unserem Leben nichts wegnehmen. Aber unsere Tage werden schöner. Wir fühlen uns besser, wenn jemand auf uns zugeht, uns freundlich grüßt oder aufrichtig sagt: »Sie sehen heute aber gut aus.«

Diese Begrüßungsrituale werden ignoriert, wenn wir keine Zeit haben, aber sie stellen eine Gelegenheit dar, uns gegenseitig ein gutes Gefühl zu schenken und miteinander auf eine Art umzugehen, die ausdrückt, daß wir uns für ein anderes Individuum interessieren.

Christus sagt: »Liebe deinen Nächsten wie dich selbst.« Wir haben die Möglichkeit, Freundlichkeit in unsere Welt zu bringen, indem wir uns die Zeit nehmen, andere als Menschen zu begrüßen und nicht als Maschinen, die nur eine Aufgabe erfüllen.

Wenn sich in Indien zwei Menschen begegnen, dann verbeugen sie sich voreinander und sagen *Namaste*, was übersetzt bedeutet: »Ich grüße die Gottheit, die in jedem von uns wohnt.« Oder in den Worten von Ram Dass: »Ich grüße den Ort, der uns beide hier zusammensein läßt, wenn du in dir bist und ich in mir.«

Schließlich leben wir alle hier auf diesem Planeten, wissen nicht, wie wir hierhergekommen sind, jagen unseren Träumen nach und ertragen die Härten des Lebens. Sich einen Moment Zeit zu lassen, einen anderen Menschen zu erkennen und zu begrüßen kann für uns alle wundervoll und zutiefst bedeutend sein. Auf jeden Fall trägt diese Art des Umgangs miteinander dazu bei, die Unruhe und Entfremdung innerhalb unserer heutigen Gesellschaft abzubauen.

Pir Vilayat Khan erzählte mir, wie er einst in Indien eine Massenkundgebung besucht hatte. Als sich die Menge auflöste, ging die eine Hälfte in die eine Richtung, die andere in die entgegengesetzte. Für einen kurzen Moment hatte er Blickkontakt mit einem Sadhu, einem umherziehenden, tiefreligiösen Eremiten aus der anderen Gruppe, und in diesem Moment, so beschreibt er es, hätten sich ihre Seelen miteinander verbunden, bevor sie dann weitergegangen seien. Es war eine Begegnung auf einer grundlegend menschlichen Basis, die Anerkennung der einfachen Wahrheit, daß alle Menschen Brüder sind. Er hat dieses Erlebnis bis heute nicht vergessen.

Ein Kursteilnehmer beschrieb eine geschäftliche Besprechung mit einem Afrikaner, den er für nicht übermäßig intelligent hielt, weil er so langsam sprach. Erst, als er bei dem Geschäft übervorteilt wurde, erkannte er, daß *alle* Afrikaner dieses Stammes langsam sprachen. Es war der afrikanische Rhythmus, der den Westler zu seinem Fehlurteil bezüglich der Intelligenz seines Gegenübers verleitet hatte. Wenn er sich aber darum bemüht hätte, Kontakt herzustellen, wäre ihm der unterschiedliche Rhythmus aufgefallen. Durch seine Eile entgingen ihm ein Geschäft und ein menschlicher Kontakt.

Nehmen Sie sich in allen – intimen oder nur gelegentlichen – Beziehungen genügend Zeit, Ihre eigene Geschwindigkeit zu verringern und Kontakt herzustellen. Mit einem anderen Menschen den gegenwärtigen Moment zu erleben ist die größte Wohltat für die menschliche Seele.

10. Kinder

*Bedauerlicherweise ist der Zeitraum
zwischen dem Moment, wo man zu jung ist,
und dem, wo man zu alt ist, zu kurz.*

Montesquieu

Ich spiele mit meinem Sohn, einem Teenager, ein Nintendo-Spiel. Obwohl er ein sehr guter Sportler ist, kann ich ihn im direkten Duell beim Basketball schlagen, aber bei diesem Computerspiel habe ich nicht die geringste Chance. In mehr als zwei Jahren ist es mir nicht gelungen, auch nur ein einziges Mal gegen ihn zu gewinnen.

Es ist keineswegs so, als ob ich es nicht versucht hätte. Wenn ich mich auf das Spiel einlasse, bin ich sehr konzentriert und ganz präsent. Ich werde durch nichts von meinem Ziel abgelenkt. Aber Dan gewinnt wie immer mühelos, und ich lehne seine Aufforderung zu einem zweiten Spiel mit dem Gefühl ab, daß die frustrierende Erfahrung mit einem Kind pro Tag genug ist.

Er hat mich mit seinen Gedanken, seiner Strategie und seinem besseren Rhythmus übertroffen. Ja, er hatte einfach den besseren Rhythmus als ich. Und mit diesem Gedanken verschwindet mein Groll und macht einer leichten Enttäuschung Platz.

Ich erkenne, daß ich auf diesem Gebiet nicht schnell genug bin. Aber ich frage mich, ob Geschwindigkeit das ist, was ich suche. Wir erfinden Spiele und Programme, die unsere Geschicklichkeit bezüglich der Geschwindigkeit fördern, und glauben, daß unsere Kinder um so besser auf ihre Zukunft vorbereitet sind, je schneller sie spielen können. Deutet Dans gekonnte Beherrschung des Nintendo-Spiels in irgendeiner Weise auf einen Erfolg in der Gesellschaft hin? Wird er süchtig nach Geschwindigkeit? Ich mache mir Sorgen. Was ist, wenn der Nintendo-Rhythmus, der dem der Gesellschaft so sehr ähnelt, zu seinem Lebenstempo wird?

Glücklicherweise widmen wir beide unsere Zeit auch anderen Rhythmen. Ihm macht es Spaß, bei einer Meditationssitzung dabeizusein – zwar nicht sehr lange, aber zumindest ist er zu einem Versuch bereit. Und wir spielen viel gemeinsam Schach, damit wir auch bei einem langsameren Rhythmus interagieren können.

Es ist wichtig, daß wir unseren Kindern beibringen, mit unterschiedlichen Geschwindigkeiten und Rhythmen leben zu lernen.

Eli, mein jüngster Sohn, ist dreieinhalb Jahre alt. Mit ihm hatte ich kürzlich ein anderes Rhythmus-Erlebnis.

Eines frühen Morgens lagen wir beide im Bett und hörten einen Vogel. Sein Ruf bestand aus vier Schlägen, einer Pause von zwanzig Sekunden, erneut vier Schlägen und so weiter. Ein gleichmäßiger, seltsam heiterer Rhythmus, der Eli in seinen Bann zog. Wir begannen ein Spiel und versuchten, mit einer Handbewegung anzuzeigen, wann der nächste Schlag einsetzen würde. Fünf bis zehn Minuten lang waren wir mit dem Vogel verschmolzen, ganz in seinem Rhythmus verloren. Ich konnte spüren, wie sich der Moment ausdehnte und eine Entspannung eintrat, die das Ergebnis unserer konzentrierten Aufmerksamkeit darstellte. Ich war begeistert, daß mein junges Kind so konzentriert und gegenwärtig sein konnte.

Das Ganze erinnerte mich an den Kreisel, den ich ihm das Jahr zuvor geschenkt hatte und der beim Drehen ein gleichmäßiges Summen von sich gab. Eli war wie hypnotisiert von diesem Spielgerät. Er daß da und starrte den Kreisel die ganze Zeit an; er beobachtete, hörte zu, und wenn der Kreisel langsamer wurde, dann wollte er, daß ich ihn wieder aufdrehte. Auch hier hatte sich der Moment ausgedehnt, hatte sich die Zeit für Eli wieder einmal in einen langsameren, aufmerksameren Rhythmus verwandelt, von dem er ganz gebannt war.

Beide Erlebnisse haben mir gezeigt, was wir unseren Kindern beibringen und antrainieren können. Es ist so wichtig, daß sie bereits in frühem Alter lernen, aufmerksam zu sein; daß sie nicht nur in der Geschwindigkeit eines Nintendo-Spiels gegenwärtig sind, sondern auch in den langsameren Rhythmen des Lebens.

Zu oft verordnen wir unseren Kindern Unterhaltung mit einem schnellen Rhythmus: Wenn ein kleines Kind unruhig oder gelangweilt scheint, dann beeilen wir uns, das Zeitvakuum mit einem neuen Spiel oder einer neuen Ablenkung zu füllen. Knallige Videos lehren das Buchstabieren und Zählen. Wir setzen unsere Kinder vor ein Fernsehgerät, um sie abzulenken, und kaufen dann das Spielzeug, das ihnen dort gezeigt wurde. Selbst wenn sie allein sind, sind sie das nicht wirklich. Der Fernseher leistet ihnen Gesellschaft.

Wen wundert es da, daß sie bereits zu Beginn der Schulzeit harte Musik hören oder während des Hausaufgabenmachens fernsehen? Es ist, als *müßten* sie vielgleisig fahren, und wir spüren, daß dieses Verhalten ein gutes Training für ihren zukünftigen Arbeitsplatz sein könnte.

Wenn unsere Kinder von der Schule nach Hause kommen, fragen wir sie nicht, wie es ihnen geht oder wie sie sich fühlen, sondern wie es mit der Klassenarbeit gelaufen ist oder was sie erreicht haben. Die Lehrer testen nicht nur ihren Wissensstand, sondern auch, wie schnell sie das, was sie wissen, schriftlich wiederzugeben in der Lage sind.

Aber aus welchem Grund unterliegen Klassenarbeiten einem Zeitlimit? Wegen der Kinder? Um zu sehen, wie schnell sie die Antworten parat haben (anstatt herauszufinden, wie viele Antworten sie ohne zeitliche Einschränkung kennen)? Oder ist es eher wegen der Bequemlichkeit der Lehrer? Zwei oder drei Stunden, und die unangenehme Aufsichtspflicht ist überstanden.

Was wäre, wenn wir für einen Test fünf Stunden ansetzten, den der schnellste Schüler leicht in drei Stunden schafft? Würde das nicht auf viel fairere Weise widerspiegeln, was jeder Schüler gelernt hat? Würde es ein Kind mit einer langsameren Handschrift oder einer langsameren Gehirnfunktion (ganz zu schweigen von einem sehr nachdenklichen Kind, das seine essayhafte Antwort erst *durchdenken* möchte) nicht davor bewahren, mutlos statt beflügelt nach Hause zu kommen? So ging es einmal meinem Sohn Rahm, der »einfach nicht genug Zeit« hatte, die Arbeit zu beenden.

Ich habe ihn gefragt, wie die Arbeit war, für die wir am Abend zuvor geübt hatten. Zu meiner großen Überraschung war er deutlich verärgert, denn zu dem Zeitpunkt hatte er noch alles gewußt. Er erzählte mir, daß er sämtliche Fragen korrekt zu beantworten in der Lage gewesen wäre. Und tatsächlich waren alle jene Fragen, für die die Zeit ausreichte, völlig korrekt beantwortet. Aber er liest sehr langsam, und so mußte er einiges unbeantwortet lassen (obwohl er die Antworten wußte). Folglich schnitt er nicht so ab, wie er sich das vorgestellt hatte.

Das erinnerte mich an meine High-School- und Collegejahre, in denen ich hin und wieder Träume (oder Alpträume) hatte und mit der Angst aufwachte, einen Test verpaßt oder verschlafen zu haben. Warum ist man stets einem Zeitdruck ausgesetzt?

Eine Freundin erzählte mir von ihrem lernbehinderten Sohn, der in speziellen Klassen unterrichtet wird. Ich konnte das Stigma spüren, das für sie und sicher auch für ihren Sohn mit dieser Tatsache verbunden ist. Als wir über die Situation sprachen, stellte sich heraus, daß ihr Sohn außerordentlich intelligent war, aber einfach in einer anderen Geschwindigkeit arbeitete als jene, die von den Lehrern verlangt wurde. Er war nicht dumm oder unzufrieden. Vielmehr lernte und äußerte er sich in einem anderen Rhythmus. Vielleicht war er ein Einstein oder ein Picasso, denn Brillanz hat etwas mit Kreativität und Verständnistiefe zu tun und nicht mit der Geschwindigkeit der Ausführung.

Zeitlich begrenzte Tests messen Information: Wieviel hat das Kind geschafft, wie viele Informationen kann es wie schnell aus dem Gedächtnis abrufen? Was diese Tests nicht messen, ist *Wissen*, denn Wissen erfordert Reflexion, und Reflexion erfordert eine Verlangsamung der Zeit. Und tatsächlich reden wir Erwachsenen heute von einer Datenautobahn oder dem Informations-Highway, aber nicht von einer Wissensautobahn.

Was wäre, wenn wir neben »Mathematik« auch »Achtsamkeit« zu einem Unterrichtsfach machten und die Kinder dazu ermutigten, selbst zu musizieren statt Musik zu hören? Wir verzichten darauf, weil dazu »die Zeit fehlt«.

Schon von frühester Jugend an gewöhnen wir unsere Kinder an das Tempo der Gesellschaft. »Meine Suzy ist nicht einmal ein Jahr alt und kennt bereits 37 Wörter«, verkündet eine Mutter. »Mein Kind konnte schon vor vier Monaten einen Purzelbaum schlagen«, entgegnete eine andere.

Aber worum geht es hierbei? Uns Eltern erfüllt es mit Stolz, wenn unsere Kinder besser als der Durchschnitt sind. Wir treiben sie zu höherer Geschwindigkeit an, weil Zeit für uns selbst ein Maßstab ist.

Wir zwingen unseren Kindern unseren eigenen Rhythmus auf und drängen sie dazu – wie Alice Miller so präzise in »*Prisoners of Childhood*« herausgearbeitet hat –, Ebenbilder von uns selbst zu werden, Dinge zu mögen, die wir mögen, nach den gleichen Zielen zu streben, unseren Maßstäben zu entsprechen.

Solche Eltern sind zukunftsorientiert (»Das war okay, aber kannst du es das nächste Mal noch besser machen?«). Ram Dass nennt diese Praktik »jemanden abrichten«, weil aus den Kindern eine Person gemeißelt werden soll, welche die Eltern erfreut, welche die Wünsche des erwachsenen Eltern-Egos zur höchsten Zufriedenheit erfüllt. Dadurch verhindern wir jedoch, daß das Kind den Zugang zu seinem eigenen Kern, seinem Selbst erfährt.

Sie haben jetzt genug gelesen, um zu wissen, daß unsere Handlungen unsere Kinder von der Gegenwart fernhalten. Wir zwingen sie, in der Zukunft zu leben, und verhindern im wesentlichen, daß sie im Jetzt leben.

Aber kleine Kinder haben kein Zeitgefühl. Sie können – wie Tiere, die niemals Zeit kennenlernen – ihren Platz nur aus der Kindheit heraus bestimmen, wobei die Wörter »später« oder »bald« beziehungsweise Vorstellungen wie »morgen« oder »nächstes Jahr« selbst für ein vierjähriges Kind bedeutungslos sind. Kleine Kinder kennen keine Vergangenheit, Gegenwart und Zukunft. Sie leben im Moment, und wir versuchen, sie so schnell wie möglich von dort herauszureißen.

Mein eigenes Leben ist sehr durch die Tatsache beeinflußt, daß in meiner Familie stets ein sehr hoher Erwartungsdruck herrschte. Ich hatte das Gefühl, meine Eltern nie zufriedenstellen zu können – selbst dann nicht, wenn ich immer mehr erreichte. Sie selbst hatten viel geschafft und gratulierten mir zu meinen Leistungen (denn meine Leistungen waren in engerem Sinn auch ihre). Aber ich meinte immer noch mehr tun zu können, und wenn ich versagte, dann war das nicht nur mein Mißerfolg, sondern auch der ihre. Im Leben erfahren wir beides: Erfolge und Mißerfolge. Sie sind Bestandteile unserer Existenz. Aber wenn mir beruflich oder privat etwas mißlingt, dann scheint es bis zum heutigen Tage so, als gäbe es nichts als Mißerfolge, die alles Positive, das ich bis dahin erreicht habe, in den Schatten stellen.

Ein siebenjähriges Mädchen fragte nach der Uhrzeit: »Zwanzig vor zehn«, antwortete ihre Mutter. »Nein«, sagte die Tochter. »Ich möchte wissen, wie spät es jetzt ist und nicht in zwanzig Minuten.«

Auch Sie kennen bestimmt die folgende Situation. Sie fahren mit Ihren Kindern im Auto und hören dann unaufhörlich die klassische Frage: »Wann sind wir denn endlich da?« Steht das nicht im Widerspruch zu meiner Aussage, daß Kinder nur in der Gegenwart leben?

Der Grund für diese Frage ist interessant. Wir sind diejenigen, die das Ziel angekündigt, es unseren Kindern in den Kopf gesetzt haben, daß wir irgendwohin fahren. Das Problem ist, daß sie nicht warten können, sie wollen »jetzt« am Ziel sein. Sie sind gegenwärtig. Das Ziel ist es jedoch noch nicht.

Statt unseren Kindern unentwegt unseren Rhythmus aufzudrängen, sollten wir uns ab und zu auf ihren Rhythmus einlassen. Natürlich werden sie irgendwann lernen müssen, mit dem Rhythmus der Gesellschaft synchron zu gehen – denn Schule und Arbeit bilden einen wesentlichen Bestandteil ihres Lebens –, doch sollten wir uns nicht irreführen lassen von der Annahme, der Rhythmus des Kindes sei wertlos. Ganz im Gegenteil: Er ist unschätzbar wertvoll, sowohl für das Kind als auch für uns.

Unsere Kreativität ist eng mit unserem natürlichen inneren Rhythmus verbunden, der während der Kindheit gestärkt und gefördert werden muß und nicht nur dazu dienen darf, dem Kind ein schnelleres Marschieren beizubringen.

Zeigen Sie Ihrem Kind, wie man meditiert. Legen Sie am Wochenende eine bestimmte Zeit für ein Nickerchen fest – für Sie selbst und für das Kind. Lesen Sie ihm vor dem Einschlafen etwas vor. Wiegen Sie Ihr Kind in den Armen. Gehen Sie mit ihm spazieren und bleiben Sie stehen, um an den Blumen zu riechen, eine Eichel oder ein Blatt zu untersuchen. Bringen Sie Ihrem Kind langsame Lieder bei, spielen Sie ruhige Spiele. All dies wird Sie beide nicht nur langsamer werden lassen, sondern es wird Sie Ihrem Kind so nahebringen, wie das kein Nintendo-Spiel kann.

Ich erinnere mich an einen Morgen, an dem Eli und ich uns mit einem Puzzle beschäftigten. Es war ein sonniger Herbsttag, die Fenster standen offen, und ein leichter Windzug strich über uns, aber Eli konzentrierte sich nur auf das Zusammensetzen der Puzzleteile.

Das Puzzle war so einfach – es bestand aus nicht mehr als zwölf großen Teilen –, daß sogar ein dreijähriges Kind es legen konnte, und genau darum ging es. Eli setzte es mit großer Freude zusammen, zerstörte es dann wieder und wollte, daß ich ihm noch einmal »half«. Ich tat es, und ich tat es noch ein drittes Mal – und da erkannte ich, daß diese Tätigkeit überhaupt nicht langweilig war. Ich empfand ein solches Glücksgefühl, daß ich mir wünschte, das Puzzlespiel würde nie aufhören.

Die Kombination aus Sonne, leichter Brise, mildem Herbstlicht und Elis geballter Konzentration ließen mich die Zugehörigkeit zu meinem Kind intensiv spüren. Zuerst wollte ich nicht mit ihm spielen, weil ich »wichtigere« Dinge zu tun hatte. Aber sobald ich es mir einmal gestattet hatte, einfach bei ihm zu sein und mich auf seinen Rhythmus einzulassen, erlebten wir gemeinsam einen wundervoll ausgedehnten Moment.

In solchen Augenblicken teilen wir eine tiefe Liebe, welche die wahre Basis für unsere Beziehung zu unseren Kindern bildet. Was sonst zählt? Vielleicht ist es die Einbildung unserer eigenen Bedeutung oder ein Schuldgefühl, das uns rät, beschäftigt und produktiv zu sein. Aber kann Arbeit oder Produktivität wirklich wichtiger sein?

Um solche für Kind und Eltern gleichermaßen bedeutenden Momente zu erleben, müssen wir *bei* unseren Kindern sein, sowohl physisch als auch emotional.

Zunächst einmal physisch.

Richard Riley, Erziehungsminister unter Präsident Clinton, berichtete, daß das Hauptproblem der amerikanischen Familie darin liege, daß nicht genug Zeit zur Verfügung stehe, die Kinder beim Lernen zu unterstützen. Nicht das Fehlen eines angemessenen Unterrichts, sondern der Mangel an angemessener Elternschaft sei das Problem.

Je mehr Zeit wir mit unseren Kindern verbringen, desto besser ist es für sie. Ich meine damit nicht, Zeit mit ihnen im selben Raum zu verbringen, während wir unserer Beschäftigung nachgehen und den Kindern keine Aufmerksamkeit schenken. Ich meine damit auch nicht, mit den Kindern vorm Fernseher zu sitzen und die *Sesamstraße* zu gucken. Ich meine damit, mit ihnen den Augenblick zu teilen, ihnen *zuzuhören,* sie zu *hören,* ihre Ansichten, Fragen und Bedürfnisse ernst zu nehmen und ihnen ernst zu antworten, auch wenn die Fragen lustig scheinen und ihre Meinungen »kindisch«.

Wenn ein Kind nicht einschlafen kann, dann lassen Sie es schreien. Diesen Rat gibt Dr. Richard Ferber in seinem Buch *»Solve Your Child's Sleep Problems«.* Ich glaube, daß es sich bei der Schlaflosigkeit eines Kindes um unser Problem handelt und nicht um seines. Nur zu häufig verlangen wir von einem Kind, unseren Rhythmus anzunehmen, statt daß es seinen eigenen lebt. Natürlich ist manchmal eine Anpassung erforderlich, aber warum lassen wir es generell nicht zu, daß das Kind seine individuellen Schlafgewohnheiten entwickelt, anstatt ihm unsere aufzuzwängen?

Wenn ein vierjähriges Kind weint, versuchen wir normalerweise, es zu trösten, um den Tränenfluß zu stoppen. Warum? Hauptsächlich deshalb, weil es uns unangenehm ist, unser Kind weinen zu sehen, weil wir dann das Gefühl haben, es irgendwie zu enttäuschen. Aber wenn wir unsere eigene Geschwindigkeit reduzieren, zuhören, das Problem erspüren, dann können wir angemessen agieren, statt auf die Tränen zu reagieren.

Beginnen Sie einfach damit, bei Ihrem Kind zu sein, und fragen Sie es, was es hat. Es wird wahrscheinlich nicht in der Lage sein, Ihnen direkt zu antworten, also müssen Sie sich über Fragen an den Grund herantasten (»Hat Papa vergessen, dir vorzulesen, obwohl er es versprochen hat?« – »Hat Mama zu lange telefoniert?«). Sie dürfen das Ganze nicht bagatellisieren, nicht darüber spotten und nicht sarkastisch sein. Sie müssen zuhören, *hinhören*.

Wir neigen dazu, unsere Kinder nicht allzu wichtig zu nehmen, ihnen nicht wirklich Aufmerksamkeit zu schenken. Wir versuchen bloß, mit ihnen »umzugehen«, statt wirklich bei ihnen zu sein.

Aber wenn wir uns wirklich im Rhythmus unserer Kinder befinden, erleben wir einen gewaltigen Unterschied. Eli kommt mir wie ein kleiner Rotzlöffel oder Tyrann vor, wenn er sich meinen inständigen Bitten widersetzt, zu tun, was ich sage. Aber in dem Moment, wo ich mein Tempo drossele, auf seinen Rhythmus umschalte, wird er unweigerlich zum bewundernswertesten und wundervollsten Kind der ganzen Welt. So verhält es sich mit allen Kindern: Wenn wir ihnen unsere Herzen öffnen und unsere Zeit schenken, werden sie ganz bei uns sein und uns die schönste Seite ihres Seins zeigen.

Wenn Sie mit einem Kind den Augenblick erleben, es wie einen Menschen behandeln, mit Würde und Respekt, dann stärken Sie sein Selbstbewußtsein und seine Selbstachtung.

Ich kenne eine alleinstehende Mutter, die ihrer Tochter alles gab, nur nicht sich selbst. Das perfekte Kindermädchen, die »richtige« Schule, jedes Spielzeug, das sie haben wollte – Rosie bekam alles.

Die Mutter war eine Anwältin, die sowohl wegen des Schuldgefühls hinsichtlich ihrer Scheidung als auch aufgrund der Einstellung »Meinem Ex-Mann werde ich's zeigen!« jeden Tag sehr lange arbeitete, um ihrem Kind nur das Beste bieten zu können. Gewöhnlich kam sie erschöpft nach Hause, und wenn sie mit ihrer Tochter spielte, dann lediglich oberflächlich, weil sie eigentlich darauf brannte, etwas anderes zu tun − zum Beispiel mit einem guten Buch ins Bett zu gehen.

»Ich *hasse* Rosie«, sagte sie mir eines Tages. »Sie ist eine verzogene Göre. Sie weiß nicht zu schätzen, was ich für sie getan habe. Sie will immer nur mehr Spielzeug und mehr Aufmerksamkeit.«

»Verbringen Sie genug Zeit mit ihr?« fragte ich sie.

»Aber ja. Jedes Wochenende unternehmen wir etwas zusammen. Wir gehen zusammen ins Ballett oder in den Zirkus. Ich mache sogar mit ihr und ihren Freundinnen ein Picknick.«

»Warum planen Sie nicht einfach einmal, an einem Wochenende nichts zu tun? Nur sie beide ganz allein.«

»Nichts tun?« Sie sah mich entsetzt an. »Ich wüßte nicht, was ich *mit ihr machen* sollte.«

Ich erklärte ihr meine Theorie der spontanen Zeit. Sie hörte anfangs nur widerwillig, fast mißtrauisch zu, aber schließlich war sie zu einem Versuch bereit.

Mutter und Tochter machten für das nächste Wochenende keine Pläne, wollten einfach nur zusammen »rumhängen« − und das Ergebnis, so berichtete die Mutter später, war die beste Zeit, die sie je miteinander verbracht hatten.

Ohne Ablenkung konzentrierte sich die Mutter nur auf ihre Tochter, hörte ihr vielleicht zum ersten Mal zu und erkannte, daß Rosie ein intelligentes, interessiertes, einsames Mädchen war, das Aufmerksamkeit benötigte und das sehr enttäuscht war, wenn seine Mutter keine Zeit für es hatte.

Sie gingen im Park spazieren, wanderten dann zum Zoo hinüber und anschließend noch zum Karussell. Sie hatten Spaß und lachten und ließen die Zeit einfach verstreichen.

Rosies Mutter setzte die Prinzipien des Rhythmuswechsels in die Praxis um, verringerte ihre Nachtarbeiten und verbrachte mehr spontane Zeit mit ihrer Tochter. Der bereits entstandene Schaden war jedoch groß, und sie brauchte sehr lange, um das Vertrauen ihrer Tochter zu gewinnen. Schließlich aber bemerkte sie eine dramatische Veränderung. Ihre Tochter *wollte* mit ihr zusammensein. Das Schuldbewußtsein der Mutter verschwand und wurde durch ein Gefühl der Freude ersetzt.

Wenn Eltern abwesend sind, herrscht unweigerlich ein Rhythmusmangel zwischen ihnen und ihrem Kind. Wenn wir uns selbst keinen Rhythmuswechsel zugestehen und nicht endlich mehr Zeit für unsere Kinder und weniger für die Arbeit aufbringen, dann werden unsere Kinder ihren Rhythmus verlieren, werden ihre Grenzen nicht mehr kennen, nicht wissen, was richtig und was falsch ist, und werden wahrscheinlich wie Rosie ihre Frustrationen ausleben.

Vor zwei Jahren nahmen meine Frau und ich Eli mit nach Bali. Ich möchte die komplexe indonesische Gesellschaft sicher nicht romantisieren, aber die Freude der Balinesen an Kindern fand ich bewundernswert – dort war Eli der Star unserer Familie. Während der ersten sechs Monate tragen die Balinesen ihre Kinder ständig mit sich herum. Ihre Energie geht auf sie über – *strömt* in sie hinein – und die Kinder sind außerordentlich freundlich und liebevoll, weil sie in dem sicheren Gefühl aufwachsen, geliebt zu werden.

Ich habe bereits viele Länder bereist, unterschiedliche Menschen kennengelernt, aber der liebevolle Charakter der Balinesen hat mich besonders beeindruckt. Diese Liebe ist das direkte Ergebnis der uneigennützigen Zuwendung, die sie ihren Kindern entgegenbringen und die sie selbst als Kinder empfangen haben. Dazwischen besteht ein direkter Zusammenhang. Es sollte uns allen eine Lehre sein.

Vergleichen wir dies mit unserer Gesellschaft. Wenn wir weniger Gewalt und mehr menschliche Fürsorglichkeit wünschen, dann müssen wir damit anfangen, unseren Kindern mehr Liebe und Aufmerksamkeit zuteil werden zu lassen und ihnen nicht nur beibringen, wie sie sich zu »*verhalten*« haben.

Wir alle kennen Kinder mit einer Konzentrationsstörung (auch »Hyperaktivität« genannt). Das Kind konzentriert sich auf ein bestimmtes Projekt, verliert aber schnell das Interesse daran. Es kann nicht stillsitzen, ist immer aktiv und redet und unterbricht andere zu unpassender Zeit. Es fällt ihm schwer, jemandem direkt in die Augen zu sehen, und es scheint sich mit sich selbst und mit anderen unwohl zu fühlen.

Ein Therapeut, der auf die Arbeit mit solchen Kindern spezialisiert ist, erzählte mir, daß sie auffällige Rhythmusstörungen aufweisen. Sie können nicht im Takt schlagen oder tanzen.

Ich glaube, diese Rhythmusstörung ist die Ursache der Hyperaktivität. Das Problem liegt darin, daß Geschwindigkeit und Rhythmus der Gesellschaft so dramatisch zunehmen, daß einige Kinder einfach nicht mehr nachkommen, nicht mehr in der Lage sind, sich mit dem richtigen Rhythmus zu synchronisieren. Sie versuchen, ihren eigenen Rhythmus dem der Welt anzupassen, aber sie scheinen nicht den richtigen Gang zu finden. Wie ein Rennwagen im Leerlauf verbrauchen sie eine Unmenge an Energie (und »Sprit«) und gelangen nirgendwohin.

Wir behandeln diese Kinder mit Ritalin, einem Medikament, das das Körpersystem *beschleunigt* – aber die Geschwindigkeit der Kinder scheint sich zu verringern. Dieser offensichtliche Widerspruch resultiert aus einer Beschleunigung, die es den Kindern ermöglicht, wie die Rennmaschine auf eine hohe Drehzahl zu gelangen, um nach Einlegen des Gangs umgehend Synchronizität zu erreichen.

Diesen Kindern könnte wirksamer geholfen werden, wenn man ihnen beibrächte, ihre Geschwindigkeit selbst herunterzuschrauben. Hierfür ist viel Geduld erforderlich, aber man kann ihnen Konzentrationsübungen beibringen, kann sie dazu bringen, ein Nickerchen zu akzeptieren, beim Lesen still zu sitzen, zu langsamer Musik zu tanzen, sich an Aufmerksamkeit und Ruhe anzupassen. Gewiß ist es der Mühe wert, eine solche nichtmedikamentöse Behandlung zu versuchen.

Meiner Ansicht nach verkörpern diese hyperaktiven Kinder ein

Paradebeispiel für die Kinder Amerikas im allgemeinen. Möglicherweise übertreibe ich, aber mir begegnen überall Kinder, die außer Kontrolle sind und nur den Rhythmus der Geschwindigkeit und Sensation kennen.

Konzentrationsstörungen bei Kindern sind ein relativ junges Phänomen. Und auch die große Zahl »normaler« Kinder, die außer Kontrolle geraten, stellt eine neue Erscheinung dar. Aber ich glaube, wir werden mehr und mehr dieser Kinder erleben, wenn die Nintendo- und Sega-Generation erst einmal erwachsen ist.

Heute erleben die Kinder eine Geschwindigkeit, die zehnmal so schnell ist wie diejenige meiner Generation – nicht nur, weil es heute mehr Informationen gibt (wenn auch nicht mehr Wissen), sondern weil das Spielzeug der Kindheit (Computerspiele, Lehrfilme und -kassetten, Fernseher) die Kinder fast von Geburt an in den schnellen Rhythmus hineinzieht. Manchmal sah ich mir zusammen mit meinen Söhnen Rahm und Dan meine alten Lieblingsfilme an. Aber sie haßten die alten »Drei Musketiere« und liebten die (meines Erachtens) viel minderwertigere neuere Version.

Unsere Kinder sehen zuviel Gewalt im Fernsehen, und zwar mit so rasender Geschwindigkeit, daß sie menschlichem Schmerz und moralischen Konflikten gegenüber abgestumpft sind. Und die Eltern – ob reich oder arm – sind oft abwesend und deshalb nicht in der Lage, diesen Botschaften entgegenzutreten.

Es ist kein Wunder, daß unsere Kinder ohne Reue stehlen, kämpfen, sogar töten, denn zu oft ist niemand in ihrer Nähe, der sie lehrt, richtig von falsch zu unterscheiden. Und die Botschaft, die sie von Filmhelden wie Arnold Schwarzenegger und Hulk Hogan empfangen, lautet: Gewalt ist gut und angemessen, wenn der »Gute« gewinnt.

Ein Rhythmuswechsel ist die einzige Möglichkeit, unsere Kinder dazu zu bewegen, einen Gang herunterzuschalten; aber das können wir ihnen nicht beibringen, solange wir selbst dazu nicht fähig sind. Und wie bringen wir unseren Kindern nun einen Rhythmuswechsel bei? Dazu gibt es viele Möglichkeiten:

- Machen Sie von frühester Jugend an mit Ihrem Kind Konzentrationsübungen. Lassen Sie es beispielsweise dem Klang einer Glocke lauschen oder verfolgen Sie einen Ton, bis er ganz verhallt ist.
- Setzen Sie ein strenges Zeitlimit für das Fernsehen.
- Lesen Sie Ihren Kindern besonders vor dem Zubettgehen etwas vor. Das ist eine einfache Übung, die zu einer Synchronisation führt, zu einem Ritual wird und zwischen Eltern und Kind eine Verbindung knüpft.
- Verbringen Sie spontane Zeit mit Ihrem Kind.
- Lehren Sie Ihr Kind, Zeitgrenzen zu erkennen, für sich selbst und für Sie.
- Beginnen Sie jede gemeinsame Mahlzeit mit einem Schweigemoment.
- Denken Sie daran, den Rhythmus Ihres Kindes so zu achten und zu teilen wie Ihren eigenen.
- Meditieren Sie mit Ihrem Kind. (Thich Nhat Hanh schließt immer auch Kinder mit in die Meditation ein. Das bedeutet nicht, daß sie still sitzen müssen; er möchte sie einfach nur dazu ermutigen, die wahre Natur des Moments zu erfahren.)
- Zu Weihnachten schenken Sie Ihrem Kind das beste Geschenk von allen: Ihre Zeit. Anstatt ein weiteres Spielzeug zu kaufen, unternehmen Sie etwas mit ihm – gehen Sie ins Kino oder in den Zoo. Seien Sie bei ihm, statt nach etwas zu suchen, was ihm gefällt.

Denken Sie daran: Kinder beschweren sich am häufigsten darüber, daß sie nicht genug Zeit mit ihren Eltern verbringen. Und ohne ein Gefühl für die Familie ist ein Kind schnell verloren.

Ich kenne keine Eltern, die nach einem Wechsel in den Rhythmus ihres Kindes nicht das freudige Gefühl verspürt hätten, Vater und Mutter zu sein.

11. Arbeit

Im Gegensatz zu anderen Dingen kann Zeit nicht gekauft
oder verkauft, geliehen oder gestohlen,
gelagert oder gespeichert, hergestellt, reproduziert
oder umgewandelt werden.
Alles, was wir tun können, ist, von ihr Gebrauch zu machen.
Und ob wir sie verwenden oder nicht —
sie verstreicht auf jeden Fall.

Jean-Louis Servan-Schreiber

Bill Gates schaukelt.

Ich werde hier keineswegs metaphorisch. Der drittreichste Mann der Welt, Gründer von Microsoft, sitzt während seiner Konferenzen buchstäblich auf einem Schaukelstuhl und schaukelt vor und zurück, offensichtlich als Mittel, um seinen eigenen langsamen Rhythmus zu erzeugen und die anderen in diesen hineinzuziehen.

Tom Jackson, Präsident der Beratungsfirma Equinox, beginnt jede Konferenz mit einer »Schweigeminute«. Er wendet diese Technik an, um vom hektischen Rhythmus der ständigen Krisenbewältigung auf einen ruhigeren Rhythmus umzuschalten. Der Moment der Stille erlaubt es den Mitarbeitern, gegenwärtiger und friedvoller zu sein und mit allen anderen Anwesenden im Raum Gleichklang herbeizuführen. Diese kurze Zeit läßt eine Atmosphäre entstehen, in der eine bessere Kommunikation stattfinden kann und unproduktive Meinungsverschiedenheiten seltener auftauchen. Das Resultat sind bessere Strategien und Entscheidungen.

Ich selbst benutze diese Pause bei jedem Gruppentreffen und halte sie für außerordentlich effektiv. Häufig stürmen gestreßte Menschen in mein Büro, die gerade irgendeine Krise oder etwas

anderes durchmachen. Mittels der Pause können sie sich zurück-
nehmen, und es ist erstaunlich, wieviel ruhiger und effektiver wir
über die Probleme diskutieren und ihnen zu Leibe rücken können.

Kürzlich war ich in einer Besprechung, die zu einer erhitzten
Debatte eskalierte. Das Omega Institute erlebte gerade einen
Wachstumsschub, und wir mußten für zwei Abteilungen neue
Leute einstellen, ohne die Bürofläche zu vergrößern. Es über-
raschte nicht, daß Revierkonflikte ausbrachen, bei denen jeder
eine Meinung vertrat, die eindeutig von dem Aspekt beeinflußt
war, inwieweit die Entscheidung ihn persönlich betraf. Diese erste
instinktive Reaktion ist ganz natürlich, aber sie begrenzt die Sicht
auf das, was wirklich allen gemeinsam hilft und was der Organisation am meisten nutzt.

Ich bat alle, einen Moment innezuhalten, und wir diskutierten
erst weiter, nachdem wir eine Weile geschwiegen hatten. Wir rede-
ten darüber, wie die Probleme gemeinsam anzugehen waren, und
betrachteten die Situation nicht mehr aus individuellen Perspektiven heraus. Bemerkenswerterweise tauchte plötzlich eine neue
Lösung auf, ein Vorschlag von einem Hauptbetroffenen: Es gab ein
großes Büro, das von mehreren Teilzeitmitarbeitern genutzt wurde.
Warum konnten wir dieses Büro nicht in zwei Büroräume auftei-
len, um so die Neulinge unterzubringen, und die Teilzeitkollegen
darum bitten, einen neuen Arbeitsplan aufzustellen?

Es war keine perfekte Lösung, aber sie schien aus unserer Grup-
penleistung entstanden zu sein, niemand fühlte sich allzusehr vor
den Kopf gestoßen, und es gab keine Gewinner und keine Verlieren. Tatsächlich konnten wir alle uns als Sieger betrachten.

Die Prinzipien des Rhythmuswechsels sind am Arbeitsplatz
wichtiger als überall sonst. Das Beherrschen dieser Prinzipien wird
– das versichere ich Ihnen – zu einer produktiveren, weniger streß-
geplagten, aber dafür lohnenderen Arbeitserfahrung führen.

Vor Beginn des industriellen Zeitalters hatte Produktivität weniger mit Zeit als vielmehr mit der Launenhaftigkeit der Jahreszeiten zu tun. In einer Agrargesellschaft diktierten Sonne und Regen

und nicht Mann-Stunden den Ertrag des Feldes, und sobald das Feld bestellt oder abgeerntet war, konnte der Arbeiter ausruhen. Den Rest bestimmte die Natur.

Heute ist Zeit ein Maß sowohl für Produktivität als auch für Effizienz. Wir glauben, je mehr wir arbeiten, desto mehr produzieren wir. Je »besser wir unsere Zeit nutzen«, desto besser wird unsere Arbeit sein.

Wir werden pro Stunde entsprechend unserer Produktionsleistung bezahlt. Unsere Anerkennung in Form von Geld oder Ruhm basiert auf unserer Produktivität im Verhältnis zur Zeit.

Fachleute auf dem Gebiet »Zeitmanagement« bringen uns sogar bei, noch effizienter zu sein, indem wir unseren Zielen Prioritäten zuordnen und jede Minute voll ausnutzen. Andere Experten gestalten unsere Büros, Arbeitszimmer und Küchen derart, daß »zeitsparende« Geräte (Fax, Telefon, Geschirrspüler, PC, Mikrowelle) leichter zu erreichen sind. Dabei geht es jedoch nicht darum, mehr Freizeit zu erhalten, sondern größere Produktivität zu erzielen. Wenn wir eine E-Mail schreiben, müssen wir keine »Zeit verschwenden«, indem wir zum Hörer greifen, eine Nummer wählen und möglicherweise in ein längeres Gespräch verwickelt werden. Mein Computer kann sich mit Ihrem Computer unterhalten, während wir beide persönlich mit anderen Personen reden – auf diese Weise sind zwei produktive Gespräche gleichzeitig möglich.

Doch ungeachtet der Tatsache, daß es heutzutage »leichter« ist, produktiver zu arbeiten als je zuvor, arbeitete der durchschnittliche Vollzeitbeschäftigte zu Beginn der neunziger Jahre 138 Stunden mehr im Jahr als sein Kollege vor zwei Jahrzehnten.

In den Achtzigern entwickelte sich – vielleicht aufgrund Tom Peters Buch »*In Search of Excellence*« – der englische Begriff »excellence« zu einem Schlagwort. In den Neunzigern heißt die Maxime »Effizienz«. Wenn wir eine Aufgabe effizienter, das heißt schneller erledigen können, sind wir in der Lage, noch *mehr zu schaffen*.

Aber in unserem Bestreben nach »mehr« verhielten wir uns

nicht sehr weise. Wir haben zwar mehr Güter gewonnen, jedoch auf Kosten eines Großteils unserer Zeit. Juliet Schor verdeutlichte dies 1991 in »*The Overworked American*«: »Wir könnten *heutzutage* den Lebensstandard von 1948 (gemessen in Handelsgütern und Dienstleistungen) in weniger als der Hälfte der Zeit erlangen, die wir 1948 dafür benötigten. Wir könnten bereits den Vier-Stunden-Arbeitstag erreicht haben oder ein Arbeitsjahr von sechs Monaten Dauer. Oder stellen Sie sich das vor: Jeder Arbeiter der Vereinigten Staaten könnte sich jedes zweite Jahr bezahlten Urlaub nehmen.«

Offensichtlich haben wir als Gesellschaft die Entscheidung getroffen, unsere Zeit gegen mehr Güter und Dienstleistungen einzutauschen.

An früherer Stelle in diesem Buch wurde bereits das japanische Wort *kashori* erwähnt, das den plötzlichen Tod am Arbeitsplatz bezeichnet. Dieses Syndrom ist mittlerweile überall in Japan anerkannt. Als das Problem jedoch zum ersten Mal auftauchte und die Witwen sich beim Management und sogar bei der Regierung darüber beschwerten, wie hart ihre Männer hätten arbeiten müssen, bekamen sie zur Antwort, es sei eine *Ehre,* während der Arbeit zu sterben – so, wie man den Witwen im Zweiten Weltkrieg erzählte, daß es seine Ehre sei, daß ihre Männer bei einem Selbstmordanschlag auf den Feind ums Leben gekommen seien.

Um als Opfer von *kashori* zu gelten, muß man sieben Tage lang mindestens sechzehn Stunden täglich oder vor dem Todestag mindestens vierundzwanzig ununterbrochen gearbeitet haben. Sonst handelt es sich nicht um *kashori*. In Japan schalten Computer die Bürolichter um zehn Uhr abends automatisch aus. Aber wenn man das Gebäude eine Minute später betrachtet, sieht man, wie durch die noch anwesenden Angestellten fast die gesamte Beleuchtung wieder eingeschaltet wird.

In Amerika wurde kürzlich eine Anwaltskanzlei verklagt, weil ein junger Anwalt wegen Überarbeitung Selbstmord begangen hatte. Und ein Freund von mir betrat eines Tages sein Büro in einem Verlagshaus und fand seinen Mitarbeiter, der mit einem Eilprojekt beauftragt war, mit einem halbaufgegessenen Sandwich im Mund tot an seinem Zeichentisch.

Übertriebener Arbeitseifer hat in unserer Gesellschaft überhandgenommen. Es wimmelt von Geschichten über Menschen wie Neil Rudenstine, Präsident der Harvard University, der wegen schwerer Erschöpfung und Streß aufgrund von Überarbeitung in ein Krankenhaus eingeliefert wurde. Erschöpfungszustände und Herzinfarkte stehen in engem Zusammenhang mit exzessivem Streß am Arbeitsplatz.

In einem meiner Kurse erzählte Marty, daß seine Frau ein Workaholic sei, daß er aber angesichts der Masse an Arbeit, die beide zu bewältigen hatten, keine Möglichkeit sehe, sie zum Kürzertreten zu veranlassen. Früher liebte sie die Töpferei, erzählte er uns, aber jetzt schien sie keine Zeit mehr dafür zu haben.

Ich wandte mich an sie und fragte, ob sie die Zeit aufbringen könnte.

»Ich weiß nicht«, antwortete sie. »Ich befürchte, daß ich wie die anderen werde, wenn ich nicht weiterarbeite.«

»Welche anderen?« fragte ich.

»Na, Sie wissen schon. Die Leute, die nichts erledigt bekommen.«

Ihr geringes Selbstwertgefühl und ihre Versagensängste trieben sie zur Arbeit. Bis sie dies erkannte, würde die Töpferscheibe stillstehen.

Wir empfinden wie die Japaner Stolz darüber, daß wir die letzten sind, die abends das Büro verlassen; wir sind ganz versessen darauf, unseren Mitarbeitern zu erzählen, wie spät wir nachts noch auf waren, um den Bericht fertigzustellen, oder daß wir das Wochenende durchgearbeitet haben, um einen neuen, großen Kunden an Land zu ziehen.

Oft höre ich von denselben Leuten, wenn ich sie eindringlicher befrage, daß sie im Grunde nicht wissen, was sie mit ihrer freien Zeit anfangen sollen. Sie fühlen sich unbehaglich, schuldig und befürchten, daß irgend jemand ihre Leistung fehlinterpretieren oder zunichte machen könnte – folglich sehen sie sich in ihrer »Freizeit« außerstande, sich zu entspannen. Sie können keine Grenze ziehen und nicht umschalten. Sogar an einem freien Tag gehen sie ins Büro, um nach dem Rechten zu sehen.

Das eigentliche Problem liegt in dem emotionalen Unbehagen, das wir verspüren. Und wie wir bereits im vierten Kapitel bemerkt haben, müssen wir zur Überwindung dieser Ängste lernen, die unangenehmen Gefühle so lange auszuhalten, bis wir einen anderen Gang einlegen und entspannen können. Wir sind derart an unseren schnellen Arbeitsrhythmus gewöhnt und mit ihm verwoben, daß es fast leichter scheint, diesen aufrechtzuerhalten, als sich dem Unbehagen auszusetzen, das anfänglich eintritt, wenn wir unsere Geschwindigkeit drosseln. Aber wenn wir nicht lernen, umzuschalten und zu entspannen, dann geht es uns so wie dem Frosch in der Pfanne mit dem heißen Wasser, und der Streß besiegt uns letztlich auf die eine oder andere Weise.

Mir sind viele Leute begegnet, die sich ganze Stapel von Arbeit schaffen oder aufladen, um zu demonstrieren, wie sehr sie gebraucht werden. Die Menge an Arbeit entwickelt sich zu einem Maß für das Selbstwertgefühl. Sie werden steif und fest behaupten, daß es nun einmal soviel zu tun gibt und daß sie nur auf äußere Umstände reagieren, die von ihnen nicht beeinflußbar sind. Aber ich kenne auch eine Menge andere Menschen, die nicht vor Unannehmlichkeiten davonlaufen, die es verstehen, in ihrer Zeit Prioritäten zu setzen, ihre Zeit zu planen und Zeitgrenzen festzulegen. Sie scheinen auch ohne den Streß und das Temperament eines Workaholics ihre ganze Arbeit erledigt zu bekommen.

Ein Preis für den Trend zu höherer Geschwindigkeit ist die Einbuße an Qualität. Man verlangt von uns, mehr zu produzieren, aber die Mittel, die für ein schnelleres Vorankommen konzipiert wurden, können tatsächlich zu einer Verringerung des Standards führen – oder zu einer Vernachlässigung des Denkens.

»Bitte faxen Sie Ihre Antwort noch diesen Nachmittag«, drängt ein Fax, das ich heute morgen empfangen habe und das um grünes Licht für ein Projekt bittet, das der Absender und ich besprochen hatten. Einen Augenblick mal. Es geht hier um eine komplexe Frage, die kein »Ja« oder »Nein« erfordert, sondern ein »Vielleicht«. Ich sollte mir wirklich Zeit lassen, wenn es sein muß ein paar Tage, um alles noch einmal zu überdenken. Ich sollte die Konsequenzen und mögliche Alternativen in Erwägung ziehen. Aber heute liegen noch ein Dutzend andere dringende Sachen an, die meine Aufmerksamkeit erfordern. Also sage ich einfach »ja«, ohne lange darüber nachzudenken – mit einem unguten Gefühl, daß ich noch nicht einmal genau weiß, welchem Sachverhalt ich da zugestimmt habe. Es ist der Zwang zu einer schnellen Antwort, von Maschine zu Maschine, dem ich mich anpasse, und mit einer gewissen Erleichterung folge ich der Bitte: Ich gebe am Nachmittag per Fax grünes Licht.

Als ich vor langen Jahren versuchte, eine Art Wellness-Erholungsanlage zu errichten, standen Millionen von Dollar auf dem Spiel, und die Investoren saßen uns im Nacken. Bezüglich der Bauarbeiten, der Einstellung von Mitarbeitern, der Konzeption einer Werbekampagne und vielem mehr mußten Entscheidungen getroffen und Termine vereinbart werden. Ich befürchte, unsere Entscheidungen basierten mehr auf Geschwindigkeit und Produktivität als auf Qualität, und das Projekt scheiterte letztendlich. Je mehr Geld auf dem Spiel stand, desto stärker war der Druck, schnell zu handeln. Ich beschloß, nie wieder in eine solche Falle zu geraten, in der Zeit und Qualität zu Geiseln des allmächtigen Dollars werden.

Letzten Winter aß ich gemeinsam mit einem bekannten Schriftsteller zu Mittag, dem ein strikter Abgabetermin für sein Buch vorgegeben war. »Der Verlag braucht die Einkünfte aus dem Verkauf noch dieses Jahr«, erklärte er, »also setzen sie mich ganz schön unter Druck.«

»Aber was ist mit dem Buch?« fragte ich ihn. »Glaubst du nicht, es wäre besser, wenn du mehr Zeit hättest?«

»Natürlich«, antwortete er. »Aber wenn ich den Termin nicht einhalte, werde ich sie enttäuschen. Sie haben mir einen Riesenvorschuß gegeben, und ich verspüre eine ungeheure Verpflichtung…«

Hier brach er ab und schüttelte den Kopf.

Rob, einer meiner besten Freunde, nahm sich vor vielen Jahren vor, seine Zeit in Prioritäten aufzuteilen. Zuerst befürchtete er, er würde zu viele Klienten verlieren oder nicht genug Geld verdienen, wenn er sich ein Übermaß an Freizeit gönnte oder in seiner Anwaltskanzlei früher Feierabend machte. Wir alle teilen diese Befürchtung. Aber er entdeckte, daß er zwar mehr Geld verdienen konnte, wenn er mehr arbeitete, daß die Arbeit aber dadurch an Qualität verlor.

Daher arbeitet er jetzt weniger Stunden, hat mehr Zeit für Familie und Ferien und vermochte dennoch seine Effizienz zu steigern. Er weiß, daß die »Ausfallzeit« seine selbstgeschenkte Belohnung ist. Und auch der Verdienstausfall hält sich in Grenzen. Im Büro arbeitet er so intensiv und konzentriert wie alle anderen; er »fährt« mit voller Geschwindigkeit. Wenn er wollte, könnte er seine Kundenkartei vergrößern, aber daran liegt ihm nichts. Und wenn er nach Hause geht, um Gartenarbeit zu erledigen oder eine Steinmauer zu bauen, dann ist das Büro völlig aus seinem Kopf verschwunden. Er hat in seinem Leben klare Grenzen gezogen und kann erfolgreich umschalten. Im Büro ist er seinen Klienten ein perfekter Anwalt, voll und ganz für sie da, und unterscheidet sich deutlich von denjenigen, die am liebsten ganz woanders wären.

Grenzen zu ziehen zwischen der Arbeit und anderen Bereichen unseres Lebens ist ebenso wichtig wie zu lernen, zwischen den Bereichen zu wechseln. Selbst am Arbeitsplatz können Sie in gewissen Bereichen Grenzen ziehen. Nehmen Sie zum Beispiel zwischen neun und zehn Uhr vormittags keine Telefonate entgegen. Gehen Sie nach einem Geschäftsessen fünfzehn Minuten allein spazieren – und nehmen Sie an möglichst wenigen Geschäftsessen teil. Achten Sie darauf, daß Geschäftstermine nicht ohne Unterbrechungen stattfinden. Erledigen Sie jeden Tag mindestens einen »persönlichen« Telefonanruf und rufen Sie einen Freund an.

Amerikaner definieren sich über die Arbeit. Die Gesprächseröffnung zwischen zwei Fremden lautet: »Was machen Sie?« Und die Antwort ist immer die Angabe eines Berufs. »Ich bin Arzt, Anwalt, Buchhalter, Landwirt, Lkw-Fahrer.«

Ich habe mich oft gefragt, was wohl passieren würde, wenn wir die Frage abänderten in »Wer sind Sie?« oder »Was für ein Mensch sind Sie?« oder sogar »Was machen Sie am liebsten?« Aber ich sehe es bereits vor mir, wie der Befragte verblüfft schweigt und nicht antworten kann. Kürzlich fragte ich eine Schwangere: »Wann ist es soweit?« Sie teilte mir mit, daß sie Finanzberaterin sei.

Wir bewerten uns selbst durch das, was wir produzieren oder was wir »tun«, und folglich bewerten wir auch die Zeit dementsprechend. Bei der Einschätzung, ob wir »gute« Arbeit leisten, spielt es oft eine Rolle, ob wir viel Zeit investieren. Ein Mitarbeiter, der früh zur Arbeit kommt oder noch spät im Büro ist, wird gelobt, nicht jedoch der Kollege, der nur wenige Stunden arbeitet, *aber genauso produktiv oder sogar produktiver ist.*

Angestellte großer amerikanischer Gesellschaften benutzen neuerdings den Ausdruck »face time« und meinen damit zusätzliche Arbeitszeit, in der sie ihr »Gesicht zeigen« – selbst wenn nichts zu tun ist –, um beim Chef einen guten Eindruck zu hinterlassen.

Wenn wir auf diese Art arbeiten, leidet unser Privatleben. Judith H. Dobrzynski, die für die *New York Times* schreibt, zitierte Bob Israel, Miteigentümer einer Filmwerbeagentur in Los Angeles, über den Konflikt zwischen Arbeit und Familie.

»Irgendwann im Laufe eines Tages sehe ich auf meine Uhr und stelle mir die Frage: ›Fahre ich jetzt nach Hause und verbringe noch ein bißchen Zeit mit meinen Kindern, bevor sie ins Bett gehen, oder mache ich noch die Arbeit fertig, auf die ich hier starre?‹ Jeden Tag stehe ich vor diesem Dilemma, das manchmal zu Konflikten führt und meine innere Zerrissenheit widerspiegelt.«

Mr. Israel löst dieses Dilemma in der Regel dadurch, daß er weiterarbeitet, wie ich es ebenfalls zu tun pflegte. Und weil Sie dieses Buch lesen, wette ich, daß auch Sie so handeln.

Für viele von uns ist Arbeit wichtiger als alles andere im Leben (besonders, wenn wir jung sind). Außerdem sagen wir uns, daß immer genug Zeit vorhanden sein wird, um unseren Schlaf oder Dinge in unseren persönlichen Beziehungen nachzuholen, um mit den Kindern Zeit zu verbringen, wenn sie älter sind, und daß wir schon noch zu unserem Vergnügen kommen werden, wenn wir uns die Zeit dafür *leisten* können. Wir werden später noch ausreichend Zeit haben, einen Blick in unser Inneres zu werfen und herauszufinden, wer wir sind und was wir fühlen. Aber wir sollten, wie Servan-Schreiber es dringend empfohlen hat, unsere *Zeit* als ein Bankkonto betrachten: »Wir denken viel mehr über den Gebrauch unseres Geldes nach, das erneuerbar ist, als über unsere Zeit, die unersetzlich ist.

Im Gegensatz zu anderen Dingen kann Zeit nicht gekauft oder verkauft, geliehen oder gestohlen, gelagert oder gespeichert, hergestellt, reproduziert oder umgewandelt werden. Alles, was wir tun können, ist, von ihr Gebrauch zu machen.«

Schön und gut, denken wir, aber es wäre doch besser, zunächst einmal reich zu werden. Dann können wir immer noch alles genießen. Denn wie jeder weiß: Zeit ist Geld.

Zeit ist Geld.

Meines Erachtens ist dies der heimtückischste Glaubenssatz der westlichen Gesellschaft; aber er wird allgemein, wenn nicht sogar universell anerkannt, und die meisten von uns leben danach. Es handelt sich um eine relativ neue Maxime, die aus der Zeit der industriellen Revolution stammt. In Agrargesellschaften macht man sich – auch heute noch – darüber lustig. In Indonesien beispielsweise zieht mich ein Freund zur Begrüßung gern auf, indem er singt: »Zeit ist Geld. Zeit ist Geld.« Noch vor nicht allzu langer Zeit stellte jeder seine tatsächliche Arbeit in Rechnung, heute wird pro Stunde abgerechnet.

Im Grunde ist es noch schlimmer. Viele Anwälte kassieren heute schon *pro Minute.* Ich weiß noch, wie ich einmal einen Anwalt benötigte. Bevor ich ihn anrief, setzte ich mich hin und machte mir Notizen, um nicht erst während des Gesprächs über Fragen nachzudenken und kostbare Sekunden zu verschwenden. Die nötigen Informationen sollten in so wenig Zeit wie möglich mitgeteilt werden.

»Wie geht es Ihnen?« fragte er mich, als ich anrief, und ich konnte spüren, wie sich in mir Widerstand regte. Ich dachte: »Small talk! Das wird ein Vermögen kosten! Laß uns zu den Informationen kommen.«

Wo war bei all dem der persönliche Aspekt? Wo war das menschliche Gespräch? Es war mir egal. Zeit ist Geld.

Diese Einstellung wirkt sich bei der Arbeit auf unsere menschliche Natur destruktiv aus. Suchen Sie im Büro aktiv den persönlichen Kontakt. Schenken Sie Blumen zum Geburtstag. Geben Sie eine kleine Party für die Mitarbeiter, die befördert werden. Wenn ein Mitarbeiter Ihnen einen Gefallen tut, schreiben Sie ihm ein paar Dankesworte.

Das verwandelt das ganze Arbeitsumfeld von einer Stätte der Angst in einen Ort der Freundlichkeit und Hilfsbereitschaft. Ich schlage Ihnen hier nicht vor, Zeit zu *verschwenden* – Sie sollen einfach nur ein paar Minuten persönlich anwesend sein.

Der Berufstätige, der seine Rechnung nach Minuten (oder Stunden) schreibt, denkt oft folgendermaßen: »In einer Stunde nehme ich hundert Dollar ein. Unser Babysitter kostet zehn Dollar in der Stunde. Wenn ich sechs Minuten mehr arbeite, kann ich den Babysitter eine ganze weitere Stunde beschäftigen. Wenn ich eine Stunde mehr arbeite, kann ich mir den Babysitter, eine Putzfrau und einen Koch leisten. Wenn ich eine ganze Woche mehr arbeite, dann sind auch noch Chauffeur und Limousine drin. Deshalb muß ich es schaffen, schneller zu arbeiten, dann kann ich länger arbeiten und mehr verdienen. Immerhin bin ich hundert Dollar die Stunde wert, und es wäre eine Verschwendung, meine Zeit mit ganz alltäglichen Aufgaben zu verbringen!«

Diese Leute tun im Grunde nichts anderes, als jemanden (oder mehrere) dafür zu bezahlen, das Leben für sie zu leben. Sie können es sich nicht vorstellen, Geschirr zu spülen, das Baby zu wickeln, den Rasen zu mähen oder Auto zu fahren. Sie hassen niedere Arbeiten, spotten über diejenigen, für die der Jahrhundertvertrag nicht das einzige auf der Welt ist, können es sich nicht vorstellen, auf dem Balkon zu sitzen und einem Konzert zu lauschen oder im Flugzeug in der Touristenklasse zu sitzen. Wir anderen sehen in ihnen ein Beispiel für »das wahre Leben« und versuchen, ihr Verhalten zu kopieren.

Unser ständiges Verlangen nach einer Befreiung von den Alltagspflichten ist gleichbedeutend mit der Aussage, daß der Großteil unseres Lebens es nicht wert ist, gegenwärtig zu sein. Aber wir gewinnen unsere Zeit nur dann zurück, wen wir den Prozeß umkehren. Ehren Sie die häuslichen Pflichten. Wenn Sie nach Hause kommen, wählen Sie sich eine Aufgabe aus, die Ihnen nichts ausmacht oder die Sie sogar gerne verrichten. Die Teilnahme am gewöhnlichen Leben kann genauso bereichernd sein, wie es Überstunden bei der Arbeit sind. Lernen Sie, Ihr eigenes Leben zu leben!

Wir glauben, reiche Menschen seien glücklich. Wir denken, wenn wir reich wären, hätten wir mehr Zeit für die Dinge, die wir wirklich tun wollen. Und wir reden uns ein, wir würden unsere Arbeitsleistung einschränken, wenn wir es geschafft hätten, soundsoviel zu verdienen. Wir glauben, der Rest unseres Lebens bestünde dann aus endlosen Ferien oder ewigen Flitterwochen.

Lassen Sie mich ein paar Beispiele aus dem wirklichen Leben nennen:

Während einer Dinnerparty wurde ich von einem äußerst erfolgreichen Börsenmakler angesprochen. »Wie sehr ich Sie beneide«, sagte er, »Sie scheinen soviel Zeit zur Entspannung zu haben. Sie wirken überhaupt nicht gestreßt. Sie haben den idealen Lebensstil.«

»Sie könnten sich diesen Lebensstil *erkaufen*«, erwiderte ich – und es wäre ihm sicherlich leichtgefallen. »Vielleicht sollten Sie einmal darüber nachdenken, ein paar Monate freizunehmen.«

»Nein«, sagte er. »Mir sind die Hände gebunden. Ich muß genug Geld verdienen, um meine Maisonettewohnung in New York, mein Haus in den Hamptons und unser Ferienhaus in Florida unterhalten zu können. Außerdem muß ich noch das Kindermädchen und die Privatschule für die Kinder bezahlen.« Er seufzte. »Ich muß einen ziemlich großen Betrieb am Laufen halten. Ich kann mir keine Pause leisten.«

Ich erkannte, daß er mit all seinem Wohlstand nur die materiellen Verantwortlichkeiten erweitert hatte. Sein Geld hatte ihm zusätzlichen Kummer und weitere Sorgen beschert und ging einher mit mehr Streß. Die Erleichterung, von der wir annehmen, man könne sie mit Geld erkaufen, blieb jedoch aus.

Ein Bauunternehmer, der für den Bau von mehreren hunderttausend Quadratmetern Wohnfläche pro Jahr verantwortlich ist, beklagte sich bei mir, daß sein Geschäft ihn *umbringe*. In jungen Jahren habe er seine Arbeit geliebt, aber im Laufe der Zeit sei sie zu einer Plackerei geworden.

»Dann steigen Sie doch aus«, entgegnete ich. »Sie besitzen genug Geld für ein Dutzend Leben. Was haben Sie noch für Interessen?«

Er machte eine lange Pause und dachte nach. Trotz vieler Vorschläge meinerseits schien ihn nichts richtig zu interessieren. »Sie verstehen nicht«, sagte er. »Ich möchte ja gar nichts anderes machen.«

Das stimmte. Dieser Mann hatte es versäumt, sich außerhalb seines geschäftlichen Fachwissens weiterzubilden. Auf seinem Gebiet galt er als Experte, hatte den Gipfel seines Berufsstandes erklommen. Aber sonst bewegte er sich auf zweitklassigem Niveau. Er wollte weder sich selbst so sehen, noch von anderen so gesehen werden, also arbeitete er immer weiter. Reich war er nur in bezug auf sein Geld.

Ein befreundetes Paar, beide exzellente Unternehmensberater, konnte so gut im Team zusammenarbeiten, daß beide ihre eigene Firma gründeten und bald dreißig Angestellte beschäftigten. Aber dann passierte etwas Seltsames. Mit wachsendem Erfolg stellten sie fest, daß sie die Arbeit, die sie anfangs geliebt hatten, nun verabscheuten. Sie waren zu Sklaven ihrer eigenen Firma geworden, waren in die eigene Tretmühle geraten. Sie hatten es geliebt, ihre Kunden direkt zu beraten; jetzt aber waren sie mehr damit beschäftigt, andere zu verwalten. Trotz ihres Wohlstands fühlten sie sich gestreßt, leer und unglücklich. *Aber sie würden es nicht einmal in Erwägung ziehen, die nötigen Veränderungen vorzunehmen!*

Wenn Menschen viel Geld verdienen, kommen komplexe Faktoren ins Spiel. Statt mehr Zeit scheint ihnen plötzlich weniger

Zeit zur Verfügung zu stehen. Allein Verwaltung und Anlage des Geldes sind sehr zeitaufwendig. Ihr Reichtum wird zu ihrer Identität. Ein Urlaub droht zu einer Verschwendung von geldproduzierender Zeit zu werden, also verzichtet man darauf. Wie soll eine Stunde am Strand einhundert Dollar wert sein? Geld *verlangt* Zeit, und anstatt uns zu befreien, legt es uns die Schlinge um den Hals. Materielle Dinge erhalten einen zu hohen Stellenwert, weil sie der Welt vor Augen führen, wie erfolgreich wir sind.

In Anlehnung an Joseph Campbell kann man sagen: »Folge deinem Glück, dann wird dir das Geld folgen.« – »Klingt gut«, sagen viele. »Aber ich glaube nicht, daß es funktioniert. Das Risiko möchte ich auf keinen Fall eingehen. Ich bleibe bei meiner Arbeit, danke.«

Das ist eine vernünftige Antwort, aber sie hält uns oft in einer Situation gefangen, die uns überhaupt nicht befriedigt. Die erfolgreichsten Menschen unter meinen Bekannten sind diejenigen, die ihrer Leidenschaft nachgaben und das taten, wozu sie Lust hatten. Für mich heißt Erfolg nicht, »viel Geld zu machen«. Ich denke eher an diejenigen, die durch ihre Anstrengung Befriedigung, Freude, Stolz und Zufriedenheit erreicht haben.

Bei Erfolg geht es darum, an sich selbst zu glauben und darauf zu vertrauen, daß man für sich persönlich die weiseste Entscheidung trifft, wenn man auf seine innere Stimme und seinen Verstand hört. Unter meinen Bekannten waren am Schluß diejenigen am glücklichsten, die sich beherzt für diesen Weg entschieden. Es scheint, als ob diese Menschen eine wichtige Konferenz mit sich selbst hatten und sich die Zeit nahmen, in sich hineinzulauschen.

Ein Freund gab kürzlich seine Stelle als Sachbearbeiter in einer Werbeagentur auf, um sich als Werbetexter und Berater selbständig zu machen. Lesen Sie, was er mir sagte: »Anfangs wachte ich um vier Uhr nachts auf, war naßgeschwitzt und überzeugt, daß ich keinen einzigen Pfennig verdienen und meine Familie nicht würde ernähren können. Dann fiel mir ein, was du über den Zusammenhang von Geld und Gefühl gesagt hast – wie stark das Gefühl vom Geld blockiert wird, und ich nutzte die Nachtstunde, um nachzudenken und ruhig zu atmen.

Obwohl ich schon alle möglichen Pläne aufgestellt hatte, bevor ich die Firma verließ, ersann ich jetzt Strategien, auf die ich unter dem ganzen Streß niemals gekommen wäre, und am Morgen führte ich sie dann aus.

Das ist jetzt zwei Jahre her, und ich bin immer noch nicht bei meinem Gehalt angelangt, das ich in der Firma erhielt. Aber ich bin mein eigener Chef und muß nicht in sinnlosen Konferenzen herumsitzen. Außerdem ist es bei weitem angenehmer, wenn du dir selbst Druck machst, als wenn er von deinem Chef auf dich ausgeübt wird.

Sicher, ich arbeite schnell, wahrscheinlich schneller und härter als in der Agentur. Aber die Angst ist verschwunden – die Angst vor meinem Ex-Chef und die Angst, mit meiner Selbständigkeit zu versagen. Und wenn ich mir freinehmen möchte, wer sollte mich aufhalten?«

Ich habe sehr viel Zeit in »ärmeren« Ländern verbracht, besonders in Asien und in der Karibik. Dort scheinen Freude, Lachen und Menschlichkeit ehrlicher zu sein. Die Menschen bleiben lieber stehen, um die Sonne auf dem Meer zu bewundern, als ein Foto davon zu machen und den Freunden zu Hause zu beweisen, wie sehr sich der Urlaub gelohnt hat. Das Alltagsleben scheint reicher und erfüllter.

Wir können viel von ihnen lernen. Ich möchte jenen, die glauben, daß nur Geld ihnen ein »besseres Leben« erkaufen könnte, laut zurufen: »Werdet langsamer! Mit eurem ganzen Geld seid ihr so dem stetig sich erhöhenden Tempo des westlichen Lebens verhaftet, daß eure Seele kaum noch zu Wort kommt.«

Ich glaube, es gelangen immer mehr Menschen, aber auch Firmen zu der Erkenntnis, daß es sich nachteilig auf die Produktivität (zumindest bei Qualitätsgütern und Dienstleistungen) auswirkt, wenn wir unsere Geschwindigkeit nicht drosseln. Arbeit und Entspannung müssen einander abwechseln. Wir müssen sowohl dem Selbst als auch dem Teamgeist Rechnung tragen, uns gleichermaßen um unser Inneres und unser Äußeres bemühen – ansonsten verkümmern wir zu einer Gesellschaft von Robotern. Geld wird unser einziges Ziel, materieller Besitz das einzige Leistungsmerkmal.

Vielleicht sind Sie mit dem »Peter-Prinzip« vertraut, nach dem Sie bis zu Ihrem persönlichen Grad an Inkompetenz aufsteigen werden. Das heißt, Sie werden so lange befördert, wie Sie gute Arbeit leisten, bis Sie plötzlich eine Ebene erreichen, auf der Sie versagen, und dort werden Sie dann festsitzen.

Für mich heißt das Peter-Prinzip im Grunde nichts anderes, als daß wir eine Stufe erklimmen, auf der wir uns ausgebrannt fühlen, eine Stufe, auf der wir zuviel Streß und Unzufriedenheit mit unserer Arbeit verspüren, um unser Bestes leisten zu können.

Vor nahezu hundert Jahren erkannte Henry Ford, wie wichtig es für seine Arbeiter war, die Geschwindigkeit zu drosseln. Er kürzte ihre Arbeitswoche von sechs Tagen auf fünf. Aber er verfügte auch über den Weitblick, um vorherzusehen, daß die Leute in ihrer längeren Freizeit mit den Autos unterwegs sein würden – was also für die Allgemeinheit gut war, zahlte sich in Wirklichkeit für Ford aus. (Ford begann seine Karriere übrigens als Uhrmacher, ein Beruf, in dem er zweifellos Einblick in die Prinzipien der Zeit gewann.)

Ein Rhythmuswechsel ist heute sowohl für den einzelnen als auch für Belegschaftsmitglieder nicht nur für das physische und geistige Wohlbefinden wichtig, sondern auch für die Verbesserung der Produktivität. Viele Unternehmensberater sind davon ebenso überzeugt wie ich.

Falls Sie ein Manager sind, so belohnen Sie einen Angestellten, der Ihnen in aller Eile einen Bericht angefertigt hat, mit einem freien Tag, der ihm nicht von seinem normalen Urlaub abgezogen wird. Und achten Sie darauf, daß Sie diesen Angestellten, so gut er auch sein mag, nicht fortwährend für die Erledigung einer »dringenden« Aufgabe nach der anderen nutzen.

Wenn Sie der Angestellte sind, dann sehen Sie zu, daß Sie sich eine begrenzte Zeit freinehmen, und wenn es nur ein Nachmittag ist. Wenden Sie dabei die im achten Kapitel beschriebenen Methoden an. Sollte es gar nicht anders gehen, feiern Sie einen Tag krank – zum Wohle Ihrer geistigen Gesundheit.

Ein Geschäftsmann aus meinem Bekanntenkreis wartet vierundzwanzig Stunden, bis er auf einen Brief oder ein Fax antwortet. »Es läßt mir Zeit zum Nachdenken«, sagt er. Unangenehme oder schwierige Telefonate hingegen erledigt er morgens immer zuerst. »Die müssen vom Tisch«, erklärt er. »Dann fühle ich mich wohler. Würde ich warten, wäre ich den ganzen Tag unruhig.«

Vorgesetzte, die dringende, schnelle Reaktionen verlangen, werden einen erheblich reibungsloseren Geschäftsablauf erleben, wenn sie das Tempo ihrer Angestellten in ruhigeren Zeiten drosseln, anstatt sie ständig zu hetzen. Sie könnten ihren Mitarbeitern sogar beibringen, Pausen einzulegen, ihren Rhythmus zu verändern oder die in diesem Buch beschriebenen Techniken anzuwenden, um schneller oder langsamer zu werden.

Letztendlich würden sich Dienstleistung und Produktivität steigern, wenn man Telefonistinnen, Stewardessen und Angestellte von Fast-food-Ketten dazu ermutigte, in langsamerem Rhythmus, aber dafür mit Freundlichkeit, persönlichem Kontakt und Respekt zu arbeiten.

Ich erinnere mich an eine Szene auf dem Londoner Flughafen Heathrow, als ein Flug nach Amerika Verspätung hatte. Eine riesige Menge von Leuten umringte den Angestellten und forderte Alternativflüge, obwohl keine zur Verfügung standen. Der Angestellte behandelte sie alle individuell, sprach ganz ruhig mit ihnen und ließ es nicht zu, in ihre kollektive Hektik hineingezogen zu werden. Ruhe trat an die Stelle von Chaos, Gelassenheit gewann die Oberhand, und aus einer unabänderlichen Situation wurde eine angenehme. Ich bin sicher, daß die Passagiere sich bei ihrem nächsten Flug für dieselbe Fluglinie entschieden. Wenn alle Firmen ihre Beschäftigten darin trainierten, *so* zu handeln, wenn sie ihnen Freundlichkeit statt Unverschämtheit beibrächten, dann würden sie bessere Geschäfte machen, weniger Angestellte verlieren und zur Zivilisation der Welt anstatt zu ihrer Unzufriedenheit beitragen.

Wir haben bereits darüber gesprochen, wie wichtig für jeden einzelnen Rituale sind, um sich selbst zu bremsen. Dies gilt besonders während des Arbeitstages. Verwenden Sie zum Beispiel ein

Bild oder ein Prisma, um Ihre Gedanken von der Arbeit abzulenken und sich etwas Wunderschönes vorzustellen. Wiederholen Sie dies regelmäßig als eine Pause, die Ihnen bewußtmacht oder Sie daran »erinnert«, was geschieht, anstatt den ganzen Tag nur zu reagieren und »auf Automatik« zu laufen. Wenn Ihr Telefon klingelt, dann holen Sie dreimal tief Luft, bevor Sie abnehmen. Sehen Sie es als eine Pause an und nicht als zusätzlichen Druck. Schließen Sie Ihre Augen und widmen Sie dem Anrufer Ihre volle, konzentrierte Aufmerksamkeit. Das Gespräch wird eine ganz neue Qualität annehmen – und haben Sie keine Angst: Die anderen Aufgaben werden auch noch erledigt werden.

Durch die Genehmigung einer Zigarettenpause haben Firmen lange Zeit ein Ritual zum Wechsel des Rhythmus anerkannt. Obwohl das Rauchen eindeutig ungesund und heute in den meisten Büroräumen nicht mehr gestattet ist, eignete sich das Paffen eines Glimmstengels hervorragend dazu, die Geschwindigkeit zu verringern. Ein Arbeiter konnte in einen Raum oder auf den Gang gehen, sich zurücklehnen, tief inhalieren und entspannen. Er konnte eine Verbindung zu seiner Atmung herstellen und dadurch seinen Rhythmus verändern. Das Problem war nur, daß der Zigarettenrauch ihn der Fähigkeit zum Atmen beraubte.

Jetzt, da wir wissen, wie gefährlich Zigaretten sind, rate ich Ihnen dennoch dringend zu einer Pause – einer Nichtraucherpause. Wenn es Ihnen albern vorkommt, auf dem Flur zu stehen und einfach nur tief Luft zu holen, dann gehen Sie auf die Toilette oder ganz aus dem Gebäude. Aber erkennen Sie an, daß diesem Ritual der Pause eine Kraft innewohnt, die uns abschalten läßt.

Seit Beginn des Industriezeitalters waren sich Belegschaft und Betriebsleitung über das Bedürfnis nach einer Kaffeepause einig: die Belegschaft, weil man in der Pause abschalten konnte, und das Management, weil Kaffee Koffein enthält, der den Arbeitern Energie zuführte und ihr Tempo steigerte. Leider zahlen wir hierfür auf Dauer einen hohen Preis. Koffein beschleunigt uns künstlich. Warum sollten wir unseren Herzschlag beschleunigen, wenn der Alltagsdruck unser Herz schon schnell genug schlagen läßt?

Setzen Sie sich an Ihren Schreibtisch und lesen Sie Zeitung, bevor Sie mit der Arbeit beginnen. Besuchen Sie ab und zu Ihre Kollegen und reden Sie über andere Dinge als Arbeit. Nehmen Sie Ihr Mittagessen *niemals* an Ihrem Schreibtisch ein; nutzen Sie die Stunde, um spazierenzugehen und ein Sandwich zu essen, oder einfach nur für einen Ortswechsel. Machen Sie vor der Arbeit oder in der Mittagspause Gymnastik. Lassen Sie Ihre Schuhe putzen. Machen Sie eine Maniküre. Naschen Sie ein paar Rosinen und konzentrieren Sie sich auf den Geschmack.

Wichtig ist, daß Ihnen der Rhythmus des Arbeitsplatzes *und der Wechsel in einen anderen Rhythmus bewußt werden.* Sie müssen sich selbst Zeit abstecken, die Ihnen ganz allein gehört.

Wie wir bereits gesehen haben, heißt das auch, daß Sie lernen müssen, »nein« zu sagen und diese relativ wenigen Minuten strikt einzuhalten. Und versuchen Sie, mehrere parallele Aufträge von Ihrem Chef abzulehnen. »Multitasking« steht meist für »Multifehler«. Ihr Chef wird es akzeptieren können, wenn Sie freundlich zu ihm sagen:»Es tut mir leid, aber ich stecke gerade mitten in einem anderen Projekt. Das nächste werde ich in Angriff nehmen, sobald es geht, aber wenn es sofort sein muß, dann müßten Sie sich vielleicht doch an einen anderen Kollegen wenden.« Das wird Ihnen eine Menge Streß ersparen.

Als John dies bei einem meiner Seminare hörte, beteuerte er, daß man trotz seiner gehobenen Position in seiner Firma von ihm erwartet, bei Konferenzen um sieben Uhr früh oder sechs Uhr abends Protokoll zu führen und dafür auch jederzeit zur Verfügung zu stehen. John glaubte nicht, seinem Chef dieses Ansinnen abschlagen zu können.

Wir sprachen darüber, was passieren würde, wenn er seine Verfügbarkeit begrenzte. »Dann würde man mich wahrscheinlich nicht befördern«, sagte er. »Vielleicht würde man mich sogar rausschmeißen. Aber sicher bin ich da nicht, denn ich habe ja noch nie nein gesagt, und ich möchte es jetzt auch nicht riskieren.«

Ich schlug ihm vor, es auszuprobieren, und dann wieder zu mir zu kommen. Selbstverständlich gab es weniger Widerstand, als er erwartet hatte. Indem John sich seiner eigenen Grenzen bewußt wurde, fühlte er sich stärker und hatte das Gefühl, von gleichgestellten Kollegen mehr respektiert zu werden.

Es wird immer soviel Arbeit vorhanden sein, daß man sie gerne Ihnen überläßt, solange Sie sich bereit erklären, alles zu erledigen. Aber wenn Sie Ihre eigenen Grenzen respektieren und gute Arbeit leisten, dann werden auch andere Ihre Grenzen respektieren – selbst Ihr Vorgesetzter.

Wenn Grenzen nicht akzeptiert werden können, wenn der Rhythmus Ihres Vorgesetzten so asynchron zu Ihrem eigenen verläuft, daß Sie sich in einem ständigen Angstzustand befinden, dann sollten Sie nicht an einen Rhythmus-, sondern an einen Arbeitsplatzwechsel denken. Wenn Sie immer aus dem Augenblick herausgerissen werden, dann werden Sie auch aus dem Leben herausgerissen – und keine Stelle ist das wert.

»Und was halten Sie hiervon?« fragte ein Kursteilnehmer. »Mein Chef scheint ständig wütend auf mich zu sein. Er glaubt anscheinend, daß alles falsch ist, was ich tue.«

Ich fragte ihn, ob sein Chef sich jedem gegenüber so verhalte, denn das Problem sei wesentlich weniger bedrohlich, wenn es sich bei ihm nur um einen unangenehmen Zeitgenossen handele.

»Ich bin nicht sicher«, gab er zu. »Aber was ist, wenn er sich nur mir gegenüber so benimmt?«

Ich riet ihm, er solle einmal in aller Ruhe über seine Gefühle nachdenken, ob sie wirklich rational seien oder ob er seine Selbstzweifel auf seinen Chef übertrage. Wenn er erkennen könnte, was genau die Ursache sei, dann wäre er besser in der Lage, dessen Wut zu verstehen. Und sein eigener Unmut würde verschwinden, wenn er den Rhythmus aufspüren könne, der sie beide miteinander verbinde, und wenn es ihm gelänge, einen Dialog der Verständigung zu schaffen, indem er sich auf seinen Vorgesetzten einlasse, statt sich ihm zu widersetzen. Wenn er den Druck erkenne, dem sein Chef ausgesetzt sei, würde es ihm leichter fallen, den gleichen Rhythmus zu finden.

Das gilt natürlich auch im umgekehrten Fall. Einer Führungskraft, die den Druck bemerkt, der auf den Angestellten lastet, wird es eher gelingen, am Arbeitsplatz für Harmonie zu sorgen, als derjenigen, die ihren eigenen Druck (und die eigenen Ängste) auf die Angestellten weiterleitet. In beiden Fällen ist es wichtig, in Ruhe über die eigenen Gefühle und die Ursachen des Streits nachzudenken, und ein Rhythmuswechsel die richtige Lösung.

Ein Freund von mir, ein Psychologe, wird oft in Krisen- oder Katastrophengebiete geschickt, um sich an der Organisation der Rettungtruppe zu beteiligen. Er sagt, die erste und allerwichtigste Aufgabe, die er gleich nach seiner Ankunft erledige, bestehe im Zusammenrufen der Rettungshelfer. Er stelle sich vor sie hin, mache eine Pause *und spreche erst dann langsam und ruhig zu ihnen.* Als einem Mann mit enormer Ausstrahlung gelingt es ihm, sie auf seinen Rhythmus zu synchronisieren. Er schweißt sie zu einem Team zusammen.

Eine derartige Team-Synchronisation ist meines Erachtens das Gegenmittel zu dem ruinösen Rhythmus, der am heutigen Arbeitsplatz vorherrscht.

Sie können dies an Ihrem Arbeitsplatz ebenfalls erreichen, ohne daß die anderen davon überhaupt etwas mitbekommen. Wechseln Sie zum Beispiel bei einer erhitzten Diskussion den Rhythmus, indem Sie betont langsam und ruhig reden. Das wird die ganze Situation etwas verlangsamen und entschärfen, und Sie veranlassen die übrigen dazu, Ihnen zuzuhören. Sie können es als eine Art Guerillataktik betrachten – verlangsamend und höchst effektiv.

Wenn Befehle von oben erfolgen, wenn das Management ohne Beteiligung der betroffenen Belegschaft Pläne macht, wenn man sich mehr auf Maschinen und Computer verläßt als auf Menschen, wenn die Geschäftsleitung eher Angst erweckt als Kooperationsbereitschaft, dann bedeutet das Disharmonie unter den Angestellten und einen Produktivitätsrückgang für die Gesellschaft. Man stellt nicht mehr das bestmögliche Produkt her, und der Service verschlechtert sich.

Aber wenn die Belegschaft bei gegenwärtigen oder zukünftigen Entscheidungen ein Mitspracherecht hat, wenn auf allen Firmenebenen wirkliche Kommunikation stattfindet, dann wird die Firma maximale Leistung erbringen, und zwar nicht, weil sie schneller produzieren kann, sondern weil das Tempo heruntergeschraubt werden konnte.

Seit längerer Zeit erkennen Firmen stillschweigend das Bedürfnis nach Vernetzung der Belegschaft an – daher der Firmenausflug oder die Weihnachtsfeier. Aber hierbei handelt es sich oft um fruchtlose Veranstaltungen voller gekünstelter Kollegialität fern der hierarchischen Struktur der Alltagsrealität.

Ich fordere eine Annäherung, wie sie bereits von mehreren erfolgreichen Gesellschaften praktiziert wird und bei der Austausch von Ideen durch Gespräche und gegenseitigen Respekt zu einer wirklichen Synchronisation führt. Ideen setzen kreatives Denken voraus, und kreatives Denken hat keine Chance, wenn das Tempo zu hoch ist.

Die Möglichkeit zum »Brainstorming« in einer ruhigen Umgebung – eine Praxis, die im Geschäftsleben immer üblicher wird – bestätigt diese Einstellung. Der Austausch von Ideen und die Ermutigung zu Ideen auf allen Ebenen des Arbeitsumfelds werden zu höchster Effizienz und zu den besten Resultaten führen.

Einer der positiven Effekte von Computern ist die Tatsache, daß die innerbetriebliche Kommunikation immer einfacher wird. Berater reden von der »Übereinstimmung der Sichtweisen« bei Belegschaft und Führungsebene – ein anderer Ausdruck für Synchronisation. Wenn Angestellte erfahren können, was der Chef weiß, wenn es ihnen gestattet wird, die langfristigen Ziele der Firma zu verstehen, wenn man sie dazu ermutigen kann, so zusammenzuarbeiten, wie große Gesellschaften dies tun, dann ergibt sich aus alledem zwangsläufig eine gesteigerte Qualität.

Die Umsetzung eines solchen Vorhabens ist nicht einfach. Es erfordert Zeit, die Belegschaft dazu zu bringen, einem Projekt, einer Anweisung, einer Vision zuzustimmen – sich wirklich zu »engagieren«. Am Anfang ist die Belegschaft immer skeptisch. Da

Meinungsverschiedenheiten Zeit kosten, schreitet die Führungsebene oft schnell voran, so daß die Belegschaft einfach nachziehen muß, ohne das Gefühl zu haben, wirklich am Prozeß beteiligt zu sein. Aber das bedeutet, daß nicht alle Bedingungen für einen optimalen Erfolg erfüllt werden.

In einem Gespräch beschrieb kürzlich der Autor Hedrick Smith wie General Motors und Ford das Problem eines schweren Verkaufseinbruchs angingen. Beide reduzierten die Kosten, so gut es ging. Dann führte General Motors eine Anzahl technischer Innovationen ein, welche die Produktivität beschleunigen sollten. Ford hingegen entschied sich für »Qualität an oberster Stelle« und befragte die Belegschaft nach Ideen, wie diese Firmenpolitik umgesetzt werden könnte.

Die Arbeiter machten Vorschläge hinsichtlich neuer, effizienterer Werkzeuge und regten sogar Veränderungen ihrer Gesundheitsversorgung und Arbeitsbedingungen an, um besser abgesichert zu sein. Die Wende bei Ford trat weit früher ein als bei General Motors. Zufall? Smith ist nicht dieser Ansicht.

Japanische Betriebe wurden oft als »holozentrisch« bezeichnet – eine Eigenschaft, die eindeutig zu ihrem beeindruckenden Erfolg auf internationaler Ebene beisteuert. Im Gegensatz zu streng hierarchisch oder pyramidenförmig strukturierten Systemen fördert ein holozentrischer Prozeß die Übereinstimmung innerhalb der ganzen Arbeitsgruppe auf viel wesentlicherer Ebene – »aus dem Bauch heraus«. (Das entsprechende japanische Wort hierfür lautet *hara:* die Körper-»Mitte« unterhalb des Bauchnabels, die in vielen asiatischen Kampfsportarten und in Zen-Übungen beschrieben wird.) Die Gruppe läßt sich auf den Rhythmus dieses »Bauch-Gefühls« ein, und sobald jeder zustimmt, ist die Basis für ein leistungsstärkeres Vorgehen gelegt. Die Mitglieder der Gruppe haben sich nicht nur vom Verstand her verpflichtet, sondern auch ihre Gefühle miteinander verbunden.

Dieser Prozeß erfordert anfangs mehr Zeit, aber es handelt sich um eine viel effektivere und am Ende zeiteffizientere Arbeitsweise. Kommunikation unter Mitarbeitern erfordert eine Verringerung der Geschwindigkeit. Zeit wird zum Freund, Geduld zum Verbündeten.

Als Gründer des Omega Institute habe ich Programme zur Entwicklung holistischer Betriebe geleitet. Ich war erstaunt über die überwältigende Reaktion auf diese Programme. Immer mehr Menschen sind dazu entschlossen, eher nach Arbeitsbedingungen zu suchen, die ihren Idealvorstellungen entsprechen, als nur für Geld zu arbeiten. Es gibt eine große Gruppe von Menschen, die sich dem »richtigen Lebensstil« verschreiben – Menschen, die sich eine Synchronisation von sozialen und finanziellen Werten und Normen wünschen.

Regelmäßig treffe ich Leute, die sich zugunsten von mehr Freizeit gegen eine bessere Bezahlung entscheiden. Meist zeigen sie einen höheren Grad an Zufriedenheit und Erfüllung. Diese Menschen wollen ihre Zeit nicht der Befriedigung des Konsumzwangs widmen, sondern der Suche nach Erfahrungen – mit anderen Worten: nicht der Suche nach dem Materiellen, sondern nach dem Geistigen.

Wir haben gesehen, wie die Anzahl der Unternehmen zugenommen hat, die sich dem Wohlbefinden und der Förderung des Geistigen widmen. Freizeit-Center, ökologische Zufluchtsorte, Veranstalter von Umweltreisen und Bildungsinstitute schießen wie Pilze aus dem Boden. Eine Massagetherapie ist nichts Ungewöhnliches mehr und fällt nicht länger unter den Begriff des »New Age«. Zum Alltag gehören auch Naturkostläden und Buchhandlungen, in denen neben den herkömmlichen Produkten viele Informationen zu Philosophie und Lebensstil angeboten werden. Große Unternehmen wie ClubMed oder das Disney Institute haben sich auf die Kombination der Bereiche Wohlbefinden, Freizeit und Weiterbildung konzentriert.

Wir stehen am Beginn eines Zeitalters, in dem dienstleistungs-, gesellschafts- und gemeinschaftsorientierte Wirtschaftszweige einen Boom erleben werden: Wir sind Zeugen einer wichtigen Entwicklung, die jetzt bereits einsetzt.

Wenn diese Unternehmen ihr größtes Potential erreichen sollen, dann muß man sich einer Vision verschreiben, die den gesunden Lebensstil und die gesellschaftliche Verantwortung in den Mittelpunkt stellt.

Im siebten Kapitel haben wir unterschiedliche Methoden des Rhythmuswechsels beschrieben, die in diesem Kapitel in bezug auf den Arbeitsplatz vorgestellt wurden. Hier folgen einige weitere Techniken, von denen Sie – wann und wo auch immer – Gebrauch machen sollten, selbst wenn Sie sich davonschleichen oder Entschuldigungen erfinden müssen.

Im »Jetzt«:
1. Legen Sie mehrere kleine Pausen am Tag ein, in denen Sie sich auf Ihren Atem konzentrieren.
2. Gehen Sie rechtzeitig zu Konferenzen; dann können Sie sich mental darauf vorbereiten, bevor die anderen erscheinen.
3. Machen Sie eine Pause, nachdem Sie eine Aufgabe erledigt haben.
4. Üben Sie sich in Konzentration, indem Sie sich immer nur mit einer Sache beschäftigen, der Sie Ihre volle Aufmerksamkeit widmen.
5. Lernen Sie, selbst in der größten Hektik abzuschalten, beispielsweise während Sie auf ein Fax warten oder auf das Kopieren oder auf den Aufzug. Tauchen Sie in den Moment ein, statt sich durch die noch zu erledigende Arbeit hetzen zu lassen.

Zeitgrenzen:
1. Kommen Sie zehn Minuten früher zur Arbeit und nutzen Sie diese Zeit ganz für sich allein. Frühstücken Sie, lesen Sie Zeitung oder erledigen Sie private Telefonate.
2. Legen Sie eine regelmäßige Zeit des Planens fest – Unterbrechungen, Krisenmanagement oder Beschäftigung mit aktuellen Dingen sind dann nicht gestattet.
3. Arbeiten Sie nicht während der Mittagspause. Wenn Sie unbedingt eine geschäftliche Besprechung wahrnehmen müssen, er-

ledigen Sie sie schnell und verbringen den Rest der Zeit mit
lockerer Konversation. Genießen Sie dabei Ihr Essen.
4. Machen Sie ein Nickerchen an Ihrem Schreibtisch (das »Po-
   wer-Nickerchen« kommt gegenwärtig unter Führungskräften
   immer stärker in Mode).
5. Tragen Sie in Ihrem Kalender Verabredungen mit sich selbst
   ein. Nutzen Sie diese Zeit zum Planen, für ein Nickerchen oder
   einfach nur zum Atmen und Nachdenken.

Spontane Zeit:
1. Verlassen Sie nächsten Mittwochnachmittag das Büro, ohne
   vorher irgendwelche Pläne zu machen. (Falls Sie zu diesem
   Zeitpunkt schon einen Termin wahrnehmen müssen, gehen Sie
   einfach in der darauffolgenden Woche.) Nennen Sie es Arztbesuch oder Schwänzen. Ich weiß, es ist gegen die Firmenpolitik, und ich bin sicher, Sie sind auch in dem Glauben erzogen,
   daß dieses Verhalten falsch sei – aber es ist lebensbejahend.
2. Verbringen Sie Zeit mit jemandem an Ihrem Arbeitsplatz, den
   Sie kaum kennen. Aber reden Sie nicht über das Geschäft oder
   die Arbeit.

Schätzen Sie die alltäglichen Aufgaben:
1. Achten Sie auf die einfachen Dinge, die Ihnen wirklich ein Gefühl der Zufriedenheit vermitteln. Egal, ob es sich um das
   Erstellen von Druckformatvorlagen am Computer oder um
   das Kontrollieren der aktuellen Tagesverkaufszahlen handelt:
   Wenn Sie mit diesen Aufgaben beschäftigt sind, dann beeilen
   Sie sich nicht, sondern lassen Sie sich bewußt darauf ein.
2. Führen Sie an Ihrem Arbeitsplatz »sinnlose Verschönerungsak-
   tionen« aus. Verändern Sie das Licht, bringen Sie Blumen mit,
   hängen Sie Bilder um oder ordnen Sie die Dinge auf Ihrem
   Schreibtisch neu.
3. Seien Sie gegenwärtig, wenn Sie Ihren Schreibtisch aufräumen.
   Erkennen Sie, wie das Beseitigen der Unordnung den Moment
   befreit.

Zeitoasen:

1. Achten Sie darauf, daß Sie Ihren Beruf völlig hinter sich lassen, wenn Sie in Urlaub gehen. Nehmen Sie keine Arbeit und auch kein Handy mit. Hinterlassen Sie keine Nummer im Büro.
2. Planen Sie einen Übergangstag zu Hause mit ein, bevor Sie wieder an die Arbeit gehen.
3. Nehmen Sie sich zwischen den Ferien ab und zu mal einen Tag frei, den Sie Ihrer Gesundheit widmen, bevor Sie sich krank melden müssen.

12. Sport und Spiel

Mystische Momente tauchen unter anderem deswegen so häufig
im Sport auf, weil man sie nicht anstrebt.
Man möchte einfach ein paar angenehme Stunden verbringen
oder geht vielleicht völlig im Spiel auf
— und plötzlich geschieht es.

Michael Murphy

Ein spielendes Kind ist ein wundervoller Anblick. Es gibt kein treffenderes Beispiel für einen Menschen, der ganz im gegenwärtigen
Moment aufgeht. Es spielt keine Rolle, ob es sich dabei um ein
aktives Spiel innerhalb einer Gruppe oder um eine ruhige Betätigung handelt (ein Puzzle, die Konzentration auf ein Brettspiel,
die Jagd nach einem Schmetterling): Das Kind ist voll konzentriert. Das Kind ist gegenwärtig.

Wie wir bereits gesehen haben, fördert eine solche Situation die
Kreativität, und wer wäre kreativer als ein Kind? Nichts hemmt den
»Raketenausflug«, das Mutter-Kind-Spiel mit einer Puppe, das erhitzte Gespräch mit einem imaginären Freund. All dies sind Möglichkeiten, Gefühle im Augenblick zu erfahren. Was wir hier sehen,
ist das nachdrückliche, eindeutige Erleben des Moments, des Jetzt.

Mit dem Älterwerden verändert sich unser Spiel. Wir vergessen,
wie es ist, nur aus Freude am Spiel zu spielen. Wir spielen jetzt, um
zu gewinnen oder um eine Niederlage zu vermeiden. Wir spielen,
indem ein Auge bereits auf die Zukunft gerichtet ist. An ruhigeren Spielen oder Sportarten sind wir mehr mit unserem Kopf als
mit unserem Herzen beteiligt, und oft sind wir abgelenkt; Geschäfts- oder Beziehungsprobleme stören unsere Konzentration.
Manchmal können wir uns nicht einmal den Punktestand merken.

Für ein Kind ist das Spiel ein natürlicher Impuls, eine Priorität, die nur dem Essen und dem Schlafen untergeordnet ist. Für Erwachsene ist das Spiel ein bewußter Akt mit gewöhnlich geringerer Priorität – Arbeit, Familie, Freunde, »Verpflichtungen« nehmen einen höheren Stellenwert ein.

Aber das Spiel sollte für einen Erwachsenen ebenso wichtig sein wie für ein Kind. Es ist ein Mittel zum Rhythmuswechsel und wichtig für ein ausgeglichenes Leben – und es macht Spaß.

Die meisten von uns wissen nicht, wie sie spielen sollen. Nicht, daß wir es nicht gelernt hätten – wir haben es einfach vergessen! Wenn wir Zeit haben, hocken wir vor dem Fernseher. Wir treiben Sport, nicht aus Spaß, sondern für die Gesundheit. Und sobald wir uns schuldig fühlen, weil wir »Zeit verschwenden«, gehen wir zurück an die Arbeit.

Ich habe die Mitglieder meiner Gruppen gebeten, mir zu sagen, was sie gerne tun. Viele haben so lange Listen, daß sie gar nicht dazu kommen, irgend etwas davon zu verwirklichen. Andere »wußten es nicht«. Mir blieb ihre Verlegenheit nicht verborgen, als sie zugaben, daß Arbeit ihre einzige Aktivität ist und daß sie sich unwohl fühlen, wenn sie irgend etwas anderes machen.

Die Unfähigkeit, rein aus Spaß an der Freude zu spielen und das daraus entstehende Gefühl der Verbundenheit zu genießen, ist ein grundsätzliches Problem, behauptet O. Fred Donaldson, Autor von »Playing by Heart«, der das Spielverhalten bei Wölfen, Delphinen und Kindern untersuchte. Durch das Spiel lernen wir den Unterschied zwischen Spielkamerad und Mitbewerber, wir lernen, zu berühren und Kontakt herzustellen, wir erkennen, wieviel Spaß es macht, wieder von vorne anzufangen, begreifen den Unterschied zwischen Machtspielchen und Machtkämpfen, und wir lernen, an einer Veränderung Spaß zu empfinden, statt uns ihr zu widersetzen.

In einer über vierzig Jahre angelegten Studie von Harvard-Studenten kommt George Valliant zu dem Schluß, daß ein Mangel an Erholungszeit über die Jahre hinweg eindeutig für das Entstehen von Krankheiten mitverantwortlich ist.

Stellen Sie sich nur vor: Zu den grundlegenden Dingen, die zur

Erhaltung unserer Gesundheit beitragen können, gehört auch das Spiel. Aber leider spielen wir nicht annähernd häufig genug!

Sport kann uns mehr als jede andere Aktivität außer Krieg und Sex (der nicht selten ebenfalls als sportliche Betätigung erachtet wird; guter Sex beinhaltet sicherlich auch spielerische Momente) wie Kinder vollkommen in den gegenwärtigen Moment versetzen.

Selbst das Verfolgen von Sportereignissen im Fernsehen kann uns direkt *vor Ort versetzen* – wir feuern die Athleten an, konzentrieren uns auf ihre Geschicklichkeit. Bis auf Nachrichtensendungen (und Parlamentsdebatten, die ein Freund treffend als »Hahnenkämpfe« beschrieb) sind Sportveranstaltungen meist die einzigen Ereignisse, die wir »live« im Fernsehen miterleben dürfen. Fast alles andere ist aufgezeichnet. Aber die *aktive Teilnahme* an einer Sportart – ob individuell oder im Team – bietet wie keine andere Aktivität die Möglichkeit zur Synchronisation.

Sport wurde in die Nähe des Krieges gerückt. Mannschaften haben Trainer (General), Kapitäne und Spieler (Fußsoldaten). Der Sieg ist das gewünschte Ergebnis, und Strategie, Einschüchterung, »Treffer« und überlegene »Schußkraft« sind alles Dinge, die normalerweise zum Sieg führen. Nicht wenige Sportreporter verwenden Kriegsmetaphern – und dabei handelt es sich nicht um einen Zufall.

Soldaten, die aus dem Feld zurückkehrten, beschrieben die Schlacht »als die beste, lebendigste« Zeit ihres Lebens. Nirgendwo sonst seien sie je engagierter und beteiligter gewesen.

Sport ist für uns ein Mittel, die Überlebensfrage zu sublimieren. Ohne übermäßiges Risiko (mit Ausnahme einiger weniger Sportarten, auf die ich später noch eingehen werde) ist dies die Gelegenheit, bei der wir »alles rauslassen« können, an nichts anderes denken, Körper und Geist bis zur totalen Erschöpfung verausgaben – bei der wir eins mit uns selbst sind und bei Mannschaftssportarten eins mit den anderen. Bei der wir eins sind mit der Gegenwart.

Beim Sport kommt es zu den gleichen Emotionen wie beim Überlebenskampf. Sie stellen ein Ventil für unsere Wut und eine

Synchronisation mit unserem Ur-Körpergefühl dar – und das alles ohne die Angst vor der Schlacht. Wir fühlen uns sicher, im ursprünglichsten Sinne.

Was für ein gesundes Betätigungsfeld doch alle Sportarten sind! Neben dem offensichtlichen Nutzen für das körperliche Wohlbefinden erlangen wir durch den Sport auch eine positivere Einstellung gegenüber der Zeit. Zumindest in dieser Hinsicht macht es keinen Unterschied, ob es sich um langsame (Golf, Jogging) oder schnelle Sportarten (Tennis, Basketball, Handball, Sprint) handelt. Sie alle bringen uns von unserem Geist zu unserem Körper – und wir verlieren durch die Konzentration auf das, was wir tun, das Gefühl für die Zeit und können sie auf diese Weise ausdehnen. Wir dehnen den Moment aus.

Profisportler sind Meister des ausgedehnten Moments. Beim Baseball beispielsweise sagt ein Batter (Schlagmann) über den geworfenen Ball, er sei »so groß wie eine Grapefruit« – und das, obwohl der Ball mit hundert Stundenkilometern auf ihn zurast. Er trifft und schlägt ihn oft mehr als hundert Meter weit, während die meisten von uns entsetzt das Weite suchen würden.

Ich erinnere mich an ein Basketballspiel, bei dem die Chicago Bulls einen Punkt zurücklagen und ihnen noch acht Sekunden verblieben, um die Niederlage in einen Sieg zu verwandeln.

Acht Sekunden! Mir als Zuschauer erschien das als viel zuwenig Zeit zum Punkten. »Beeil dich«, dachte ich. »Erkennst du nicht, wie heikel die Situation ist?«

Aber für Michael Jordan bedeuteten acht Sekunden genügend Zeit, eine Menge Zeit, eine Ewigkeit von Zeit. Ohne Eile – und sicherlich auch ohne Panik – dribbelte er mit dem Ball über das Feld. Ganz Herr über die verbleibenden acht Sekunden, war er in der Lage, sie genau zu jener Zeitspanne auszudehnen, die er benötigte, um zu gewinnen.

Und tatsächlich erzielte er den Korb. Die Bulls gewannen das Spiel. Und sowohl für mich als auch für alle anderen auf der Tribüne bestand die Magie darin, daß seine Beherrschung der Zeit zu der unsrigen wurde. Wenn er wollte, daß diese acht Sekunden so lange dauerten, bis er das Spiel gewonnen hatte, wie hätten wir ihm das abschlagen können? Irgendwann in diesen acht Sekunden gingen wir mit ihm synchron, und sein ausgedehnter Moment wurde zu unserem. Acht Sekunden? Er schien völlig entspannt. Kein Problem. Es war bemerkenswert.

Auch viele Amateure haben in geringerem Maße Momente erlebt, in denen »alles zusammenkam«. Wenn der Rhythmus, das Adrenalin, unsere Sinne, die Konzentration, die Leidenschaft und unser rudimentäres Können sich zusammenschlossen, um uns in einen Bereich zu führen, in dem es keine lineare Zeit gibt und in dem wir unsere Körper und den Sport völlig beherrschen.

Vor kurzem spielte ich bei einem Basketballspiel mit, bei dem buchstäblich »nichts danebengehen« konnte. Schwierige Würfe gelangen mühelos – Würfe, die ich an gewöhnlichen Tagen niemals versucht hätte. Hier wagte ich es und war mir über den Erfolg *sicher*. Während der ganzen Zeit – ich habe keine Vorstellung davon, wie lange das andauerte – verspürte ich eine Heiterkeit, die keine Droge auslösen kann.

Phil Jackson, der Trainer der Chicago Bulls, erklärt, daß »Basketball ein komplexer Tanz ist, bei dem man blitzschnell von einem Ziel zum anderen wechseln muß. Um sich auszuzeichnen, muß man mit klarem Verstand agieren und sich völlig darauf konzentrieren, was alle anderen Spieler auf dem Feld gerade machen. Manche Sportler beschreiben diese Fähigkeiten als ›Konzentrations-Kokon‹. Das bedeutet auch, daß die Welt ausgeschlossen werden muß, damit man sich viel intensiver darüber bewußt werden kann, was gerade passiert, und zwar *genau in diesem Moment.*«

Eine Freundin erzählte mir von einem Tennismatch, das sie vor zehn Jahren gegen eine genau gleichstarke Gegnerin ausgetragen hatte und bei dem beide an den obersten Rand ihrer Leistungsgrenze gelangt waren. Bei beiden konnte kein Ball »danebengehen«. Der Punktestand zum Schluß des Satzes lautete – nach der alten Zählweise – 24:22. Und selbst heute noch, zehn Jahre danach, ist dieser Satz beiden als einer der erhabensten Momente ihres Lebens in Erinnerung.

Es ist heutzutage allgemein bekannt, daß der Kopf eine ebenso wichtige Rolle beim Sport spielt wie der Körper – nicht mittels des Denkens, sondern durch die Fähigkeit, das Denken *abzuschalten* und die Geschwindigkeit des Gehirns zu verringern, bis eine Art zeitloser Trancezustand erreicht ist.

Ein Artikel im *U.S. News & World Report* vom 3. August 1992 behandelte den Zusammenhang zwischen Körper und Geist im Sport und hob dabei die Arbeit Brad Hatfields von der Universität Maryland hervor. Hatfield hatte Profi-Schützen Elektroden angelegt, um die elektrophysikalische Aktivität ihrer Gehirne zu messen. Er fand heraus, daß, kurz bevor der Schütze den Abzug betätigte, »die linke Gehirnhälfte in sogenannten Alphawellen ausschlägt, ein Anzeichen für einen entspannten, tranceartigen Zustand«. Das heißt, das Gehirn entspannt sich bei höchster Leistung (was nicht nur beim Sport der Fall sein muß – ein Maler, ein Arzt, ein Geschäftsmann können das gleiche Phänomen erleben), und der Körper ist in der Lage, in den Zustand des »Flow« überzugehen, wie Bill Russell und andere dies beschrieben haben.

Der Artikel erwähnte auch die Arbeit von Dan Landers, einem Psychologen an der Arizona State University, der die Gehirnströme bei Anfängern aufzeichnete, die an einem fünfzehn Wochen dauernden Kurs im Bogenschießen teilnahmen. Landers fand heraus, daß sich die Gehirnströme veränderten, sobald sich die Leistung der Schützen verbesserte. Und als sie die Technik schließlich perfekt beherrschten, zeigten sich die gleichen Alphawellen wie bei den Schützen in der Hatfield-Studie. Mit der Zeit gelang es Landers, den Bogenschützen beizubringen, gezielte Bereiche ihres Gehirns zu kontrollieren. Diejenigen, welche die Gehirnströme in der linken Hälfte entspannen konnten, schnitten eindeutig besser ab als jene, welche die Kontrolle über ihre rechte Hirnhälfte besaßen. Eben dieses Phänomen ergibt sich auch bei Sportarten wie Golf, Basketball und Tennis – also bei Sportarten, die einen Moment der Ruhe vor der eigentlichen Aktion erfordern.

Was die Sportler in ihrer »Ruhephase« tun, ist ebenso wichtig wie das, was während der Hochphase passiert, fährt der Artikel fort. James Loehr, ein Sportpsychologe, der mit Tennisstars wie Gabriela Sabatini und Jim Courier zusammengearbeitet hat, bringt Spielern bei, sich in den fünfundzwanzig Sekunden zwischen jedem Punkt einen ziemlich guten Schlag ins Gedächtnis zu rufen, einen schlechten zu vergessen, zu entspannen und sich auf den nächsten Aufschlag zu konzentrieren.

Visualisierung, Entspannung und ein Gefühl der Ruhe im Moment sind typisch für alle großen Sportler – und, wie bereits erwähnt, nicht nur für diese. Erinnern Sie sich daran, um wieviel besser Ihre Leistung war, wenn Sie sich entspannt fühlten, wenn Sie Ihre Materie so gut beherrschten, daß Sie sich wie ein Profi fühlten. Sie waren in der Lage, die Geschwindigkeit zu verringern, im gegenwärtigen Moment zu verweilen – und zu triumphieren.

Wenngleich jede sportliche Betätigung Sie mit dem Jetzt verbinden kann, zeigen Sportarten doch unterschiedliche Wirkungen.

Letztes Jahr lief im US-Fernsehsender ESPN eine Serie namens »Dangerous Games« (»Gefährliche Spiele«). Hier wurden Aktivitäten vorgestellt, denen einige Männer und Frauen nachgehen, um einen Adrenalinstoß zu erreichen, um eine Grenzerfahrung zu erleben, die vielleicht nur ein paar Sekunden andauert, aber unglaublich intensiv ist. Dies war ihnen das harte Training und das Risiko wert. Skateboardfahren, Fallschirmspringen, Wildwasser-Rafting, Crossläufe, Moto-Cross, Free-Climbing – diese und andere Aktivitäten verstecken sich hinter dem Begriff »gefährliche Spiele«, die mit einem hohen Verletzungsrisiko verbunden sind.

Kürzlich saß ich im Flugzeug neben einem Geschäftsmann, der den Berg El Capitan im Yosemite Park besteigen wollte. »Ich liebe die Herausforderung von Sportarten mit Todesrisiko«, erzählte er mir. »Nichts anderes – nicht einmal Erfolg – bietet genügend Risiko, genügend Drama, um mich zu stimulieren.«

Wir haben bereits festgestellt, welch hohes Suchtpotential die Wirkung eines Adrenalinstoßes bei einem Risiko-Erlebnis ausübt.

Ich denke, es gibt bessere (und sicherere) Möglichkeiten, viel länger andauernde Grenzerfahrungen, Kicks, herbeizuführen und dabei eher ausgedehnte als verkürzte Momente zu erleben. Die Antwort darauf gibt die Risiko-Fokus-Relation, von der im vierten Kapitel die Rede war. Der Sport liefert uns konkretes Anschauungsmaterial, wie etwa das Beispiel mit Michael Jordan zeigt.

Aber manche Menschen *sehnen* das Risiko *herbei*; sie können nicht ohne es leben. Ich kenne jemanden, der zum Flugplatz fährt, auf sein Flugzeug wartet, seinen Fallschirm umschnallt – und springt. Er behauptet, all die Stunden, die er für diese Aktivität aufwendet, seien den Kick des wenige Sekunden dauernden freien Falls wert. Das Risiko, daß der Fallschirm sich nicht öffnen könnte, steigert die Aufregung.

Ein anderer Bekannter, ein Rennfahrer, erzählte mir, er habe in den zehn Jahren seiner Rennfahrerkarriere dreißig Sekunden des »perfekten« Moments erlebt. Diese dreißig Sekunden scheinen mir nicht die Anstrengung von zehn Jahren wert zu sein, aber er war hellauf begeistert, als er mir davon berichtete. Ich hatte den Eindruck, er hätte auch zwanzig Jahre Rennsport in Kauf genommen, um dieses Erlebnis zu erfahren.

Wir alle suchen nach den »perfekten Momenten«, aber ich halte solche hochriskanten Methoden für zu schnell und zu hektisch. Da ist es doch viel besser, »mit dem Kopf in den Wolken zu schweben«, um ausgedehnte Zeit zu erfahren, statt sein Leben für einen schnellen Kick aufs Spiel zu setzen. Ich verstehe meine tollkühnen Freunde, aber ich bevorzuge einen anderen Rhythmus, eine andere Wirkung.

Deshalb spiele ich Basketball – zugegebenermaßen eine zwar schnelle, aber relativ ungefährliche Sportart, bei der ich Mitglied einer *Mannschaft* bin. Daraus beziehe ich einen wesentlichen Vorteil, denn in einer Mannschaftssportart ist die Erfahrung der Synchronisation, des harmonischen Rhythmus, von existentieller Bedeutung – ob nun auf Profi- oder auf Amateurebene.

Einer meiner Lieblingsberichterstatter beim Basketball war Bill Russell, der immer vorhersagen konnte, daß ein bestimmtes Team gleich »loslegen« würde. Und tatsächlich erzielte jene Mannschaft dann zehn oder zwölf Punkte hintereinander. Und kurz bevor die Erfolgsserie zu Ende ging, kündigte Russell auch dies an – und sie ging tatsächlich zu Ende.

Ich war mir nie ganz sicher, woher er dieses Wissen nahm. Da er selbst ein großartiger Profi gewesen war, konnte er sich vielleicht in den Rhythmus eines Teams auf eine Art hineinfühlen, die einem Zuschauer wie mir fremd ist. Ich denke, das Phänomen der Synchronisation erklärt, warum eine Mannschaft in einer Glücks- oder in einer Pechsträhne steckt. Warum plötzlich alle Mitglieder eines Teams »aufdrehen« oder »Pudding in den Beinen« haben.

Meine Mutter erzählte mir von einem Bridgeturnier, bei dem mit ihrem Spielpartner plötzlich alles »wie am Schnürchen« klappte und ihre Kommunikation, entsprechend der beim Bridge vorgeschriebenen Sprache, so einfach und natürlich verlief wie ein Gespräch mit den Nachbarn. Bei keinem Blatt wurde falsch geboten oder eine falsche Karte gespielt, und sie gewannen das Turnier, obwohl viele höherrangige Spieler daran teilnahmen.

Was sonst, wenn nicht der Rhythmus, könnte als Erklärung dafür dienen, daß ein Ruderteam von exakt der gleichen Stärke wie der Gegner trotzdem einen Vorsprung herausarbeitet und am Ende mit sicherem Abstand gewinnt? Warum sonst kann das auf Rang fünfzehn stehende Tennisdoppel die Spieler auf Rang eins schlagen?

Doch viele Menschen bevorzugen langsamere Sportarten und haben genausogroße Freude daran. Und sieht man sich die Impulskraft-Grafik an, so stellt man fest, daß ein Golfspiel oder eine Waldwanderung einen ähnlichen »Kick« bescheren kann wie Bergsteigen.

Beim Golf sind die Schönheit der Landschaft und die Freude am Gehen ein angemessener Ausgleich für einen verzogenen Schlag oder einen mißlungenen Putt. Ich habe sogar Freunde, die den Punktestand gar nicht notieren, sondern aus reiner Freude am Spiel und an der Landschaft golfen.

Beim Joggen, Spazierengehen, Schwimmen, Aerobic, T'ai Chi,

Yoga und Radfahren – sowohl als Fitneßübung als auch als Entspannungstechnik – kommt es darauf an, eins zu werden mit dem eigenen Körper und die Ruhe der Umgebung in sich aufzunehmen, so daß viele oft behaupten, sie würden »vergessen«, was sie gerade tun, und sich nur ihres Umfeldes sowie ihres inneren Selbst bewußt seien.

Hierin ähnelt Sport der Meditation: Es ist eine Zeit ohne Gedanken. Als Martina Navratilova gefragt wurde, warum sie das Spiel verloren habe, antwortete sie: »Ich habe angefangen, zu denken.« Sadaharu Oh, Japans bester Schlagmann, redet in diesem Sinne vom »Zen« beim Baseball. Und ein Freund von mir wurde von seinem erwachsenen Sohn gefragt, ob er nicht Lust habe, mit ihm ins Shea-Stadion zu gehen und sich die Mets anzusehen. »Aber die Mets sind ein schreckliches Team«, sagte der Vater. »Das ist mir egal«, antwortete der Sohn. »Ich möchte zu einem *Spiel* gehen.« Er hätte auch ergänzen können: »Ich möchte mich durch ein gemeinsames Sporterlebnis, das wir beide seit meiner Kindheit geliebt haben, mit dir verbunden fühlen.«

Am Omega Institute spielte ich mit Jena Marcovicci, einem Profi-Tennisspieler und ehemaligen Tennistrainer am Williams College, einmal eine Partie »Lufttennis« ohne Netz. Während der ganzen Zeit hörten wir eine Kassette mit Trommelschlägen. »Ich bringe den Leuten bei, in den Rhythmus zu kommen«, erklärte er, »und dann ihr Tennisspiel diesem Rhythmus anzupassen.« Er lehrte das »innere Tennisspiel«, die Abstimmung auf den eigenen natürlichen Rhythmus. Er lehrte die Spieler, sich in den Fluß des Spieles einzubinden. Gerade bei einem Turnier ist die Kontrolle über den eigenen Fluß die effektivste Methode, um zu gewinnen.

Beim Reitsport sprechen die Reiter von ihrer Einheit mit dem Tier, von der Verschmelzung mit der Natur, so wie die Segler von ihrer Einheit mit den Wellen reden. Der Rhythmus der Wellen- oder Pferdebewegungen erzeugt ein Synchronisationsfeld, das im Gleichklang mit unserer inneren Natur schwingt.

Meine Frau tanzt gerne, und sie weiß, wie wichtig es ist, sich auf die Bewegung im Moment zu konzentrieren. Am besten gelingt ihr dies, wenn sie jede Hemmung verliert, eins wird mit ihrem Körper und mit der Musik, auf die sie sich ganz einläßt. In Afrika schlagen benachbarte Stämme die Trommeln in unterschiedlichen Rhythmen, die ihre verschiedenen Kulturen widerspiegeln. Den richtigen Rhythmus zu finden ist – für diese Stämme wie für uns – von wesentlicher Bedeutung im Sport wie im Leben. Wenn wir ihn gefunden haben, sind wir Meister über uns selbst.

Natürlich ist Sport nur eine Art des Spiels – und nur eine Möglichkeit, unsere Freizeit auszufüllen.

Am Omega Institute gibt Joe Killian einen Kurs mit dem Titel »Spielen aus reiner Freude«, in dem er den Teilnehmern beibringt, die Zeit zu genießen. Er lehrt sie, albern zu sein, Hemmungen fallenzulassen, Unsicherheiten abzulegen – und zu lachen.

Lachen tritt oft infolge eines Spiels auf; es kann aber auch selbst ein Spiel sein. Es gibt ein wunderbares Spiel, bei dem jeder seinen Kopf auf den Bauch eines anderen Mitspielers legt und alle anfangen müssen zu lachen. Zunächst ist es gekünstelt, doch schon bald danach hallt der ganze Raum wider von schallendem Gelächter, und ein großartiges Gefühl der Freude breitet sich aus. Lachen ist wirklich, wie Norman Cousins gezeigt hat, die »beste Medizin«.

Ich denke, wir müssen Spiel und Lachen in die Arbeitswelt und in persönliche Beziehungen integrieren. Ein Bekannter aus dem Verlagswesen erzählte mir, wie er und zwei Kollegen während einer besonders schwierigen Zeit in der Firma beschlossen hatten zu pokern, um die Spannung ein wenig aufzulockern. Schon bald lachten sie laut und herzlich. Die Tür zu ihrem Büro wurde aufgerissen. »Wie können Sie es *wagen*, in einer Zeit wie dieser zu lachen?« brüllte ihr Chef. Die Tür wurde zugeschmettert. Sie lachten doppelt so laut. Aber sie wurden nicht entlassen und erhielten auch keine Abmahnung. Denn als sie einige Minuten später am Büro ihres Chefs vorbeikamen, hörten sie, wie auch er lachte.

Laufen Sie nicht vor dem Spiel, vor dem »Herumalbern« oder vor spontanem Spaß davon. Spiel und Lachen sind wundervolle Möglichkeiten, in die Gegenwart zurückzufinden (bei der Arbeit müssen Sie möglicherweise mit vielen Spannungsmomenten fertig werden, beim Spiel aber nicht). Alle anderen Tiere tanzen, tollen und hüpfen herum. Wir sind vermutlich die intelligentesten Lebewesen auf dem Erdball, trotzdem scheinen wir nichts von dem natürlichen Verhalten der Tiere um uns herum zu lernen. Auch für Kinder ist Spielen etwas völlig Normales. Unsere produktivitätsorientierte Gesellschaft hat uns vergessen lassen, welch ein Vergnügen es ist, ein Kind zu sein.

Sportliche Betätigung ist lebenswichtig.
»Ich bin heute zu beschäftigt, um Sport zu treiben. Ich werde es morgen nachholen.«

Wie oft haben Sie das schon gehört? Wie oft haben Sie das selbst schon gesagt?

Wenn Sie das Gefühl haben, Ihnen fehlt die Zeit, dann setzen Sie Ihre Prioritäten anders. Wir müssen uns Zeit schaffen für den Sport. Gehen Sie jeden Tag mit kräftigem Schritt eine Stunde spazieren, spielen Sie an drei Abenden in der Woche Tennis, gehen Sie zweimal wöchentlich tanzen, praktizieren Sie täglich Yoga oder spielen Sie regelmäßig Golf. Wichtig ist das Regelmaß, mit dem Sie Ihre »Sporttermine« einhalten!

Die einzige Regel dabei besteht darin, nur Dinge zu tun, die Ihnen Spaß machen. Sport kann langweilig oder aufregend sein, eine Belastung oder ein Vergnügen – es hängt davon ab, was zu Ihnen paßt. Wenn Sie das, was Sie anfangs mochten, nicht mehr ertragen können, dann suchen Sie sich etwas anderes. Und wenn Sie für die anstrengenden Sportarten zu alt werden (eines Tages werde auch ich sicherlich mit Basketball aufhören müssen), dann finden Sie eine für Ihr Alter angemessene Sportart. Aber hören Sie auf keinen Fall auf, Sport zu treiben.

Einer meiner Bekannten war ein begeisterter Tennisspieler – dieses Spiel erwies sich für ihn als die Lieblingsmethode für einen Rhythmuswechsler. Aber während einer Operation, der er sich unterziehen mußte, kam es zu Komplikationen, und als Folge hiervon mußte sein rechtes Bein amputiert werden. Nun war es ihm unmöglich, je wieder zu spielen, und er verfiel in eine tiefe Depression, die sich auf sein ganzes Leben auswirkte. Dann entdeckte er den Segelsport und verliebte sich in den ruhigen Rhythmus des Meeres. Eine andere Sportart, ein ähnliches Ergebnis. Seine Depression verschwand. Er begann wieder zu leben.

Lassen Sie sich auf den Sport ein. Machen Sie ihn zu einem wesentlichen Teil Ihres Lebens. Und erleben Sie, wie Ihre Vitalität schon bald zunimmt. Fühlen Sie, wie sich Ihr Körper einer Vielzahl neuer Reize öffnet, und lernen Sie die Freude und den Genuß eines gesunden Körpers kennen.

13. Gesundheit

Wir haben vergessen, daß unser einziges Ziel das Leben ist,
daß wir jeden Tag leben und daß wir
zu jeder Stunde des Tages unser wahres Ziel erreichen,
wenn wir leben…
Die Tage sind wie Früchte,
und unsere Rolle ist es, sie zu verspeisen.

Jean Giono

Geist und Körper sind miteinander verbunden; die Gesundheit des Körpers wirkt sich auf jene des Geistes aus und umgekehrt. Diese Vorstellung ist schon sehr alt. Bereits im Mittelalter galt die Erkenntnis, daß die »Launen« – beispielsweise der Zorn – direkt mit den Körperorganen in Zusammenhang standen. Ein schlechtgelaunter Mensch litt demnach unter einer Störung der Leber und der Gallenblase. Aber seit Beginn dieses Jahrhunderts, mit dem Aufkommen der Psychoanalyse, betrachtete man im Westen Körper und Geist als zwei getrennte Einheiten. Wir entwickelten die Vorstellung, daß Krankheiten des Körpers nichts mit der Seele zu tun haben. »Es ist nichts. Das bilden Sie sich nur ein«, beruhigten Ärzte ihre Patienten, und diese gingen in dem Glauben nach Hause, sie seien nicht krank, sondern nur ein bißchen verrückt. Magengeschwüre oder Rückenprobleme wurden nicht mit psychologischen Faktoren wie Streß oder Depression in Verbindung gebracht.

Im Osten betrachtet man Energie, Körper und Geist seit jeher als Einheit – und genau das ist auch das Konzept der »holistischen« oder ganzheitlichen Medizin: die Behandlung von Körper und Geist als ein Ganzes. Aber die Idee einer solchen, Körper und Geist verbindenden Medizin – einer direkten Verbindung zwischen dem zentralen Nervensystem und dem Immunsystem – erlebt jetzt auch im Westen als Psychosomatik einen neuen Aufschwung.

Die wissenschaftliche Bezeichnung für Psychosomatik lautet Psychoneuroimmunologie. In der medizinischen Wissenschaft, welche die Verbindung vom Gehirn über das Nerven- und Hormonsystem bis zum Immunsystem erforscht, ist das Interesse an diesem Bereich immer größer geworden. Dr. Steven Lockes Buch »*The Foundations of Psychoneuroimmunology*« (1985) war auf diesem Gebiet wegweisend, während sein zweites Buch »*The Healer Within*« auch für den Laien leicht verständliche Erklärungen enthält – was übrigens in gleichem Maße für Dr. Joan Borysenkos Buch »*Feuer in der Seele*« gilt.

Was die praktische Anwendung betrifft, so haben Jon Kabat-Zinn und Saki Santorelli an der University of Massachusetts Medical School eine Streßreduktions-Klinik gegründet, in der Patienten aus allen Fachabteilungen innerhalb des Hospitals Möglichkeiten zur Entspannung finden. Den Schwerpunkt bildet zusammen mit Yoga die Anwendung von Konzentrationsübungen, die den Patienten vermitteln sollen, wie sie in die Gegenwart gelangen, ihre individuellen Probleme erfahren und lernen, eine Veränderung zu erzielen. Die Ergebnisse waren außerordentlich zufriedenstellend. Kabat-Zinn veröffentlichte mehrere Studien zu diesem Bereich, darunter eine, die eine deutliche Reduktion chronischer, durch unterschiedliche Ursachen hervorgerufener Schmerzen zeigt, welche auch noch vier Jahre nach der Teilnahme eines Patienten an der Konzentrationsübung anhält.

Das Omega Institute bietet seit längerem ein Konzentrationstraining mit Kabat-Zinn und Santorelli an, und es ist erstaunlich, wie viele Gesundheitsexperten daran teilnehmen, um die vorgestellten Techniken für das eigene Hospital oder die eigene Praxis zu übernehmen.

Inzwischen schließen sich auch viele andere Ärzte Schriftstellern wie Norman Cousins an, der in »*Der Arzt in uns selbst*« zu der Erkenntnis gelangt, daß Lachen eine wirkungsvolle Heilmethode darstellt. Wir wissen heute, daß Krebs in engem Zusammenhang mit Depressionen stehen kann, daß Angst Geschwüre erzeugt oder Asthma verschlimmert, daß »Spannungskopfschmerzen« vielen zu schaffen machen – und daß Spaß und Freude erheblich zur Gesundung beitragen, Ruhe den Ausbruch vieler Krankheiten verhindert sowie ein »gesunder Geist in einem gesunden Körper« nicht nur eine Maxime der alten Römer war.

Damit meine ich nicht, daß wir durch Eliminierung starker Emotionen die Krankheit auslöschen oder durch Auslöschung von Krankheit starke Emotionen eliminieren. Ich spreche nur über eine *Verbindung*, über die wichtige Rolle, die der Verstand bei den Körperfunktionen – und umgekehrt – einnimmt.

Wenn Sie Angst haben, geht Ihr Puls schneller. Wenn Sie beunruhigt sind, fällt Ihnen das Atmen schwer. Depression, Wut, Streß, Angst, Liebe, Glück und Heiterkeit: Allen diesen Gemütszuständen wohnen physiologische Komponenten inne.

Ich denke, daß die Entstehung der Psychosomatik – die Antwort auf die unnatürliche Trennung zwischen physischen und psychischen Faktoren – eine direkte Folge der Steigerung des Rhythmus ist. Im dritten Kapitel erfuhren wir den Unterschied zwischen mentaler (»schneller«) und emotionaler (»langsamer«) Zeit. Wenn wir unsere Geschwindigkeit nicht verringern, um gegenwärtig zu sein, dann leben wir nur in mentaler Zeit, in der eine Trennung zwischen Verstand und Emotion, Geist und Körper leichtfällt. Ein Leben in mentaler Zeit – in einer beschleunigten Welt –, mit der daraus resultierenden Verdrängung emotionaler Aspekte, steigert das Risiko einer Krankheit. Je schneller wir leben, desto eher trennen wir Geist und Körper und werden somit anfälliger für eine Reihe von Krankheiten, deren Hauptursache auf der mangelnden Kommunikation zwischen Geist und Körper beruht.

Daniel Goleman zitiert in »*Emotionale Intelligenz*« die Ergebnisse einer Reihe von Studien, an denen mehrere tausend Männer und Frauen beteiligt waren. Bei den Probanden, die unter chronischer Angst, Depression, Pessimismus, Aggressivität – sogar Zynismus oder Argwohn – litten, war die Anfälligkeit für eine Krankheit (beispielsweise Asthma, Arthritis, Magengeschwüre,

Herzinfarkt) doppelt so hoch wie bei denjenigen, die sich nicht mit bedrückenden, chronischen Emotionen herumquälten. Goleman betont: »Angesichts dieser Größenordnung sind bedrückende Emotionen ein ebenso schädlicher Risikofaktor wie etwa das Rauchen oder ein hoher Cholesterinspiegel für das Herz [...]« (Aus: Daniel Goleman, a.a.O., S. 216. Anm. d. Übers.) Daher ist es kein Wunder, daß unter Ärzten das Interesse an psychosomatischer Medizin derart wächst!

Wir alle sollten uns dafür interessieren. Gesundheit liegt in der Verringerung der Geschwindigkeit, der Verlangsamung des Moments. Wenn Sie Ihre Emotionen ausleben, ist die Wahrscheinlichkeit, daß durch die Verdrängung der Gefühle verursachte Krankheiten ausbrechen, geringer. Lernen Sie, die Geschwindigkeit zu drosseln, die Emotion erst zu erleben und dann abebben zu lassen. Ihr Körper ist dann weniger anfällig.

Wenn Sie lernen, Ihren Rhythmus zu wechseln, werden Ihre Chancen auf ein gesundes Leben beträchtlich ansteigen.

Am Ende meiner medizinischen Ausbildung verbrachte ich vier Monate in einem Hospital in einem kleinen Himalajadorf. Dort lernte ich Shri Bhagwan kennen.

Der Gegensatz zwischen westlicher Schulmedizin, der ich die vier Jahre zuvor gewidmet hatte, und der Erfahrung im ländlichen Indien war überwältigend. Dort bekam ich alle möglichen Arten parasitärer Krankheiten zu sehen beziehungsweise Krankheiten, die infolge Unterernährung eintraten. Tuberkulose, mit der ich bis zu diesem Zeitpunkt noch nicht konfrontiert war, breitete sich in Indien fast seuchenartig aus. Zwar wurden chirurgische Eingriffe durchgeführt, aber häufig ohne die grundlegendsten labortechnischen Methoden und ohne notwendige diagnostische Informationen.

Durch das Fenster meines Zimmers konnte ich Frauen sehen, die riesige Milchkannen aus den Bergen ins Dorf hinuntertrugen, und die Männer schleppten sich mit noch schwereren Holzlasten ab. Die allgemeinen Lebensumstände waren alles andere als gesund; selbst grundlegendste Hygienemaßnahmen konnten nur schwer gewährleistet werden. Aber die Luft war rein, und den Einwohnern mangelte es nie an Bewegung.

In jenem Dorf gab es unter Hunderten von Patienten mit allen erdenklichen Krankheiten nur einen Fall eines Herzinfarktes. Das Opfer war ein Gastprofessor aus Amerika.

Herzkrankheiten sind eine direkte Folge der westlichen Kultur, wie man sie in Gesellschaften antrifft, die in großer Hektik verkehren und in denen das Leben beschleunigt abläuft. Es ist die folgenschwerste Krankheit des verkürzten Moments, jedoch keineswegs die einzige. Es ist die Krankheit der Workaholics, der Arbeitswütigen.

Die Forscher Ray Rosenman und Meyer Friedman bezeichnen Patienten mit einem erhöhten Herzinfarktrisiko als Typ A. Dabei handelt es sich um Menschen, die ihr Essen herunterschlingen, schnell reden, sich über die Gleise beugen, um zu sehen, ob endlich der Zug kommt, oder in einem Verkehrsstau oder einer Schlange vor der Supermarktkasse ungeduldig werden. Sie helfen anderen, die eine Aufgabe nicht »schnell genug« erledigt bekommen, übernehmen mehrere Aufgaben gleichzeitig, haben nie genug Zeit – und befinden sich tatsächlich im Wettlauf mit der Zeit.

In einer über zwanzig Jahre angelegten Studie mit 3500 Probanden aus dem Raum San Francisco fanden Rosenman und Friedman heraus, daß Typ A ein vierfach höheres Risiko für einen Herzinfarkt aufwies als Typ B. Typ B empfindet keinen Zeitdruck, geht das Leben langsamer an, spielt eher aus Spaß als um Sieg und Niederlage, arbeitet nicht so hart und nicht so hektisch.

Neuere Studien haben die Rolle bestimmter emotionaler Zustände, insbesondere die der Aggressivität und der Wut, mit dem Anstieg der Wahrscheinlichkeit einer Herzkranzgefäßerkrankung in Zusammenhang gebracht. Eine Versuchsgruppe von Herzinfarktpatienten an der Stanford University Medical School erlernte Methoden, mit denen sich Wutreaktionen unter Kontrolle bringen und verringern ließen. Im Vergleich zu der Gruppe, die darin nicht unterrichtet wurde, kam es bei ihnen wesentlich seltener zu einem zweiten Herzinfarkt. Eine Grundlage des Trainings bildete das Erlernen des Rhythmuswechsels, die Verringerung der Geschwindigkeit bis zu einem Zustand der Achtsamkeit, die einen besseren Umgang mit der Wut ermöglichte und schnell aufflackernde Aggressionen nicht mehr zuließ.

Dr. Dean Ornish konnte mit der Reduktion der Gefäßverengung bei Patienten mit schwerer Herzkranzgefäßerkrankung einen beachtlichen Erfolg aufweisen. Sein Programm umfaßt eine strenge, fettarme Diät und basiert außerdem schwerpunktmäßig auf Entspannungstraining und Yoga. Die meisten Menschen wissen, welche Bedeutung einer Diät im Zusammenhang mit einer Herzkrankheit zukommt, dennoch wäre das Ornish-Programm nicht so wirkungsvoll ohne den Rhythmuswechsel, der durch Yoga und Entspannung erreicht wird.

Obwohl wir die zerstörerische Wirkung heftiger Emotionen und der Geschwindigkeit an sich kennen, treiben wir uns zu immer höherem Tempo an. Zeit ist Geld. Zeit ist Produktivität. Das Leben ist ein Sprint, kein Marathon. Der Held in Willard Motleys »*Knock on Any Door*« formuliert es so: »Lebe schnell, stirb jung und sei eine gutaussehende Leiche.« Wenn wir auf diese Art leben, geschieht das mit Hilfe einer enormen Selbstverleugnung. Wenn wir aber innehalten und fühlen, was in unseren Körpern vorgeht, dann erleben wir einen Rhythmuswechsel.

Am Anfang meiner Tätigkeit als Arzt hörte ich viele Geschichten von Patienten, die plötzlich, »ohne vorherige Anzeichen«, einen Herzinfarkt erlitten. Damals glaubte ich solchen Berichten, doch heute bin ich davon überzeugt, daß sehr wohl Symptome auftraten und daß die Patienten nur *nicht auf sie hörten*, sie nicht *fühlten*. Ich erinnere an die Geschichte des Politikers am Anfang dieses Buches.

Sie alle hatten sich selbst keine Zeit geschenkt.

Nach meiner medizinischen Ausbildung nahm ich eine Stelle bei einem Gesundheitszentrum an. Dort mußte ich pro Stunde eine bestimmte Anzahl von Patienten behandeln – pro Person blieben mir etwa zehn Minuten Zeit. Das war vor ungefähr zwanzig Jahren. Im heutigen modernen Gesundheitswesen stellen Ärzte oft innerhalb von siebzehn Sekunden eine Diagnose. Sie schätzen die Symptome eines Patienten ein, sobald er zur Tür hereintritt, analysieren sie, schicken den Patienten weg – entweder mit einem Rezept nach Hause ins Bett oder in ein Krankenhaus (je nach Symptomen) – und sind mit sich zufrieden, daß sie ihre Arbeit getan haben. Und wenn die Symptome weiterbestehen, geben sie gewissermaßen dem Patienten die Schuld daran.

Auch der Patient ist zufrieden. Er »weiß«, was ihm fehlt (ein Fachmann hat es ihm ja mitgeteilt), was er folglich zu tun hat, und kann so schnell wie möglich mit seiner Arbeit fortfahren.

Was Arzt und Patient behandeln, ist natürlich das Symptom und nicht die zugrundeliegende Ursache. Und dabei wird der *ganze Mensch* völlig außer acht gelassen.

Eine achtzigjährige Frau erzählte mir von einer Zeit, als sie Schwierigkeiten hatte, ihren rechten Arm zu heben. Nur unter enormen Schmerzen war es ihr möglich, den Arm bis auf Schulterhöhe hoch zu bekommen, wodurch ihr das Ankleiden und das Essen schwerfielen.

Aus diesem Grunde suchte sie einen Orthopäden auf, bei dem sie vorher noch nicht gewesen war.

»Das Alter«, sagte er nur und sah sie kaum einmal an. »Da kann man nichts machen.«

»Ich glaube nicht, daß es am Alter liegt«, erwiderte sie. »Ich denke, daß es etwas anderes ist.«

»Ich sage Ihnen, es ist das Alter. Ich bin seit vierzig Jahren Spezialist für Gelenkkrankheiten. Ich habe so was schon oft gesehen.«

»Das glaube ich nicht.«

»Vertrauen Sie mir. Es ist das Alter.«

Verzweifelt bewegte sie ihren linken Arm vor seinem Gesicht hin und her und rief: »Sehen Sie diesen Arm? Wie kommt es, daß ich ihn anheben kann? Er ist auch achtzig Jahre alt.«

Ihr Arzt nahm sich, wie so viele andere auch, nicht die Zeit, wirklich bei ihr zu *sein*. Für ihn hatte seine Patientin keine Seele, keine

Geschichte, kein Herz. Der Arzt stellte – und darin unterschied er sich in keinster Weise von etlichen seiner Kollegen – aufgrund des Symptoms sofort eine Diagnose und wich keinen Zentimeter davon ab. Er war völlig von den Worten und Gefühlen seiner Patientin »abgeschnitten.«

In meiner eigenen Praxis zwinge ich mich bewußt dazu, meine Geschwindigkeit zu drosseln. Zu Beginn meiner Laufzeit übergab mir einmal ein Patient, der Anzeichen einer Hypothyreose aufwies, ein von einem Arzt geschriebenes Buch über neue Behandlungsmethoden bei Schilddrüsenerkrankungen. »Keiner der anderen Ärzte wollte das Buch lesen«, beschwerte er sich. »Dabei hätte es ihnen viel besser als ich erklären können, was mit mir los ist.« Ich lieh mir das Buch aus, las es und konnte ihm helfen. Darüber hinaus hatte ich eine neue Behandlungsmethode für ein Gesundheitsproblem kennengelernt, dem ich in meiner Praxis häufig begegnete. Nur allzuoft sind Ärzte Fachleute, die ihr Wissen verteilen, ohne zu erkennen, daß Menschen dermaßen intensiv mit den eigenen Krankheiten befaßt sind, daß ihr persönlicher Einsatz für eine Heilung unentbehrlich ist. Wir Ärzte haben in dieser Hinsicht eine Menge zu lernen.

Ich versuche, nicht nur auf die Worte des Patienten, sondern auch auf seine Gefühle zu hören. Ich habe herausgefunden, daß meine Beratungsstunden gewöhnlich mit einem Gespräch über eine bestimmte Krankheit beginnen, sich dann aber schon bald mit Streß und Lebensmöglichkeiten in der Gegenwart beschäftigen. Wenn Sie sich krank fühlen, sind Sie aller Wahrscheinlichkeit nach auch gestreßt. Den Streß loszuwerden – hinter sich zu lassen – erfordert von Arzt und Patient viel Zeit.

Arzt und Patient agieren in einem unterschiedlichen Rhythmus. Der Patient ist besorgt; er befürchtet, daß die Symptome etwas Ernstes bedeuten, und demzufolge, daß die Diagnose schlecht ausfällt. Der Arzt hingegen hat es eilig. Das Wartezimmer ist voll, der Patient scheint gar nicht so krank zu sein, und im Krankenhaus wartet man auf seine Visite als Belegarzt. Beide sind nicht in der Lage, in den gegenwärtigen Moment zu gelangen. Es scheint, als sprächen sie unterschiedliche Sprachen, und niemand ist für den anderen »da«. In meiner Sprechstunde verringere ich ganz bewußt meine Geschwindigkeit, denn viele Patienten beschreiben ihre Probleme oft verwirrend, manchmal sogar widersprüchlich. Und diese Konfusion wiederum verwirrt mich. Aber wenn ich mir Zeit nehme und zuhöre, dann kann ich die Hauptursache der Krankheit besser bestimmen und diese statt des Symptoms behandeln.

Häufig sind Streß oder Angst die Auslöser für eine Erkrankung. Patienten mit Schlafstörungen (oder chronischer Müdigkeit, Angstanfällen, Asthma) machen sich zum Beispiel so viele Sorgen darüber, genügend Ruhe zu bekommen oder den nächsten Angstanfall zu überstehen, daß ihr Problem sich nur noch verschlimmert. Ich versuche ihnen beizubringen, sich in die Gegenwart zu begeben, aber *nicht*, um ihren Willen zum Schlaf zu stärken oder um den nächsten Angstschub zu bewältigen, sondern um sich auf die gegenwärtigen Gefühle einzulassen und einen widerstandsfreien Zustand zu erreichen, in dem es nur das Jetzt gibt. Das ist keineswegs schwer – ganz im Gegenteil. Aber der praktizierende Arzt muß sich Zeit nehmen, damit der Patient dieses Ziel erreicht; er muß in der Lage sein, seinen eigenen Rhythmus zu wechseln.

Ich bitte meine Patienten des weiteren, eine Liste mit Fragen zu erstellen, bevor sie zu mir kommen. Die meisten Menschen leiden unter einem »Halbgötter-in-Weiß-Syndrom«. So ist es zum Beispiel allgemein bekannt, daß der Blutdruck der Patienten steigt, wenn der Arzt ins Zimmer kommt, und in ihrer Nervosität vergessen sie dann vieles, was sie eigentlich fragen wollten. Der neunzigjährige Vater meines Freundes beklagt sich bei seiner Tochter und seiner Frau immer wieder über Krankheiten von Taubheit bis Rückenmarkstenose. Aber dem Arzt versichert er stets nur, daß es ihm »gutgeht«, daß »alles beim alten« sei. Ist der Arzt dann gegangen, beschwert er sich darüber, daß dieser keine Ahnung von Medizin habe – jeder Idiot könne doch sehen, wie krank er sei.

Immer mehr Anzeichen lassen eindeutig darauf schließen, daß Streß einer der Hauptfaktoren für die vielfältigen Krankheiten ist, die uns heimsuchen. Wie in von Monat zu Monat immer häufiger veröffentlichten Zeitschriftenartikeln berichtet wird, ist die Verbindung zwischen Streß und Krankheit weit verbreitet. Es wurde nachgewiesen, daß Streß sich auf die Funktion des Immunsystems auswirkt und dadurch eine verstärkte Anfälligkeit gegenüber einer Virusinfektion und einer Erkältung bewirkt. Er ist verantwortlich für den Anstieg von Darmkrebsfällen und beeinflußt die Metastasenbildung bei Brustkrebs im fortgeschrittenen Stadium. Streß vergrößert das Risiko einer Herzkranzgefäßerkrankung und bei Kindern die Anfälligkeit für Diabetes. Die Basedowsche Krankheit (eine Schilddrüsenerkrankung) und Darmentzündungen treten bei zunehmendem Streß häufiger auf.

Die Bedeutung von Streß wird ferner durch eine Studie verdeutlicht, bei der Teilnehmern des 24-Stunden-Rennens von Le Mans vor und nach dem Rennen die Blutfettwerte gemessen wurden. Die Werte waren nach dem Rennen im Durchschnitt um hundert Punkte gestiegen – viel stärker als nach dem Verzehr fettreicher Nahrung. Die negativen Auswirkungen von Streß auf die Gesundheit treten in allen Aspekten der physiologischen Funktionen in Erscheinung. Streß ist eine moderne Krankheit, eine Geschwindigkeitskrankheit.

Kürzlich suchte mich eine Patientin mit einer Schilddrüsenerkrankung auf. Die Erkrankung war zwar geheilt, doch dafür litt die Frau jetzt unter schweren Angstanfällen, bei denen kein Medikament zu helfen schien. Ich brauchte eine Zeitlang, bis ich sie mit dem eigentlichen Grund ihrer Angst konfrontieren konnte.

»Ich bekomme nicht genug Luft«, sagte sie.

»Und was noch?«

»Ich werde nie ein Medikament finden, das mir hilft.«

»Und was noch?«

»Ich habe Angst, daß ich sterbe!«

Richtig war, daß die Schilddrüsenerkrankung damals ein bedrohliches Ausmaß angenommen hatte. Sie konnte zwar geheilt werden, doch die Bedrohung existierte weiter, zumindest im Unterbewußtsein der Patientin. Nachdem sie aber in der Lage war, ihrer Todesangst offen ins Gesicht zu sehen, verflüchtigten sich die Angstanfälle innerhalb einer Woche.

Die meisten Ärzte haben nicht die Zeit, wirklich zuzuhören; und die meisten Patienten würden dem, was eigentlich in ihren Körpern passiert, am liebsten keine Beachtung schenken. Wenn Ärzte einen Patienten zum ersten Mal zu Gesicht bekommen, greifen sie auf dessen Krankengeschichte zurück, befragen ihn sehr oberflächlich über seinen Gesundheitszustand (»Depressiv?« »Probleme zu Hause?« »Arbeiten Sie zuviel?«) und stellen ein Rezept aus. Wenn die Wirkung des Medikaments ausbleibt, versuchen sie es mit einem anderen. Der Patient geht mit dem Gefühl nach Hause, daß beide – er und der Arzt – ihr möglichstes getan haben.

Der Arzt hat der (oft verwirrenden) Schilderung von »Fakten« zugehört. Der Patient hat die Symptome beschrieben. Beide sind zufrieden. Aber keiner von beiden hat sich die Zeit genommen, in der Gegenwart zu sein. Keiner von beiden hat seine Geschwindigkeit genug verringert, um den ganzen Menschen sehen zu können. Beide stecken fest im Tempo von Arbeit und Geld, von Geschwindigkeit und Streß; sie sind nicht imstande, den Rhythmus zu wechseln. So geht der Arzt mit der nagenden Ungewißheit nach Hause: »Vielleicht hätte ich mehr tun können.« Und der Patient steuert vielleicht auf eine viel ernstere Krankheit zu.

Daniel Goleman erklärt in seinem Buch »*Emotionale Intelligenz*«: »Historisch hat die Medizin in der modernen Gesellschaft ihren Auftrag so verstanden, daß sie die Krankheit – die gesundheitliche Störung – behandelt, dabei aber das subjektive Erleben der Krankheit durch den Patienten außer acht läßt. Patienten, die sich dieser Sicht ihres Problems anschließen, beteiligen sich an einer stummen Verschwörung mit dem Ziel, die Art und Weise, wie sie emotional auf ihre Gesundheitsprobleme reagieren, zu ignorieren oder diese Reaktionen als unerheblich für den Verlauf des Problems abzutun. Diese Haltung wird verstärkt durch eine Modellvorstellung der Medizin, die nichts von der Idee wissen will, daß die Seele den Körper nennenswert beeinflußt.« (Aus: Daniel Goleman, a.a.O., S. 211, 212. Anm. d. Übers.)

Vor vier Jahren suchte mich eine Frau zur Behandlung ihres Brustkrebses auf. Ich überwies sie an einen Chirurgen, der den Tumor entfernte und den späteren Heilungsprozeß verfolgte. Zwei Jahre später entdeckte er einen verdächtigen Schatten auf einer Röntgenaufnahme und empfahl weitere Untersuchungen, um festzustellen, ob der Krebs zurückgekehrt sei.

Die Frau hatte mich während der ganzen Zeit weiterhin regelmäßig konsultiert. Obwohl ich nicht mehr die direkte Verantwortung für sie trug, war ich »der einzige, mit dem sie reden konnte«, der Arzt, der ihre »menschliche« Seite verstand.

Sie empfand schreckliche Angst vor der Untersuchung, vor jeder Operation und konnte diese Angst nach eigenen Angaben nur mir gegenüber äußern. Der Chirurg bekämpfte ihre Krankheit; sie bekämpfte ihr Leiden, das sich aus ihrem Tumor und ihrer Angst zusammensetzte. Wir mußten das Ausmaß ihrer Angst gegen einen dringenden chirurgischen Eingriff abwägen.

Ich sprach mit dem Arzt, dann mit der Patientin. Ich hielt den Eingriff für erforderlich, aber ich konnte ihr die Nachricht vorsichtig und ruhig beibringen und sie davon überzeugen, daß sie sich vor diesem Eingriff nicht zu fürchten brauchte und daß er sich lohnen würde. Das einzig wirkliche Risiko lag darin, den Schatten zu ignorieren.

Ich behandelte die *ganze* Frau, ihren Geist, ihr Gefühl und ihren Körper. Sie willigte in die Operation ein. Der Krebs war nicht wieder zurückgekehrt.

Als Arzt konzentrierte ich mich auf Gesundheit und Wohlbefinden. In der Praxis der ganzheitlichen Medizin versuchte man den ganzen Menschen zu behandeln, seine kompletten psychologischen und physiologischen Lebensumstände zu betrachten und Präventivmedizin einzusetzen.

Die westliche Schulmedizin konzentriert sich auf die Krankheit. Ich und andere Ärzte lernten, wie man pathologische Zustände und die Abnormitäten der Zell- und Stoffwechselfunktionen des Körpers erkennt. Aber niemand klärte uns darüber auf, was Gesundheit ist. Gesundheit wurde definiert als Abwesenheit von Krankheit; daher lernten wir, die Krankheit zu behandeln, jedoch nicht, ihr vorzubeugen. Vorbeugung bleibt mit Ausnahme einiger allgemeiner Tips und Ratschläge von den Ärzten Sache des Patienten.

Einer unserer herausragendsten Gesundheits- und Ernährungsexperten, Dr. Jeffrey Bland, teilt unseren Gesundheitszustand in drei Kategorien ein: optimale Gesundheit, vertikale Krankheit und horizontale Krankheit.

Die erste Kategorie erklärt sich von selbst. Die dritte Kategorie bezieht sich auf diejenigen pathologischen Krankheiten, die uns buchstäblich »umhauen«. Die zweite Kategorie, vertikale Krankheit, beinhaltet jene Krankheiten, unter denen so viele von uns leiden, mit denen wir uns aber abgefunden haben. Dabei handelt es sich nicht um lebensbedrohliche Krankheiten oder solche, die uns erwerbsunfähig machen. Es sind nagende Rücken- und Kopfschmerzen, Müdigkeit, Verdauungsprobleme, Hautausschläge oder chronische Schmerzsyndrome, an die wir uns gewöhnt haben. Wir versprechen, uns darum zu kümmern, sobald wir unser nächstes Arbeitsprojekt beendet haben, sobald die Kinder ihr Abitur haben, in den nächsten Ferien, oder *wenn wir Zeit haben* – was, wie wir wissen, nie der Fall sein wird, wenn wir nicht selbst dafür sorgen.

Die westliche Schulmedizin behandelt normalerweise horizontale Krankheiten und spürt den Beginn von Krankheiten in einem äußerlich gesunden Körper auf – weshalb Sie regelmäßig zu Routineuntersuchungen gehen sollten, auch wenn Sie lernen, Herr über Ihre Gesundheit zu werden.

Bei einem Herzinfarkt sind Ihre Überlebenschancen im Westen weit größer als überall sonst auf der Welt. Unsere Geräte können das kleinste Krebsgeschwür entdecken, und unsere Instrumente sind in der Lage, sie zu entfernen, ohne dem benachbarten Gewebe schwerwiegendere Schäden zuzufügen. Wir bekämpfen bakterielle Infektionen mit der fortschrittlichsten und wirkungsvollsten Medizin. Wir können ganze Körperglieder oder zerstörte Gesichter wiederherstellen, Organe transplantieren, das Leben von

Sterbenden verlängern und zwei Pfund schweren Frühgeborenen das Leben retten, die in anderen Gesellschaften einem sicheren Tod geweiht gewesen wären.

In puncto Krisenfälle und technologische Eingriffe in der letzten Phase einer Krankheit ist unser Gesundheitssystem unvergleichlich gut. Tatsächlich werden dreißig Prozent des für die medizinische Versorgung vorgesehenen Geldes innerhalb der letzten sechs Lebensjahre ausgegeben.

Eigentlich sollte man angesichts dieser Fakten statt von »Gesundheitsfürsorge« lieber von »Krankheitsfürsorge« sprechen.

Unsere Ärzte – und wir selbst – versagen bei den weitaus häufigeren und anfänglich weniger ernsten vertikalen Krankheiten. (Ich sage »anfänglich«, da die vertikalen Krankheiten bei unkorrekter Behandlung zu den horizontalen Krankheiten führen.)

Mit anderen Worten: Wir sind Experten in Sachen Pathologie, aber Amateure bei der Behandlung des ganzen Menschen und Dilettanten, wenn es um unsere eigene Behandlung geht.

Was wir wirklich wollen, ist eine sofortige Belohnung. Wir gieren danach, sie »jetzt« zu bekommen; aber wir sind nicht bereit, uns die Zeit zu nehmen, um für das, was gerade passiert, gegenwärtig zu sein.

»Ich kenne einen Typ, der aus dem zehnten Stock fiel«, sagt Steve McQueen in einem seiner Filme. »Auf dem Weg nach unten sagte er bei jedem Stockwerk: ›So weit, so gut!‹«

Mit unseren vertikalen Krankheiten verhalten wir uns wie der fallende Mann.

- Kopfschmerzen? Wahrscheinlich sind die Augen überanstrengt. Wir werden sie untersuchen lassen, sobald wir das Arbeitspensum dieser Woche erledigt haben (verzichten letztlich aber doch auf einen Arztbesuch).
- Nackenschmerzen? Das kommt vom ständigen Sitzen und Starren auf den Computer. Nächste Woche – schwören wir – treiben wir Sport (aber wir tun es nicht).
- Angstanfälle? Wer würde die bei diesem Chef nicht haben? Was

wir brauchen, sind gute drei Wochen Urlaub (aber wir nehmen ihn nicht).

- Atemnot? Sicher eine Folge von Bewegungsmangel. Morgen gehe ich zu Fuß zur Arbeit (aber dann verschlafe ich, und es wird wieder nichts daraus).
- Ein bißchen Speck angesetzt in der Mitte? Gleich nach Neujahr – schwören wir – ernähren wir uns nur noch von Obst und Gemüse (aber wir tun es nicht).

Im Grunde sind wir – und nur wir selbst – verantwortlich für unsere Gesundheit. Trotzdem sorgen wir mehr für unsere Autos als für unser persönliches Wohl; zumindest bringen wir unseren Wagen alle paar tausend Kilometer zur Inspektion.

Ich glaube, am liebsten wäre es uns, wenn wir unseren Körper (wie ein Auto) einfach beim Arzt abgeben, mit unserem Gehirn zur Arbeit gehen und dann unseren Körper nach der Arbeit wieder abholen könnten: Das Blut ist gewechselt, die Gelenke sind geölt, nichts knackt mehr. Überlassen wir nur alles dem Arzt, denken wir. *Wir* wollen damit nichts zu tun haben.

Wir möchten nicht an unsere Ernährungsweise denken, an Bewegung oder an die Beseitigung von Streßfaktoren. Wir suchen die schnelle Lösung, das Sofortheilmittel, und wir *lieben* den Arzt, der uns sagt: »Nehmen Sie zwei Aspirin und rufen Sie mich morgen vormittag wieder an.«

Der Gegensatz zwischen einer Schnellösung und einer Behandlung, bei der man sich Zeit nimmt, wird deutlich an Nancys Fall, einer Frau von Mitte Dreißig, die unter multipler Sklerose (MS) litt. Wie sie bereits bei vielen anderen Ärzten nach »Lösungen« gesucht hatte, so suchte sie auch mich auf – und ich erklärte ihr, ebenso wie die Mehrzahl der anderen Ärzte, daß es keine hundertprozentige Heilmethode gab. Ich verordnete ihr allerdings eine besondere, vitaminreiche Diät inklusive viel Bewegung, die zwar zu keiner vollständigen Heilung führte, aber die Symptome durch eine Verbesserung ihres allgemeinen Gesundheitszustands deutlich linderte. Trotz gelegentlicher Ausbrüche konnte sie ihren

Zustand schließlich klar und realistisch betrachten und erlangte wieder genügend Lebenskraft, um ihre Ausbildung zur Yoga-Lehrerin fortzusetzen.

Nancy lud mich als Redner bei einem Treffen der örtlichen MS-Vereinigung ein, und ich war erschüttert, daß nur zwei der ungefähr vierzig Mitglieder gesund wirkten. Dabei handelte es sich um genau die beiden, die nach meiner Diät lebten, gegen ihre Krankheit ankämpften und nicht aufgaben. Sie waren die einzigen, die in den Pausen nicht sofort über Limonade und Gebäck herfielen.

Ich bemerkte, daß die anderen ein neues Heilverfahren von mir erwarteten. Als sie diesbezüglich enttäuscht wurden, suchten sie sich eine neue Befriedigung, nämlich Limonade und Gebäck, die man ziemlich unüberlegt für sie vorbereitet hatte. Limonade und Gebäck sind keineswegs Bestandteil einer gesunden Ernährungsweise, und wahrscheinlich griffen meine Zuhörer zu Hause auch wieder zu geeigneteren Lebensmitteln. Aber dort schienen sie zu sagen: »Warum ich? Und *wenn* es schon mich trifft, dann ist das Leben höchst ungerecht, und ich werde mich *jetzt* amüsieren, mit welchen Konsequenzen auch immer.«

Nancys Erfolg bestand darin, daß sie MS als ihr Schicksal anerkannte und dennoch nicht aufgab. Sie konzentrierte ihre ganze Energie darauf, ihr Leben so erfolgreich zu gestalten, wie sie nur konnte, und viel Zeit in ihr körperliches Befinden zu investieren. Sie hatte den Moment der Gesundheit ausgedehnt, indem sie nicht aus Furcht vor der Krankheit davonlief, sondern sie als Bestandteil ihres Lebens akzeptierte.

Viele Patienten schämen sich und fühlen sich schuldig oder als Opfer. Nancy hatte sich die multiple Sklerose nicht ausgesucht, aber ihre Fähigkeit, diese Tatsache zu akzeptieren, eröffnete ihr die Möglichkeit, innerhalb der Grenzen dieser Diagnose ein Leben in geordneten Bahnen zu führen.

Alle anderen wollten die sofortige Heilmethode; wenn sie diese »Wunderpille« nicht bekamen, griffen sie nach jedem »Glücksgefühl«, das ihnen geboten wurde. So entstand ein Modell der Verdrängung und Verleugnung, das keine Möglichkeit zuläßt, seine

Geschwindigkeit zu verringern und die Krankheit zu erfahren, zu akzeptieren oder sich sogar mit ihr anzufreunden. Nancy aber, die genau das tat, erreichte in ihrem Leben einen Gesundheitszustand, wie er den meisten Menschen unter ähnlichen Umständen nicht gelingt. Wenn wir unser Tempo drosseln, um in der Gegenwart zu sein und die Umstände so zu akzeptieren, wie sie sind, dann können wir schließlich die positivsten Veränderungen bewirken. Nancy und verschiedene meiner anderen Patienten sind dafür lebende Beispiele.

Die meisten Menschen, die unter einer ernsten Krankheit leiden, suchen nach einem Wundermittel. Die weniger Geduldigen greifen zu Aspirin, Diätmahlzeiten aus der Dose (»mit allen natürlichen Bestandteilen, die ihr Körper braucht«), Aufputschpillen und Antidepressiva. Wenn die Kopfschmerzen verschwinden, die Waage weniger Gewicht anzeigt, die Lebensenergie steigt, die Depression abnimmt, dann halten sie sich für geheilt – aber sie sind es nicht.

Ein leichter Schmerz, dem man keine Beachtung schenkt, wird sich letztendlich verschlimmern. Eine vertikale Krankheit, die man verschleppt, wird zu einer horizontalen.

Es braucht Zeit, um gesund zu werden, und diese Investition ist wichtiger als die Zeit, die Sie in die Arbeit stecken. Wir werden nicht von einem Tag auf den anderen gesund, so sehr wir uns das auch wünschen. Gesundheit erfordert Anstrengung. Sie fällt nicht einfach vom Himmel. Aber die meisten Menschen machen sich erst dann Gedanken, wenn sie sich schlecht fühlen.

Optimale Gesundheit kann man nur dann erreichen, wenn der Körper sich im Einklang mit sich selbst befindet (regelmäßiger Herzschlag, regelmäßige Atmung, regelmäßige Streßbeseitigung und dergleichen) – und dies ist nur dann möglich, wenn wir unsere Geschwindigkeit reduzieren, um den gegenwärtigen Moment wahrzunehmen. Wir werden noch sehen, wie eine Krankheit uns verlangsamt und wie die Aussicht auf den Tod uns direkt in die Gegenwart bringt.

Aber dann ist es zu spät. Wie groß muß unser Leid sein, bis wir bereit sind, innezuhalten und zuzuhören? Wieviel Schmerz müssen wir verspüren? Wie vieler Kopfschmerzen und Angstanfälle bedarf es? Wieviel Fettleibigkeit und Atemnot sind erforderlich?

Meines Erachtens erzeugen wir die Krankheiten manchmal in uns selbst (unbewußt natürlich; und meine Behauptung ist keine Anklage und sollte auch keine Schuldgefühle verursachen), nur damit wir gezwungen sind, nicht mehr fühlen zu müssen. Wenn wir krank sind – insbesondere schwer krank –, dann setzen wir unsere Prioritäten anders und überdenken unser Leben. Nichts versetzt uns so sehr in den gegenwärtigen Moment wie Schmerz oder Todesangst.

Wie schön wäre es, wenn wir uns statt dessen auf unser Wohlbefinden einlassen könnten! Wie schön wäre es, wenn wir erkennen würden, wie wichtig der Rhythmus für ein gesundes Leben ist.

Es ist allgemein bekannt, daß der Körper in einem 24-Stunden-Rhythmus agiert. Unser Hormonspiegel schwankt über den Tag und von Monat zu Monat, genau wie unser Blutzuckerspiegel, unser Mineral- und unser Enzymhaushalt. Bei Licht sind wir eher beschwingt (denken Sie nur daran, wie gut es tut, an einem sonnigen Tag spazierenzugehen), bei Dunkelheit leichter depressiv.

Der großartige Regisseur José Quintero erzählte mir, daß er bei den Dreharbeiten zu Eugene O'Neills Stück »Eines langen Tages Reise in die Nacht« während eines norwegischen Winters fast schon selbstmordgefährdet gewesen sei. »Es war nicht so sehr das Stück, sondern vielmehr die Tatsache, daß es kein Tageslicht gab«, sagte er. »Ich konnte nach draußen gehen, wann ich wollte, es war immer dunkel.«

Noch bis vor kurzem wurde im Westen die Theorie ignoriert, daß die Körperorgane sich im unterschiedlichen Rhythmus zueinander befinden. Diese Theorie aber liegt der chinesischen und anderen östlichen Heilkünsten zugrunde. Heute wissen wir, wie überaus wichtig der Körperrhythmus ist, und haben gelernt, die Behandlungen der Tages- und der Jahreszeit anzupassen. Die Effizienz bestimmter Chemotherapien hängt zum Beispiel vom Rhythmus des Körpers ab. Alle menschlichen Zellen arbeiten synchron – bei Krebs handelt es sich im wesentlichen um Zellen, die Amok laufen, asynchron zu den anderen Körperzellen.

Während Krebs sich durch ungleichmäßigen Rhythmus weiter ausbreitet, läßt sich bei einem synchronisierten Rhythmus eine heilende Wirkung beobachten. Dr. David Spiegel von der Stanford University Medical School untersuchte eine Gruppe von Frauen mit Brustkrebs im fortgeschrittenen Stadium. Er gründete Selbsthilfegruppen, in denen die Frauen ihre Erfahrungen mit der Krankheit äußern konnten. Bei den Behandlungsmethoden gab es keinen Unterschied, aber ein Vergleich ergab, daß die Frauen aus den Selbsthilfegruppen zweimal so lang lebten wie jene, die allein mit der Krankheit fertig werden mußten. Hierfür mag es andere Erklärungen geben, aber ich bin überzeugt, daß die Möglichkeit, mit einer Gruppe von Menschen den gegenwärtigen Moment wahrzunehmen, seine Geschwindigkeit zu verringern und Gefühle zu teilen, einen gemeinsamen Rhythmus erzeugt, der sich positiv auf den Heilungsprozeß auswirkt.

Deepak Chopra, ein Mediziner, der sowohl eine westliche Ausbildung genoß als sich auch der indischen Ayurveda-Heilkunst verschrieben hat, ist Spezialist auf beiden Gebieten, der konventionellen und der alternativen Medizin. Kürzlich hatte ich die Gelegenheit, ihn zu fragen, welche Rolle seiner Meinung nach der Rhythmus bei Gesundheit und Krankheit spielt. Chopra glaubt, daß »das Universum ein kosmischer Tanz, unser Biorhythmus ein Teil dieses Tanzes ist und daß wir, wenn unser Körper sich in Harmonie mit dem inneren Rhythmus der Natur befindet, Ganzheit erfahren. Gesundheit ist die Rückkehr der Erinnerung an die Ganzheit. Das erste deutliche Anzeichen einer Krankheit ist eine Unterbrechung des Biorhythmus – was bedeutet, daß wir den Einklang mit der kosmischen Symphonie verloren haben.« Zur Zeit beschäftigt er sich mit einer weiteren Erforschung der Wirkungsweise von Musik und Rhythmus auf die Gesundheit.

Die Mediziner Robert Becker und Andrew Bassett haben auf dem Gebiet der elektromagnetischen Energie und ihrer Bedeutung für die menschliche Gesundheit Pionierarbeit geleistet. Sie

vermochten nachzuweisen, wie schlecht heilende Knochen-
brüche mit Hilfe elektromagnetischer Spulen vollständig verheil-
ten. In Japan hat man damit begonnen, Kopfschmerzen und andere
Leiden auf elektromagnetischem Wege zu behandeln. Manche
Menschen behaupten sogar, daß Akupunkturnadeln als Antennen
fungieren, durch die elektromagnetische Wellen weitergeleitet
werden und mit deren Hilfe der Körper in seinen normalen
Rhythmus zurückfindet.

Das Gebiet des Elektromagnetismus bietet großartige Möglichkeiten. Ich glaube, daß sich die Medizin durch die Erkenntnisse
verändert, die im Rahmen der Arbeit auf diesem Feld gewonnen
werden. Es ist faszinierend, daß sich als direkte Folge rhythmischer
Wellenimpulse, die mit den feinen Rhythmen des Körpers interagieren, eine heilende Wirkung ergibt – so daß sich durch die inneren Rhytmen des Körpers das empfindliche Gleichgewicht unserer Gesundheit wieder einstellt.

Wie wir bereits gesehen haben, liegt den meisten Krankheiten
Streß zugrunde, und Streß ist arhythmisch. Aber anstatt die Gefahren dieser Rhythmusstörungen zu erkennen, fördern wir sie
noch durch Koffein, um uns morgens »in die Gänge« zu kriegen
(die Wirkung ist vergleichbar mit einem noch nicht warmgelau-
fenen Motor, bei dem man Vollgas gibt), durch eine hohe Startge-
schwindigkeit (die im Laufe des Tages noch zunimmt) und durch
ein so enormes Arbeitspensum, daß »der Tag nicht genügend
Stunden hat«, um es zu bewältigen.

Um der Hektik zu begegnen, greifen wir nach »Beruhigungs-
mitteln«, gewöhnlich in Form von Alkohol, und »pflanzen« uns
dann vor ein Fernsehgerät, aus dem uns Bilder in einem genauso schnellen oder noch schnelleren Rhythmus entgegenflim-
mern.

Jon Kabat-Zinn hat darauf hingewiesen, daß Achtsamkeit und
Meditation bei der Behandlung von Krankheiten sehr wichtig
sind. Kürzlich erkannte auch das National Institute of Health der
USA an, daß sich Bio-Feedback und Meditation bei bestimmten
Krankheiten als wirkungsvolle Methoden erweisen, und empfahl

Versicherungsgesellschaften, Patienten zu begünstigen, die dieser Methode nachgehen.

Wir haben die Kontrolle über unser Wohlbefinden (ein schönes Wort für Gesundheit) – und niemand sonst. Mein Ziel als Arzt und als Autor dieses Buches ist es, Ihnen vor Augen zu führen, wie sehr es sich auszahlt, wenn Sie sich auf Ihre Gesundheit konzentrieren, und wie dieser einfache Akt der Selbstbereicherung Ihr Leben verlängert, Streß reduziert, Ihre Lungen mit Wohlbefinden füllt (gute Atmung ist ein Grundpfeiler der Gesundheit), Depressionen verringert und sich positiv auf Ihr Berufs- und Privatleben auswirkt. Dadurch werden Sie den Geist des gegenwärtigen Moments auf eine Weise spüren, die viel intensiver ist als jede durch eine Risikosportart oder Drogen erzeugte Euphorie.

Unser Wohlbefinden liegt in *unserer* Hand. Wenn wir diesen Zustand erreichen und ihn beibehalten können, dann werden alle anderen Freuden, welche die Welt zu bieten hat, lebendiger – und wir selbst auch.

Neulich suchte mich ein neunzigjähriger Patient auf und zog sofort sein Hemd aus. »Schlagen Sie mir in den Magen«, forderte er mich auf, »so fest sie wollen.«

Ich habe es nicht getan, mußte aber lachen und fragte ihn, wie er zu solch kräftigen Bauchmuskeln gekommen sei. »Sit-ups«, erklärte er. »Als Ergänzung zum Joggen und T'ai Chi.«

Ich untersuchte ihn. Er hatte den Körper eines zwanzig Jahre jüngeren Mannes.

»Warum sind Sie eigentlich zu mir gekommen?« fragte ich ihn.

»Nur, um einmal kräftig anzugeben.«

Hier gilt das alte Sprichwort »Use it or lose it«. Unsere Körperorgane besitzen wie das Notsystem eines Raumfahrzeuges Reservekapazitäten – deshalb haben wir zwei Lungen statt einer, und deshalb übernimmt eine Niere die Aufgabe der anderen, wenn diese ausfällt.

Aber auch Reservekapazitäten sind begrenzt, und wenn die Organe schlecht behandelt werden (durch Rauchen oder durch

Fettansatz rund um die Muskulatur), dann gerät man schnell in Schwierigkeiten, für deren Lösung ein bißchen Bewegung vielleicht schon nicht mehr ausreicht.

Wohlbefinden erfordert mehr als nur eine gesunde Ernährung und Bewegung. Wir müssen dazu auch einen langsameren und gleichmäßigeren Rhytmus annehmen und Vertrauen in unsere eigene Gesundheit entwickeln. Wenn wir die im siebten Kapitel beschriebenen Übungen zum Rhythmuswechsel verinnerlichen und uns besonders auf die gesundheitsfördernden Maßnahmen konzentrieren, dann werden wir uns besser fühlen und besser *sein*.

Mein eigenes Rezept für die Gesundheit beinhaltet:

- regelmäßige Bewegung (Sport, Tanz, Spiel), auf die wir uns konzentrieren und für die wir ausreichend Zeit reservieren;
- tägliche Meditation und entspanntes Atmen;
- Spaß und Lachen (besser als täglich ein Apfel);
- Zeit zum Genießen der Mahlzeiten – und der Verzicht auf Geschäftsessen;
- Zeit für die Zubereitung von Mahlzeiten aus frischen und gesunden Nahrungsmitteln (meiden Sie Fast food, denn dabei handelt es sich meist um eine Mischung aus den übelsten Chemikalien, Konservierungsmitteln, Fetten und Süßstoffen);
- die Behandlung des eigenen Körpers mit Liebe und Zuneigung (durch regelmäßige Massagen und Körperpflege);
- der Gesundheit höchste Priorität einräumen (durch Erholungspausen und Ferien, die gut für Körper und Geist sind);
- die Gesundheit in Ehren halten und sie schätzen.

Zeit, die man für die Gesundheit aufbringt, verlängert das Leben. Und diese Investition bringt die beste Dividende.

14. Das Alter

Im Alter von vierundachtzig Jahren
wurde Pa Kin, der größte Poet des modernen China,
von Staatspräsident Mitterrand ausgezeichnet
und nach Frankreich eingeladen.
»Wen soll ich dort treffen? Und zu welchem Zweck?
Sie müssen verstehen«, fügte er hinzu,
als ob er sich für diese Fragen entschuldigen wolle,
»ich habe das Gefühl, daß ich nur noch sieben Dollar habe –
und die möchte ich nicht zum Fenster hinauswerfen.«

Jean-Louis Servan-Schreiber

Die US-amerikanische Gesellschaft fürchtet sich ausgerechnet vor jener Lebensphase am meisten, die das größte Potential für ein glückliches und erfülltes Leben bietet. Der Prozeß des Alterns ist uns verhaßt. Es scheint, als erfordere jede neue Falte eine neue Gesichtscreme, jedes graue Haar eine Tönung, jedes schmerzende Gelenk ein Mittel zum Einreiben. Wir laufen vor dem Altern davon, verleugnen es, und es ist uns peinlich.

Altern deprimiert uns. Er erinnert uns daran, daß wir sterblich sind und sterben werden; daher betrachten wir all seine Anzeichen mit Schrecken.

Wir alle leben in linearer Zeit, die einem Pfeil ähnelt, der direkt von der Geburt auf den Tod weist. Das Altern erinnert uns daran, daß unser Ende naht. Die Tatsache, daß wir weiser sind als zuvor, daß wir Zeit haben zum Meditieren und Nachdenken und daß sich unsere Geschwindigkeit endlich verringert hat, so daß wir unsere Umgebung und Beziehungen schätzen können, scheint nur ein geringer Trost zu sein. Wir sind älter. Bald werden wir sterben.

In Gesellschaften mit zirkulärer Zeit ist dies alles jedoch ganz anders. Die Älteren werden geehrt, nicht ignoriert. Man hört ihnen zu und geht ihnen nicht aus dem Weg. Ein älterer Mensch, der mehr Lebenserfahrung besitzt, kann seinen jüngeren Freunden eine Menge beibringen – nicht unbedingt in bezug auf Fakten, aber über Emotionen, Gefühle, Instinkte und Erfahrungen. Im Herbst spürt er den Winter nahen und weiß auf eine Art, wie das kein jüngerer Mensch kann, daß auf den Winter unweigerlich – und immer wieder – der Frühling folgt.

In Gesellschaften mit zirkulärer Zeit sind die Älteren die Hüter der Weisheit. Bei ihnen sucht man Rat, wenn es zu einer Krise kommt. Wenn sich eine Flut oder eine andere Naturkatastrophe ereignet, dann weiß Großvater, was zu tun ist. Im Krankheitsfall kennt Großmutter das Heilmittel. Denn sie sind weise.

Im Westen hingegen liefert die Technologie die Antworten, und Technologie ist das Gebiet der Jüngeren. Unsere Kinder lernen Dinge über Atomwissenschaft, Computer, Raumfahrt und vieles mehr; aber ihre Großeltern gelten als rückständig. Weil wir Informationen höher bewerten als Weisheit, sind die Älteren für die Jüngeren nutzlos und für die Gesellschaft sogar eine Last. Und die Älteren fangen an, selbst daran zu glauben.

Paradoxerweise ist der eine Aspekt des Alterns, auf den wir uns freuen, den wir gar *nicht abwarten können,* für den wir *die ganze Zeit* arbeiten, der Ruhestand. Aber sobald wir ihn erreicht haben, laufen wir gegen eine Mauer.

Ich denke, diese Mauer ist die Zeit. Plötzlich haben wir Zeit und wissen nicht, was wir damit anfangen sollen – als hätte uns jemand auf einer menschenleeren Insel eine Million Dollar in die Hand gedrückt. Da unsere Arbeit, über die wir uns definierten und die uns unser Selbstwertgefühl gab, uns nun nicht mehr zur Verfügung steht (wir haben uns eingeredet, wir *wollen sie nicht* mehr), halten wir uns selbst für überflüssig und glauben, unseren Kindern eine Last zu sein. Manche kommen sich durch diese Erfahrung wie Gefangene vor. Sie haben das Gefühl, als *säßen sie ihre Zeit* ab.

Wenn wir uns gut auf den Ruhestand vorbereitet haben, verfügen wir auch über das nötige Kleingeld. Wir können faul sein, können fischen gehen, den ganzen Tag fernsehen, uns nachmittags einen Film im Kino anschauen, können reisen, im Garten arbeiten, die ganze Nacht aufbleiben und bis spät in den Tag hinein schlafen. Viele Menschen – eigentlich die meisten – suchen sich wieder eine Beschäftigung in der einen oder anderen Form.

Weil nichts in unserem Arbeitsleben uns auf ein Leben voller Freizeit vorbereitet hat und weil man uns unser ganzes Leben lang beibrachte, daß Faulheit »wertlos« und »Nichtstun« eine Sünde ist, arbeiten wir als Freiwillige im Krankenhaus, machen bei politischen Kampagnen mit, kleben Briefumschläge für Wohlfahrtsverbände oder nehmen eine Teilzeitbeschäftigung an. Niemand hat uns beigebracht, wie man den Ruhestand *genießt*. Unsere ganze Aktivität ist im Grunde nichts anderes als der Versuch, unserer Furcht, als nutzlos betrachtet zu werden, und unserer Angst vor Schwäche und Tod zu entkommen. Wenn wir uns unseren Gefühlen stellen, müssen wir der Gewißheit des Todes ins Auge sehen. Alles andere, so denken wir, ist besser als das. Also verkünden wir mit Stolz, daß wir »keine Zeit« fürs Nichtstun haben – was nichts anderes heißt, als daß wir keine Zeit haben, im gegenwärtigen Moment zu verweilen. Obwohl wir es eigentlich gar nicht mehr müssen, füllen wir unsere Tage mit Aktivitäten. Glück und Entspannung dagegen, nach denen wir uns gesehnt haben, bleiben uns weiterhin vorenthalten.

Sylvia, eine Teilnehmerin Mitte Siebzig, ist vor ein paar Jahren in den Ruhestand getreten und seit einiger Zeit Witwe. Als Pensionärin verbrachte sie den Winter zunächst in Florida, während sie den Sommer im Norden bei Freunden und Verwandten zu Gast war.

Dieser routinemäßige Turnus machte sie unzufrieden und erfüllte sie nicht. Sie nahm an einem Omega-Seminar über Gesundheit und Wohlbefinden teil und war so begeistert, daß sie beschloß, den Sommer am Omega Institute als Mitglied des Lehrpersonals zu verbringen und ganz in der Gemeinschaft aufzugehen. Nach der Teilnahme an verschiedenen Kursen – von brasilianischem Tanz über afrikanisches Trommeln bis hin zu Seminaren über Wohlbefinden und Rhythmuswechsel – sprühte sie vor Energie. Sie wurde aktiver und vitaler.

Menschen wie Sylvia, die ihr Alter auf befriedigende Weise erfahren, sind die »Lernenden«. Ich kenne viele, die aus purer Freude am Lernen wieder das College besuchen, um ihren Geist fit zu halten. »Ich fühle mich wieder wie ein Kind«, erzählte mir eine dreiundachtzigjährige Frau. Diese Menschen beginnen buchstäblich ein neues Leben. »Wozu tust du das?« fragte ein Bekannter seine siebenundsechzigjährige Mutter, die sich für einen Philosophiekurs in Skidmore entschieden hatte. »Um geistig nicht einzurosten«, antwortete sie. »Und um zu wachsen.«

Natürlich ist es überhaupt kein Problem, sondern ganz im Gegenteil sehr begrüßenswert, wenn Sie »nichts« tun. Ein Rentner aus meinem Bekanntenkreis empfand jedesmal Schuldgefühle, wenn er seinen Freunden erzählte, daß er nichts tat. Aber schon sehr bald erteilte er die gleiche Antwort mit einem breiten Grinsen, mit Stolz und sogar mit einer gewissen Arroganz. Er fand heraus, daß »Nichtstun« zu ihm paßte, und indem er sich darauf einließ – auf das »Nichts« des Tages –, empfand er eine Befriedigung, die er nie zuvor gespürt hatte. »Ich genieße mein Leben wirklich«, erklärte er mir, als ich ihn darum bat, seine Erfahrung ein wenig genauer zu erläutern. »Ich gehe spazieren, lese, sehe fern, höre Musik. Kein Zeitplan, kein Druck. Ich schlafe gut. Es macht mir wirklich Spaß, den Leuten zu erzählen, daß ich nichts tue! Sie sind so gestreßt, daß sie anscheinend wollen, daß ich und alle anderen ebenso hart arbeiten wie sie.«

Die Älteren beklagen sich darüber, daß die Zeit schneller verstreicht als in ihren jüngeren Jahren. Ein Grund hierfür ist die Gewohnheit.

Erinnern Sie sich noch an den Sommer, als Sie fünf oder sieben Jahre alt waren, als Sie sich des Sonnenscheins bewußt waren, der Schwüle, der Spiele und der Freundschaften? Damals schien es, als würde der Sommer nie enden, als würde er von einem goldenen Tag in den nächsten wecheln bis zur Unendlichkeit. Erinnern Sie sich an den Sommer, als Sie das erste Mal verliebt waren?

Wenn Sie älter werden, erzeugt der Sommer dieses Gefühl nicht mehr. Sie haben bereits siebzig solcher Jahreszeiten erlebt, und zum Glücksgefühl gesellt sich jetzt eine gewisse Melancholie. Sie denken vielleicht an traurige Ereignisse, die sich während eines Sommers ereigneten. Ein Sommer ähnelt dem anderen – und bringt uns dem Ende ein Stück näher. »Wieder einmal Sommer«, denken wir. »Nichts Besonderes.«

Aber er kann etwas Besonderes sein. In einem meiner Kurse verkündete eine Frau, daß der vergangene Sommer der beste ihres Lebens gewesen sei.

»Was haben Sie denn gemacht?« fragte ich.

»Ich habe Schmetterlinge beobachtet.«

In der Abenddämmerung eines jeden Tages suchte ein Schmetterlingsschwarm ihren Garten auf und spielte dort bis Sonnenuntergang. Die Frau beeilte sich, um von ihren Besorgungen oder einem Besuch ihrer Enkelkinder wieder rechtzeitig zurück zu sein, um den Schwarm beobachten zu können. Für sie brachten die Schmetterlinge Schönheit und Frieden. Durch sie erlebte sie einen Augenblick, der den ganzen Sommer andauerte. Wir müssen unseren Rhythmus verändern, um den Moment auszudehnen und jeden Sommer – und Herbst und Winter und Frühling – gegenwärtig zu sein. Die Frau, die zu ihren Schmetterlingen nach Hause eilte, tat genau das: Sie benutzte ein Ritual, synchronisierte sich mit der Natur, »verlängerte« den Tag, indem sie am Leben teilnahm und all dem, was es an Neuem zu bieten hatte. Wenn wir unseren Rhythmus verändern, können wir jede Jahreszeit in ihrem vollen Reichtum und ihrer unendlichen Dauer erfahren.

Soziologen der Duke-Universität haben vor kurzem eine Untersuchung abgeschlossen, bei der festgestellt wurde, daß Menschen, die angesichts eines Verlustes flexibler reagieren – die ihrem Anfangsschmerz begegnen, ihn ausleben, und dann ihr Leben *in der Gegenwart* weiterführen – bessere Chancen auf ein hohes Alter haben als diejenigen, die in ihrem Kummer gefangen sind. Letztere verharren in der Vergangenheit, tarnen ihre eigene Todesangst mit der Trauer um den Verlust eines anderen Menschen und sind so nicht in der Lage, den gegenwärtigen Moment zu genießen oder im Jetzt zu leben.

Ein Großteil unserer Angst rührt vom Tod unserer Eltern her; unbewußt dienen sie uns als Vorbilder. Wenn sie mit Angst starben, werden wir sehr wahrscheinlich ebenfalls Angst haben. Aber wenn sie den Tod gelassen akzeptierten, ihn sogar als Erleichterung ansahen, dann werden unsere eigenen Ängste wahrscheinlich schwächer – und unsere Chancen auf ein langes Leben und glückliches Alter viel größer.

Ich frage die Teilnehmer meiner Kurse immer, wie lange sie ihrer Meinung nach leben werden. Fast alle machen die Antwort abhängig von ihren Eltern: »Meine Mutter wurde siebzig, mein Vater dreiundsiebzig. Ich hoffe, ich kann es auf fünfundsiebzig bringen, denn ich achte ein bißchen mehr auf die Gesundheit als sie.«

Hier wird eine Erwartung formuliert, die sich selbst erfüllt. Die Befragten werden sehr wahrscheinlich tatsächlich im Alter von fünfundsiebzig Jahren sterben. Aber es gibt Menschen, die normalerweise bedeutend älter werden, beispielsweise Georgier, afghanische Hasara oder die Vallacanbabans aus Peru. Für sie bedeuten siebzig Jahre ein mittleres Alter. Und wenn Sie sich selbst auch mit über hundert Jahren noch als körperlich und geistig vitalen Menschen sehen können, dann bin ich davon überzeugt, daß dies Ihre Lebenserwartung verlängern wird.

Als Alexander Lief von der Harvard Medical School zum ersten Mal die möglichen Voraussetzungen für ein hohes Lebensalter untersuchte, entdeckte er als hervorstechendstes Merkmal die Tatsache, daß sowohl die betreffenden Menschen selbst als auch ihre Umgebung von einer Lebenserwartung von mehr als hundert Jahren ausgingen.

Positive Erwartungen wirken sich auf die Gesundheit und auf den Alterungsprozeß aus. So haben beispielsweise Patienten mit grauem Star bessere Heilungschancen, wenn sie ihrem Chirurgen vertrauen, statt der Behandlung mit Mißtrauen entgegenzusehen. Krebspatienten lehrt man, sich gesunde Zellen vorzustellen, welche die kranken attackieren, um der Krankheit persönlich entgegenzuwirken. Der Arzt Bernie Siegel setzte sich intensiv mit der Wirkung einer positiven Einstellung bei Krebspatienten auseinander, und auch andere Mediziner haben sich auf ähnlichem Gebiet betätigt.

Und doch leben wir, wenn wir älter werden, meistens mit der Angst, daß uns die nächste Krankheit »dahinraffen« wird, daß unsere Altersgebrechen sich verschlimmern und unser Gedächtnis uns im Stich läßt. Trotzdem sind wir dann überrascht und enttäuscht, wenn sich unsere Befürchtungen bewahrheiten.

Wir müssen dem Alterungsprozeß optimistisch entgegentreten und erkennen, daß wir unseren gegenwärtigen Gesundheitszustand beibehalten können.

Denken Sie einmal an die vergangenen Jahre zurück. An was erinnern Sie sich? Wissen Sie noch, was sie am 5. Oktober 1995 um zehn Uhr vormittags getan haben? Fällt Ihnen noch ein, womit Sie sich vergangenen Donnerstag während der Arbeit beschäftigt haben? Mit wem haben Sie vor zwei Tagen zu Mittag gegessen?

Und Ihr erster Kuß? Erinnern Sie sich noch, wo das war? Was sie fühlten? An den Ausdruck in den Augen Ihres Partners? Welches Karnevalskostüm trugen Sie im Alter von fünf Jahren? Was trugen Sie bei der letzten Dinnerparty? Wie erlebten Sie Ihre letzte Flugreise im Vergleich zur ersten?

Im Gedächtnis bleiben nur die Augenblicke, in denen wir wirklich gegenwärtig sind – egal, ob es sich dabei um ganz normale oder um bedeutsame Momente handelt. Der Rest der Zeit, in der wir lediglich alltägliche Dinge ohne großes Nachdenken erledigen, in der wir ganz mechanisch durchs Leben gehen – all diese Tage, Monate, Jahre verschwinden hinter einem grauen Schleier.

Die Teilnehmer meiner Kurse sind oft erstaunt, wie weniger Dinge in ihrem Leben sie sich entsinnen können. Wenn ich danach frage, an was sie sich erinnern, dann stehen die Antworten immer im Zusammenhang mit einem sehr bewegenden Ereignis. Dabei kann es sich um etwas Erfreuliches oder Schmerzvolles, Peinliches oder Angsteinjagendes handeln. Auf jeden Fall aber hat es ihre Aufmerksamkeit vollkommen in Beschlag genommen – geistig, körperlich und emotional.

Offensichtlich bringen uns starke Emotionen oder Leidenschaften – ein Autounfall, ein Feuer, eine Nacht mit intensivem Sex – sofort in den gegenwärtigen Moment. Auch das Neue holt uns in die Gegenwart, weil meistens Empfindungen geweckt werden, wenn wir etwas zum ersten Mal tun und weil neue Situationen unweigerlich mehr Aufmerksamkeit erfordern als etwas, an das wir gewöhnt sind.

Im Sufismus lautet das Schlüsselwort »Erinnerung«. Auf diese Art tritt man in Kontakt mit Gott. Wenn wir uns im Lebensfluß verlieren, wenn wir zu beschäftigt sind, um zu empfinden, zu hektisch, um wirklich sehen und hören zu können, dann ist die Erinnerung verlorengegangen, und wir haben uns selbst verloren, uns aus dem Zentrum unserer Welt entfernt.

Versäumt man das Erlebnis in dem Moment, in dem es sich ereignet, so ist es für immer verloren, denn wir erinnern uns nur an die Dinge, für die wir gegenwärtig waren. Was geschieht also, wenn unser Gedächtnis uns infolge des Alterungsprozesses im Stich läßt?

Unser Gedächtnis setzt sich aus *vergangenen* gegenwärtigen Momenten zusammen. Senilität wirkt sich störend aus, wenn wir von jenen vergangenen Gegenwartsmomenten direkt auf das Jetzt schließen wollen. Wenn Sie Ihrer Vergangenheit verlustig geworden sind und sich vor der Zukunft fürchten, dann werden Sie in der Gegenwart Orientierungsschwierigkeiten bekommen.

Unser Gedächtnisverlust birgt in sich auch die Möglichkeit, uns in der Gegenwart lebendiger zu fühlen. Deshalb kommen manche Menschen mit ihrer Senilität so gut klar, während andere, die sich in der Gegenwart unwohl fühlen und sich vor ihr fürchten, damit Schwierigkeiten haben. Jene, die ihr Leben lang gegenwärtige Momente vermieden haben, werden auch weiterhin Widerstand leisten und dementsprechend unglücklich sein.

Viele ältere Menschen schimpfen über ihr nachlassendes Gedächtnis; aber wenn sie es akzeptieren könnten, wenn sie von dem Bedauern über eine verlorene Vergangenheit in das Bewußtsein einer lebendigen Gegenwart wechseln könnten, fänden sie Frieden und Freude in ihrem Leben. Meine Großmutter war glücklich in ihrer Senilität und hatte keine Probleme damit. Ich betrachte sie als mein Vorbild, denn sie war eine der ersten, die mir beibrachten, wie wichtig die Gegenwart wirklich ist. Senilität wird schließlich auch als »zweite Kindheit« bezeichnet. Und wer wünschte sich wohl keine zweite Kindheit, wenn man sie ihm anböte?

All das erfordert einen Rhythmuswechsel. Nur allzu oft haben wir keine Vorstellung davon, wie wir in den gegenwärtigen Moment gelangen können – er wurde uns einfach noch nicht erfahrbar. Daher wissen wir nicht, was wir angesichts des kommenden Alters mit uns anstellen sollen. Wenn wir uns dem Tod nähern, nimmt unsere Angst zu, weil wir es bisher nicht gelernt haben, uns in der Gegenwart wohl zu fühlen. Wenn unser Gedächtnis schwindet, kommen wir mit uns selbst besser zurecht, falls wir bereits über Erfahrungen mit dem Jetzt verfügen. Je mehr wir heute üben, in der Gegenwart zu leben, desto leichter fällt uns morgen das Altern.

In ihrem Buch »*Mythos Alter*« stellt Betty Friedan fest, daß in der Fernsehwerbung praktisch keine alten Menschen vorkommen, und jene, die wir sehen – wie etwa der Neunzigjährige, der barfuß Wasserski fährt, oder das faltenlose, silberhaarige Pärchen, das sich darüber freut, in jüngeren Jahren eine angemessene Versicherung abgeschlossen zu haben –, sind in Wirklichkeit maskierte jüngere Menschen, Karikaturen, die nichts mit der großen Mehrheit der älteren Menschen zu tun haben.

Denken wir erst gar nicht an die Älteren, befiehlt das Fernsehen. Bleiben wir länger jung – solange wir können – und verabschieden uns dann ohne viel Tamtam von der Bühne des Lebens.

Natürlich widerspricht dies der Tatsache, daß die Babyboom-Generation zunehmend älter wird, daß es immer mehr alte Menschen gibt. Es ist seltsam, daß unsere Gesellschaft nichts tut, um sie zu ermutigen, sondern statt dessen lieber von der »Last« befreit wäre, für sie zu sorgen, und insgesamt wünscht, sie mögen einfach verschwinden.

Warum können wir unsere Einstellung nicht ändern und das Altern als etwas Positives begreifen? Wenn wir dazu in der Lage wären, würde sich unsere Gesellschaft verwandeln; aber um das zu erreichen, muß das Jetzt so akezptiert werden, wie es ist. Das Altern ist bei allen lebenden Organismen ein natürlicher biologischer Prozeß. Wenn wir altern, verändert sich unser Körper. Wir bekommen Falten, unsere Muskeln bilden sich zu zurück, unsere Reflexe werden langsamer. Sich mit dieser Tatsache nicht abzufinden heißt, die Realität des gegenwärtigen Moments zu verleugnen. Das Erlernen des Rhythmuswechsels bedeutet, den Rhythmus und die Realität der sich verändernden Momente im Verlauf unseres Lebens zu erkennen. Wir werden langsamer, was nur dann negativ ist, wenn wir mit der Geschwindigkeit eines jungen Menschen um jeden Preis Schritt halten wollen. Wenn wir darüber nachdenken, wieviel leichter es fällt, das Leben zu genießen, wenn wir uns für einen gemächlicheren Rhythmus entscheiden, dann können der Reiz des Alterns und sein langsameres Tempo als etwas Positives und als weitere Stufe der Schönheit des Lebens betrachtet werden.

Ältere Menschen können eine für die Gesellschaft sehr nützliche Rolle einnehmen. Als Ausgleich für materielle Güter können sie der Gesellschaft Lebensweisheit, historisches Wissen, ein Gefühl der Hoffnung oder der Liebe schenken. Rabbi Zalman Schachter-Shalom betont in seinem Buch »Spirit and Eldering« beispielsweise, daß benachbarte Generationen immer im Streit miteinander liegen. Er tritt für ein sogenanntes »Leihoma«-Modell ein, bei dem Großeltern sich mit den Enkeln zusammenschließen, um ihre Erfahrung und Weisheit an sie weiterzugeben. Seines Erachtens liegt das Problem jedoch darin, die Generation dazwischen zur Zustimmung zu bewegen.

Bei diesem Modell muß es sich nicht ausschließlich um die eigenen Enkelkinder handeln. Jean erzählte in einem meiner Kurse, daß sie keine eigenen Kinder habe und sich jetzt, im Alter von siebzig Jahren, nach einer Familie sehne. Ihre Nachbarin war eine alleinerziehende Mutter mit drei Kindern, die schwer zu kämpfen hatte. Sie lebte sehr weit weg von ihren Verwandten und arbeitete den ganzen Tag, um sich und die Kinder zu ernähren.

Jean bot ihr an, die Rolle einer Stiefgroßmutter zu übernehmen – ein in unserer Gesellschaft unübliches, wenig beachtetes, aber dringend benötigtes Angebot. Das Ergebnis war ein überwältigender Erfolg für alle Beteiligten. Jean hat eine liebevolle und hilfsbereite Familie gefunden, weil sie in der Lage war, ihre eigene Hilfsbereitschaft und Liebe einzubringen. Die Familie hat sie angenommen, und sie die Familie.

Als Jean diese Geschichte erzählte, bekamen viele der älteren Kursteilnehmer feuchte Augen. Ohne Zweifel sehnten auch sie sich nach ähnlichen Verbindungen. Wenn sie erst einmal danach suchen, werden sie sie auch finden.

Ram Dass erzählt, wie er im Alter von zweiundsechzig Jahren zum ersten Mal realisierte, daß er zu den Älteren zählte. Als er für den Zug von Westport in Conneticut nach New York eine Fahrkarte kaufen wollte, fragte ihn der Schalterbeamte, welches Ticket er haben wolle.

»Sie meinen, ich kann auswählen?«

»Ja, normal oder Seniorenklasse. Die Seniorenklasse ist drei Dollar billiger.«

Natürlich kaufte er den preisgünstigeren Fahrschein, aber er erkannte auch mit Schrecken, daß man ihm einen neuen Stempel aufgedrückt hatte: den Stempel des Alters, einen Stempel, den unsere Gesellschaft geprägt hat und der allen über Sechzigjährigen aufgedrückt wird – egal, wie gesund oder geistig fit sie sind. Die amerikanische Gesellschaft benötigte Ram Dass nicht mehr; er war bloß einer der Älteren, die nach Auffassung der Jüngeren mehr von der Gesellschaft nahmen, als sie investiert hatten, zumindest was die Gesundheitsfürsorge und die Sozialversicherung betraf. Aber auch er hat immer noch eine Menge zu bieten! Seine Gedanken sind zusammen mit seinem Körper gereift. Er kann uns alle noch viel lehren.

Was für ein Gegensatz zur indischen Gesellschaft, wo Ram Dass von seinen Freunden mit den Worten »Du siehst älter aus!« begrüßt wurde.

Sein amerikanischer Geist rebellierte zunächst dagegen. Er

empfand diese Begrüßung fast wie eine Beleidigung! Aber bald schon erkannte er, daß es sich um ein Kompliment handelte. Er verstand, daß »Du siehst älter aus!« gleichbedeutend war mit »Du bist weiser geworden!« Seine Freunde ehrten ihn, wie sie alle Älteren ehrten: als Menschen, die anderen noch etliches beibringen können, weil ihnen ein großer Erfahrungsschatz zur Verfügung steht.

Auch wir können diese Einstellung annehmen. Aber vorher müssen sich auch die Älteren damit anfreunden.

Wenn wir jung sind, ist die Zukunft für uns etwas Unendliches und Aufregendes. Mit zunehmendem Alter wird sie jedoch zu etwas Vergänglichem, und wir haben Angst vor ihr.

Das muß nicht so sein.

Das Alter ist nur eine andere Stufe der Gegenwart und kann uns deshalb genausoviel Freude bereiten wie jede andere Zeit des Lebens. Ram Dass berichtet von einem neunzigjährigen Psychiater, der gesund und munter immer noch jeden Tag Patienten behandelte.

Zuerst empfand Ram Dass ein wenig Neid, aber dann erkannte er, daß er einen anderen Weg wählen würde. »Das Leben setzt sich aus verschiedenen Phasen zusammen«, sagt er. »Das Alter ist eine davon, und jede Phase besitzt ihre eigene Geschwindigkeit.«

In der Phase des Alters werden wir langsamer, und der Gesundheitszustand unseres Körpers verschlechtert sich in gewissem Maße trotz bester medizinischer Versorgung und Betreuung. Der Verstand mag zwar noch scharf und rege sein, aber auch seine Geschwindigkeit läßt unweigerlich nach. Wir erleben die natürliche Umkehr des schnellen Tempos unserer produktivsten Jahre.

Das Alter ist eine Zeit der Besinnlichkeit, ein introspektiver Lebensabschnitt. Obwohl uns insbesondere für körperliche Belastungen weniger Energie zur Verfügung steht, behaupten viele ältere Menschen, sie kämen mit weniger Schlaf aus. Dieser etwas andere Blickwinkel bietet zahlreiche Gelegenheiten für neue Erfahrungen. Die Menschen, die in dieser Zeit aufblühen, sind diejenigen, welche die Bereitschaft aufbringen, für die Erfahrung gegenwärtig zu sein und sie nicht durch Angst zu verdrängen oder so zu tun, als seien sie immer noch »jung«.

Wir müssen *lernen* zu altern und sollten uns dem nicht widersetzen; denn wie wir bereits wissen, bedeutet Gegenwehr Streß, und Streß verursacht Leiden. Wir reden immer von »Lebensqualität« im Zusammenhang mit einem hohen Alter. Aber diese Qualität können wir nur erreichen, wenn wir unsere Geschwindigkeit verringern, um ins Jetzt zu gelangen, wenn wir weder mit Sehnsucht auf die Vergangenheit zurückblicken noch mit Angst in die Zukunft sehen.

Erfolgreiches Altern scheint im wesentlichen mit einer Einstellung zusammenzuhängen, die auf Akzeptanz und nicht auf Widerstand und Verleugnung basiert. Anstatt sich auf ein Modell der ewigen Jugend zu konzentrieren, muß man den natürlichen Lebenskreis akzeptieren, der den Alterungsprozeß und die Vorbereitung darauf einschließt. Deshalb sollten Sie folgende Punkte in Erwägung ziehen:

- Stellen Sie sich Ihren Ruhestand vor, bevor sie ihn ereicht haben. Blicken Sie ohne Angst in die Zukunft und sehen Sie sich so, wie Sie sein wollen.
- Nehmen Sie sich einige Zeit vor Antritt Ihrer Rente einen verlängerten Urlaub oder reduzieren Sie Ihre Arbeitszeit. Beobachten Sie, wie es ist, mehr Freizeit zu haben. So lernen Sie, Ihren Rhythmus zu finden.
- Entdecken Sie Freude und Spaß am Lernen. Streben Sie nicht aus materiellen Motiven nach Wissen, sondern um des Vergnügens willen.
- Halten Sie Ihren Geist und Ihren Körper fit. Lesen ist genauso wichtig wie Joggen.
- Gewinnen Sie Ihre Spontaneität zurück. Probieren Sie neue Dinge aus. Lassen Sie nicht zu, daß sich Ihre Gewohnheiten einfräsen oder Sie sich nur noch auf festgefahrenen Wegen bewegen. Experimentieren Sie mit dem Leben.
- Hören Sie den Jüngeren zu. Sie müssen nicht mit ihnen über-

einstimmen oder ihrem Beispiel folgen. Natürlich besitzen Sie mehr Lebenserfahrung, aber auch jüngere Menschen können weise sein.

- Verbringen Sie Zeit mit Kindern. Nehmen Sie jede Gelegenheit wahr, mit ihnen zu spielen.
- Bieten Sie sich Jüngeren als Freund und Mentor an.
- Nehmen Sie sich Zeit zum Nachdenken. Versetzen Sie sich in den gegenwärtigen Moment.

15. Tod und Sterbebett

Wir sollten nicht aufhören, zu erkunden.
Denn dann werden wir am Ende unserer Erkundungen
an dem Ort ankommen, an dem wir angefangen haben,
und es wird uns so vorkommen,
als sähen wir diesen Ort zum ersten Mal.

T. S. Eliot

»Die ganze Zeit über dachte ich, ich würde lernen, zu leben. Dabei lerne ich, zu sterben.«

Das sagte Leonardo da Vinci, und sehr wahrscheinlich werden wir seine Worte lesen, wissend lächeln und denken: »Wie weise.« Und wir werden glücklich sein, daß sie nicht wirklich auf uns zutreffen.

Wir haben recht: Sie treffen nicht auf uns zu.

Wir Menschen aus dem Westen laufen schon vor einem *Gespräch* über den Tod davon. Zwar weinen wir bei Filmen wie »Zeit der Zärtlichkeit«, in denen das Sterben romantisch verklärt wird; wir weinen auf Beerdigungen, jubeln, wenn im Fernsehen »die Bösen« sterben, erschaudern bei Katastrophenmeldungen in Zeitungen, obwohl wir sehr bald schon darüber hinweg sind. Aber wir bringen Unmengen von Energie auf, um den Gedanken an unser eigenes Ende zu verdrängen, verspüren tief in unserem zuverlässigen Herzen das Gefühl der Unsterblichkeit, obwohl unser Verstand weiß, daß der Tod unausweichlich ist.

Wir verdrängen den Tod, weil wir Angst vor ihm haben. Diese Angst ist so tief verinnerlicht, daß sie uns mehr als alles andere davon abhält, ganz in der Gegenwart zu sein.

Wenn wir leben, liegt der Tod in der Zukunft. Wenn wir unsere Tage damit zubringen, uns Sorgen über den Tod zu machen, dann leben wir notwendigerweise in der Zukunft. In diesem Sinne raubt uns der Tod das Leben, bevor wir sterben.

Es erfordert Aufmerksamkeit, um den Tod fernzuhalten. Wir planen. Wir bekommen Angst. Wir beschäftigten uns, damit wir nicht ständig daran denken müssen. Und wir verlieren den Kontakt zu Zeit und Ort der Gegenwart, wo Spaß und Freunde existieren – und der Tod nichts zu suchen hat.

»Aber ich habe keine Angst vor dem Tod«, erklären die meisten Menschen, »nur vor einer schlimmen Krankheit wie Krebs oder vor irgendeiner schrecklichen Verletzung.«

Richtig. Wahrscheinlich jedoch haben sie auch vor dem Tod Angst. Furcht verstärkt unsere Krankheits-, Schmerz- oder Todeserfahrungen – egal, ob es sich dabei um uns selbst handelt oder um einen Freund oder Verwandten. Wenn wir diesen Dingen direkt ins Auge blicken können, dann werden wir sie als Teil des Lebens begreifen. Wir müssen erkennen, daß der Tod ein unergründliches Mysterium darstellt.

Ram Dass erzählt von einem Schüler, der einen Zen-Meister aufsuchte.

»Was kannst du mir über den Tod sagen?« fragte der Schüler.

»Nichts«, antwortete der andere. »Ich bin ein Zen-Meister, kein *toter* Zen-Meister.«

Meditation bietet eine Möglichkeit, zu den Gefühlen des Todes vorzudringen. Philip Kapleau, Autor des brillanten Buches *»The Wheel of Death«* behauptet sogar, daß die Meditation ein »Tanz« des Todes sei, denn letzten Endes sei der Tod beides: Anfang und Ende.

Mit Ehrfurcht erinnere ich mich an einen alten Mann in meinem Kurs, der zum ersten Mal meditierte. Danach schien er ganz erschüttert zu sein, und ich fragte ihn nach dem Grund.

»Ich habe Angst vor dem Tod«, sagte er.

Ganz plötzlich hatte er einen Ort erreicht, an dem er ganz allein war und sich universellen Problemen gegenübersah. Ich fand es beachtlich, daß er innerhalb so kurzer Zeit zu einem Ort gelangt war, den wir meistens meiden, um einer Konfrontation mit unseren wahren Ängsten aus dem Wege zu gehen. Er war überwältigt, und ich konnte seine Gefühle nachempfinden, da ich die gleiche Erfahrung gemacht hatte.

Meine Angst vor dem Tod stammt aus meiner Kindheit. Als ich acht oder neun Jahre alt war, starb mein Großvater, und die Worte »wirklich« und »für immer« schwirrten in meinem Kopf herum. Er war *wirklich* tot. Er war *für immer* tot und würde nie wieder zu mir zurückkehren. Ich konnte monatelang nicht schlafen. Wenn der Tod ihm widerfahren war, dann würde das gleiche auch mit mir geschehen. Ich würde wirklich tot sein. Ich würde für immer fort sein.

Solange Kinder noch keine Zeitvorstellung haben, können sie den Tod nicht begreifen. Die Bekanntschaft mit dem Tod ist die Hauptursache dafür, daß ein Kind seine Unschuld verliert. Solange Kinder nicht mit dem Todesverständnis konfrontiert werden, sind sie tollkühne Draufgänger. Auch deshalb müssen wir so sorgsam über sie wachen.

Es ist der Bereich des Todes, der die westliche lineare Zeitvorstellung so überaus destruktiv macht. In Kulturen mit zirkulärer Zeitvorstellung kennt man keine Angst vor dem Tod. Die Menschen betrachten ihn als einen Segen. In Bali beispielsweise werden Beerdigungen mit der gleichen Freude und der gleichen Zeremonie gefeiert wie eine Geburt. Für die Balinesen ist der Tod ein Teil des ewigen Kreislaufes von Geburt, Leben, Tod und Wiedergeburt. Schon Voltaire sagte: »Schließlich ist es keineswegs überraschender, zweimal geboren zu werden, als nur einmal.«

Der Sufi-Mystiker Jalal ud-Din Rumi, wahrscheinlich der größte persische Dichter, schrieb:

> Ich starb als Mineral und wurde eine Pflanze,
> ich starb als Pflanze und kehrte als Tier zurück,
> ich starb als Tier und wurde ein Mensch.
> Warum sollte ich Angst haben?
> Wurde ich geringer durch den Tod?

Der Tod ist ein Teil unseres Lebens, und wir müssen dies als unabänderliche Tatsache anerkennen. Vor kurzem verunglückte die sechsjährige Tochter meines Freudes bei einem Campingausflug im Adirondack State Park tödlich. Mein Freund, sein Sohn und seine Tochter hatten dort in Eintracht mit der Natur und mit sich selbst ein paar idyllische Tage verbracht.

Beim Aufbruch überquerten sie einen Highway, der durch den Park führte, und das Mädchen wurde von einem in hohem Tempo herannahenden Pkw erfaßt. Sie war sofort tot.

Die Tragödie war unaussprechlich groß. Mein Freund und sein Sohn werden schrecklich kämpfen müssen, um ihren Kummer und ihre Schuldgefühle zu überwinden. Aber objektiv gesehen läßt sich hier feststellen, wie schwer der Rhythmuswechsel in einer Welt fällt, in der der langsame Rhythmus der Natur mit der Geschwindkeit des obersten Statussymbols der modernen Gesellschaft, des Autos, kollidiert.

Das Tempo der Gesellschaft hat sich auf entsetzliche Weise in die Natur gedrängt. (Womit nicht gesagt sein soll, daß die Natur nicht auch grausam, voller Gewalt und Tod sein kann.) Der Tod hat manchmal keine weitere Bedeutung, außer daß er existiert. Er kann erwartet oder unerwartet auftreten. Aber wenn wir unser ganzes Leben mit der Angst vor dem Tod verbringen, verleugnen wir das Leben selbst.

Der Tod existiert nicht im gegenwärtigen Moment. Im Jetzt gibt es nur das Leben mit seiner ganzen Bandbreite von Emotionen und Gefühlen und seiner allumfassenden Schönheit.

In meinen Kursen führe ich folgende Übung durch: Ich bitte die Teilnehmer, sich die nächsten sechs Monate vorzustellen. Und zwar als eine Zeit vollkommener Gesundheit und körperlichen Wohlbefindens. Geld wird ebenfalls genügend vorhanden sein, und wenn sie es wollen, müssen sie auch nicht arbeiten.

Am Ende der sechs Monate werden sie sterben.

Ich frage sie, wie sie diese sechs Monate verbringen würden, welche Prioriäten sie setzen würden. Ich lege ruhige, wunderschöne Musik auf und lasse sie gedanklich in diese sechs Monate und die dazugehörigen Gefühle eintauchen.

Für die meisten Teilnehmer ist dies eine extrem beunruhigende

Übung, und ich bin gerührt über den Ernst und die Traurigkeit, die sich auf ihren Gesichtern abzeichnen. Viele von ihnen sind noch nie auf so direkte Weise mit der Vorstellung vom eigenen Tod in Kontakt gekommen, und ihre erste Reaktion ist ein Gefühl des Schocks. Fast immer dauert es etwa eine Minute, bis sie beginnen, sich Notizen zu machen. Dann streichen sie das Geschriebene schnell wieder durch, halten inne, denken weiter nach und fangen erneut an zu schreiben. Diesmal jedoch überlegter.

Manche Teilnehmer beginnen ziemlich oberflächlich: »Ich würde meinem Chef die Meinung sagen, es mir gutgehen lassen, mich betrinken und *dann* entscheiden, was ich tun würde.« Oder: »Ich würde mit Hunderten von Frauen schlafen und mir um Aids keine Sorgen machen.« – Solche und ähnliche Dinge werden notiert.

Aber dann erfolgen die Antworten durchdachter. Die häufigste lautet: »Ich würde mit dem Menschen, den ich liebe, eine lange Reise machen und all die Plätze der Welt besuchen, die ich gerne sehen möchte.«

Aber auch eine solche Reaktion weicht tieferen Gefühlen, und wenn ich in der Gruppe herumgehe und nach Antworten frage, dann höre ich Dinge wie: »Beziehungsprobleme mit dem Partner lösen«, »Zeit mit den Kindern verbringen« und »Nichts verändern, weil das Leben schön ist.« Doch die mit Abstand häufigste Antwort lautet: »Ich würde die ganze Zeit mit den Menschen verbringen, die ich liebe.«

Richtig. Angesichts des Todes zählen die zwischenmenschlichen Beziehungen am meisten, was diese Übung vor Augen führt. Die heftigsten Antworten stammen von Menschen, die mit einer Person, die sie lieben, in Zwietracht leben.

Joe erzählte von seinem Vater und wie bestürzt er über ihren Streit über Geld war. Seit über zwei Jahren hatte er nicht mehr mit ihm gesprochen. Die Vorstellung seines eigenen, nahen Todes ließ Joe erkennen, daß er zuvor den Riß noch kitten wollte. In der Übung machte er seinem Vater Vorschläge zur Versöhnung. Als er diese der Gruppe mitteilte, erkannte er plötzlich: »Auf was warte ich? Ich muß dieses Problem jetzt lösen!«

Wir alle befinden uns im Prozeß des Sterbens. Wir wissen nur nicht, wann der Tod eintritt. Warum räumen wir Probleme also nicht gleich aus dem Weg und teilen unsere Liebe nicht sofort mit, bevor es zu spät ist?

Senator Paul Tsongas sagte einmal: »Niemand wird auf dem Totenbett sagen: ›Ach, hätte ich doch nur mehr Zeit im Büro verbracht.‹« Und genau diese Einstellung spiegelt sich hier wider.

Es ist wundervoll, daß so viele Menschen sagen können, daß sie nichts an ihrem Leben ändern würden. Ist es nicht das, wonach wir alle streben? Was ist zufriedenstellender als Zufriedenheit?

Noch lange nach Beendigung meiner Kurse bekomme ich Briefe, in denen die Teilnehmer mir mitteilen, wie sehr sie diese Übung dazu gebracht hat, ihr Leben näher zu betrachten und in vielen Fällen die Prioritäten anders zu setzen. Sie nehmen sich Zeit für sich selbst, Zeit in der Gegenwart von Menschen, die sie lieben.

Dem Tod ins Auge zu blicken bedeutet, vollkommen im gegenwärtigen Moment zu sein. Und die allerletzten Momente verbringt man mit einem Menschen, den man liebt, und nicht mit seinem Chef.

Dies sind im wesentlichen die Dinge, um die es in unserem Leben geht.

Elisabeth Kübler-Ross konfrontierte uns in ihrem Buch »*Erfülltes Leben, würdiges Sterben*« mit der *Tatsache* des Todes. Sie lehrte uns, daß wir uns nicht zu beeilen brauchen, daß wir uns nicht verstecken können und daß wir uns dem Tod mit Gleichmut und Ruhe nähern können.

Obwohl das Buch viel Aufsehen erregte und verschiedene Autoren ihre Thematik aufgriffen und weiterverarbeiteten, hörten damals nur wenige Menschen auf sie. Und auch heute sind es noch nicht genug.

US-Amerikaner sehen im Tod eine Art Versagen oder Schande, vergleichbar mit schlechtem Atem oder Körpergeruch. Ein *starker* Mensch stirbt nicht, scheinen wir zu sagen. Also verleugnen ihn die Starken oder rennen mit Schrecken davon und tun so, als sei der Tod keine Tatsache, keine Gewißheit. Gleichzeitig unternehmen sie natürlich alles mögliche, um das Leben zu verlängern – selbst dann, wenn dieses Leben durch Schmerz oder hoffnungslose Senilität verdunkelt ist.

Bei unserem Umgang mit Sterbenden zeigen wir Geschick nur im Umgang mit dem *Geschäft* des Sterbens. Wir konstruieren immer ausgetüfteltere »Rettungs«-Maschinen, eine »Endversorgungs«-Technologie, die Milliardenbeträge verschlingt, um – was zu retten? – Leben?

Ja, Leben, aber gewiß nicht die Art von Leben, nach der wir uns sehnen.

Ich glaube, daß dieses Verlangen nach Maschinen zum Teil in der Todesangst der Ärzte selbst begründet ist. Unbewußt scheinen sie zu glauben, daß durch eine Lebensverlängerung bei anderen ihr eigenes Leben verlängert wird. Und außerdem werden sie, wenn sie menschlichen Kontakt durch eine Maschine ersetzen, von ihren Patienten nicht »infiziert«. Der Tod wird an ihnen vorübergehen.

Folglich macht der Einsatz von Maschinen in der medizinischen Versorgung menschlichen Kontakt überflüssig.

Die Tatsache, daß wir alles tun, um den Patienten zu retten, anstatt seine menschlichen Bedürfnisse und Wünsche zu berücksichtigen, ist der tragische Aspekt unseres Strebens nach Lebensverlängerung. Schon häufig war ich Zeuge einer Entmenschlichung in Krankenhäusern, initiiert von Ärzten, die so gefühlskalt waren wie Gefängsniswärter – und das alles nur aufgrund ihrer eigenen Angst vor dem Tod.

Wir neigen dazu, den »unpersönlichen« Arzt zu loben. Wenn er sich auf alle seine Patienten *einlassen* würde, wie könnte er da seine Objektivität, seinen gesunden Verstand behalten? Wie würde sein eigenes Leben aussehen, wenn er bei jedem seiner Patienten »emotional« reagieren würde?

Deshalb lachen wir auch, wenn wir Filme sehen und Bücher lesen, in denen Ärzte sich über ihre Patienten und den Tod lustig machen. Aber der unpersönliche Arzt schützt nicht sein eigenes

Leben, sondern begrenzt es. Und das Gelächter, das aus der Notaufnahme zu hören ist, klingt hohl.

Viele von uns haben bereits den Verlust eines geliebten Menschen erfahren und wissen, wie schwer es ist, den Tod eines Nahestehenden zu verarbeiten. Dieses bedrückende Gefühl wird von der Angst und dem Schmerz rund um unseren eigenen Tod beherrscht, denn wir wissen, daß er unausweichlich ist. Unser Unbehagen rührt wie bei den Ärzten daher, daß wir nicht genau wissen, wieviel Zeit uns noch bleibt. Gleichzeitig sind wir aber um so besser auf unseren eigenen Tod vorbereitet, je direkter wir uns der Verlusterfahrung stellen, die, wie unerwünscht auch immer, in unser Leben getreten ist. Wenn wir den emotionalen und/oder körperlichen Schmerz eines anderen nachempfinden können, werden wir besser in der Lage sein, mit unseren eigenen Schmerzen umzugehen.

Aufmerksamkeit gegenüber psychologischen und emotionalen Bedürfnissen der Sterbenden ist in der US-amerikanischen Gesellschaft, besonders bei ihren nichtreligiösen Mitgliedern, ein recht neues Phänomen. Die Sterbeklinik-Bewegung, die bis vor kurzem noch als »Lagerhaus« für Sterbende oder ihrem Charakter nach als »verzweifelt« bezeichnet wurde, wird jetzt als die humanitäre Leistung angesehen, die sie schon immer darstellte.

Viele im Gesundheitswesen Tätige (Ärzte eingeschlossen) haben mittlerweile erkannt, daß die »Versorgung« eines Patienten weit über die Kontrolle seines körperlichen Zustandes oder über die Lebensverlängerung hinausgeht.

Joan Halifax, eine gute Freundin und buddhistische Schamanin, hat den immensen *gegenseitigen* Nutzen beschrieben, den alle Beteiligten daraus ziehen, wenn man ohne Kalender oder zeitliche Beschränkungen bei einem Sterbenden verweilt – einfach zwei Menschen, die gemeinsam den gegenwärtigen Moment wahrnehmen. Ihre Arbeit mit Sterbenden entstammt ihrer persönlichen Verpflichtung zur Achtsamkeit. Bei jemandem zu sein, der stirbt, bedeutet, auf die alltäglichen Höflichkeitsfloskeln zu verzichten, die uns eine normale Interaktion abverlangt.

Auch Ram Dass beschrieb dieses Phänomen. Er arbeitete viele Jahre mit Sterbenden zusammen und öffnete das Bewußtsein der Gesellschaft für ihre Bedürfnisse. Die Psychologin Marsha Greenleaf berät Sterbende sowohl im Krankenhaus als auch in ihrer Praxis. Sie schreibt, wie überaus wichtig es ist, die Sterbenden zu Wort kommen und sie selbst entscheiden zu lassen, auf welche Art und Weise sie gemäß ihrer psychologischen Bedürfnisse aus dem Leben scheiden wollen.

Ein alter Freund, Wavy Gravy, hat es sich zum Beruf gemacht, sich als Clown zu verkleiden und unheilbar kranke Kinder in Krankenhäusern zu besuchen. Ich halte dies für einen außerordentlich mutigen Akt, aber er erhält dadurch eine enorme spirituelle Belohnung.

In meinen ersten Jahren als Arzt erklärte ich meinen Patienten, daß Krebs die *Gelegenheit* biete, Beziehungsprobleme zu lösen, Dinge in Ordnung zu bringen und nach geistigem Frieden zu streben.

Tief in meinem Herzen jedoch glaubte ich selbst nicht daran. Ich hatte nur eine geringe Vorstellung von diesem Konzept und bis zu diesem Zeitpunkt weder eigene Erfahrungen gemacht und noch welche zusammen mit Patienten sammeln können.

Dann lernte ich eines Tages eine Frau mit Krebs kennen, die sich selbst als »vitaler als während meiner angeblich gesunden Zeiten« beschrieb. Das Verhältnis zu ihrem Ehemann wurde enger als je zuvor, erzählte sie mir, und sie hatte sich freudig mit dem Rest der Familie wieder ausgesöhnt. »Ich fing an, mein Leben in der Gegenwart zu leben«, erklärte sie, »auf eine Art, die ich nie zuvor erlebt hatte. Diese Krankheit hat mir geholfen, das, was ich in meinem Leben habe, schätzen zu lernen.« Als eine streng religiöse Frau akzeptierte sie die Krankheit mit all ihren positiven Begleiterscheinungen als einen »Segen«.

Es stimmt, daß die Begegnung mit dem Tod den bemerkenswerten Nebeneffekt besitzt, den Betroffenen in die Gegenwart zu versetzen. Wenn man uns unsere Menschlichkeit läßt, wenn wir uns in Einklang bringen können mit einem anderen, ebenfalls zutiefst menschlichen Wesen, dann ist das Sterben ein Schritt auf dem Weg zur Erfüllung, möglicherweise sogar der bedeutsamste Schritt überhaupt.

Trotz all der Geschichten und unterschiedlichen Perspektiven, die wir uns über den Tod angeeignet haben, bleibt er immer noch das größte Rätsel. Der Tod ist schwer faßbar, unvermeidbar, unergründlich. Er wird gefürchtet als das Eintauchen in die unbekannte Leere, und doch ist er nur ein natürlicher Schritt im Verlauf und in der Entfaltung des Lebens. Meine Lieblings-Zen-Geschichte über den Tod von Meister Tenno weist sowohl die Einfachheit als auch die Vielfalt der Ebenen auf, die beim Verständnis des Sterbens eine Rolle spielen.

Als der Meister im Sterben lag, rief er den Mönch in seinen Raum, der für Nahrung und Kleidung im Kloster verantwortlich war. Als der Mönch sich neben das Bett setzte, fragte ihn Tenno: »Verstehst du?«

»Nein«, antwortete der Mönch.

Da nahm Tenno sein Kopfkissen, schleuderte es zum Fenster hinaus, und sank tot zurück.

16. Vorausplanung

Morgens wache ich auf und bin hin- und hergerissen
zwischen dem Wunsch, die Welt zu verbessern,
und dem Wunsch, sie zu genießen.
Da fällt es schwer, den Tag zu planen.

E. B. White

Solange wir weiter vorwärtseilen und versuchen, immer mehr in immer weniger Zeit zu erledigen, werden wir ängstlich und gestreßt bleiben. Wir sollten statt dessen unsere Geschwindigkeit verringern, damit wir *planen* können. Wenn ich in meinen Kursen auf dieses Thema zu sprechen komme, stoße ich bei den Teilnehmern zunächst nur auf negative Reaktionen, denn die Vorausplanung erscheint widersprüchlich zu der Forderung, im gegenwärtigen Moment zu leben. Das liegt daran, daß wir meistens nicht bereit sind, uns Zeit zum Planen zu nehmen. Pläne regieren die Zukunft, und in die Zukunft sehen wir meistens mit Besorgnis. Was ist, wenn unsere Pläne nicht funktionieren? Was ist, wenn uns irgend etwas Unerwartetes aufhält? Was ist, wenn…?

So bekommen wir Angst und flüchten vor der Planung und den aus Vergangenheit und Gegenwart hervorgerufenen Gefühlen – anstatt unsere Pläne bewußt und umsichtig zu formulieren und auch für Zweifel offen zu sein.

Ich kenne viele Menschen, die vor lauter Angst und Zweifel nie erfolgreich waren – und dies nicht etwa aus Mangel an Talent oder Kreativität. Mein guter Freund Tom kam eines Tages zu mir und wollte einen Ratschlag zu einem Geschäftsvorhaben, das im Zusammenhang mit seiner Musik stand. Seine Idee bestand darin, eine Serie von Musikaufnahmen zu produzieren, welche die menschlichen Stimmungslagen positiv beeinflussen. Er war seit vielen Jahren auf diesem Gebiet tätig und hatte jetzt die Möglichkeit entdeckt, seine Musik Krankenhäusern, Gesundheitszentren und gleichartigen Einrichtungen anzubieten, um die Patienten dort zu beruhigen. Aber auch für ihn selbst wäre dieses Geschäft durchaus profitabel gewesen.

Er hatte nach eigenen Angaben bereits viel nachgedacht und recherchiert, und ich war begeistert von seiner Idee. Als er mir jedoch davon erzählte, fielen auch Sätze wie: »Aber du kennst mich ja. Wenn es um so etwas geht, bin ich ziemlich träge. Ich weiß einfach nicht, ob ich es wagen soll.« Oder: »Ich weiß, ich sollte mich lieber noch mit anderen Leuten unterhalten, die sich auf diesem Gebiet auskennen. Aber was ist, wenn sie nichts von der Idee halten?« Oder: »Weißt du, das Projekt scheint doch mit einem hohen Aufwand verbunden zu sein, und ich bin gar nicht sicher, ob es überhaupt funktionieren wird.«

Obwohl es sich um eine brillante Idee handelte, wurde nichts aus dem Projekt.

Viele von uns legen in ihren Beziehungen ein ähnliches Verhalten an den Tag. Manche Paare benötigen Jahre für die Entscheidung, ob sie heiraten sollen. (»Was ist, wenn die Romantik verschwindet, sobald wir erst einmal zusammenwohnen?« – »Muß ich meine Unabhängigkeit aufgeben?« – »Werde ich ihn/sie in drei oder vier Jahren noch attraktiv finden?«) Die Zweifel wirken sich manchmal so lähmend aus, daß die Beziehung abstirbt und das Paar sich auseinanderlebt, ohne wirklich zu wissen, was passiert ist.

Aufgrund unserer Zukunftsängste, unserer Selbstzweifel und unseres Unwillens, uns mit diesen Gefühlen auseinanderzusetzen, stecken wir oft in Situationen fest, von denen wir wissen, daß wir sie ändern können – doch offensichtlich finden wir nicht den richtigen Weg.

Mir geht es nicht darum, das Planen zu vermeiden, sondern *in der Gegenwart* für die Zukunft zu planen. Ohne Angst. Dabei sollten unsere Pläne jedoch nicht wie in Stein gemeißelt sein, so daß die Zukunft fest vorherbestimmt scheint (das Vorstadthaus, die Doppelgarage, zwei Kinder, mindestens fünfzigtausend Dollar

Einkommen jährlich). Auch sollten sie nicht so ausufernd sein, daß die Zukunft zu einer Enttäuschung wird, weil man das Ziel nicht erreicht. Wir müssen Pläne machen und dabei berücksichtigen, daß der Weg immer sehr weitläufig sein kann.

Betrachten Sie hier in der Gegenwart die Zukunft als einen Lichtstrahl, der von einem weit entfernten Leuchtturm herüberschimmert. Er dient Ihnen als Richtungssignal. Orientieren Sie sich auf Ihrem Weg an diesem Licht. Ihre Visionen können dabei so speziell oder aufregend sein, wie Sie nur möchten; aber achten Sie darauf, daß sie nicht zu einer Belastung werden, die Sie von der Gegenwart fernhalten. Planen Sie die Zukunft, stellen Sie sich das Ganze bildlich vor und treten Sie einen Schritt zurück.

Die Macht der Zukunft zeigt sich jedesmal, wenn Sie vor eine Wahlmöglichkeit gestellt werden. Verlassen Sie beispielsweise morgens das Haus, dann wissen Sie (abhängig von Ihrem Ziel) automatisch, ob Sie links oder rechts abbiegen müssen. Vielleicht bietet man Ihnen an Ihrem Arbeitsplatz eine Beförderung an, die eventuell mit einer Gehaltserhöhung verbunden ist, Ihnen dafür aber weniger Zeit für Ihre Familie läßt. Oder möglicherweise haben Sie die Wahl zwischen zwei verschiedenen Stellenangeboten, die deutlich unterschiedliche Lebensstile bedeuten. Wenn Sie sich Ihren Gefühlen hinsichtlich der Wahlmöglichkeiten im gegenwärtigen Moment öffnen und gleichzeitig den Lichtstrahl aus Ihrer Zukunft lokalisieren, dann werde Sie wissen, ob sie nach links oder rechts gehen müssen. Sie werden jene Wahl treffen, die am besten mit Ihren Visionen übereinstimmt.

Aber angenommen, Sie entscheiden sich dafür, nicht länger in eine bestimmte Richtung zu gehen. Sie sind nicht verpflichtet, an Ihrer vorigen Entscheidung festzuhalten; verpflichtet sind Sie nur der Wahrheit, den von Ihnen in diesem Moment empfundenen Gefühlen. Sie können neue Pläne aufstellen, wann immer es Ihnen paßt. Man plant nicht mit dem Zweck, in der Zukunft zu leben, sondern um zu erkennen, daß unser Leben wie ein Fluß in vielen Biegungen verläuft. Einer unflexiblen, unveränderlichen geraden Linie zu folgen ist unnatürlich und belastend. Unsere Verpflichtung gilt der Gegenwart. Unsere Kraft liegt darin, unsere Zukunft in die Gegenwart zu bringen – und Vorausplanung hilft uns dabei.

In meinen Kursen bitte ich die Teilnehmer, darüber nachzudenken, wo sie in fünf Jahren sein wollen – wo sie leben, wie sie arbeiten, mit wem sie ihre Tage verbringen möchten, wie gesund sie sein wollen, welche Art geistiger Reife sie erfahren wollen, welche Reisewünsche sie sich gönnen, wie sie ihre Zeit verbringen möchten. Natürlich handelt es sich hierbei um Pläne, die in der Gegenwart gemacht werden; aber wenn die Teilnehmer den Lichtstrahl entdecken können und bei ihren Entscheidungen über das Leben dieses Orientierungslicht im Hinterkopf behalten, dann werden die Entscheidungen offensichtlicher, und ihr Lebensweg entfaltet sich mit weniger Streß vor ihnen.

Susan, eine Fotografin, schrieb eine ganze Palette von Plänen und Visionen bezüglich ihrer Zukunft auf. Am wichtigsten war ihr der Wunsch, weit entfernte Orte zu bereisen und dort zu arbeiten. Da sie visuelle Darstellungen bevorzugte, stellte sie eine Bildmontage von fünf wunderschönen Landschaften zusammen, die sie in Zeitschriften gefunden hatte, und nahm sich vor, sie alle innerhalb von drei Jahren aufzusuchen. Ihre Reisen führten sie zu den Wüsten im Südwesten, zu den Rocky Mountains in Kanada, zu archäologischen Fundstätten in Jordanien und zur Küste von Maine. Dann wurde sie von einem Freund eingeladen, ihre Ferien in einem kleinen mexikanischen Dorf zu verbringen. Bei der Rückkehr betrachtete sie ihre Fotomontage und stellte fest, daß das Dorf auf dem fünften Foto abgebildet war, obwohl sie keinen Schimmer hatte, wo die Aufnahme gemacht worden war. Sie hatte ihre Zukunft in die Gegenwart gebracht.

Ich habe mit vielen Menschen gesprochen, welche die Kunst beherrschen, die Dinge auf sich zukommen und sich auf positive Weise entwickeln zu lassen. Meist handelt es sich dabei um Leute mit Zukunftsvisionen, die aber in der Gegenwart sowohl Erfolg als auch Mißerfolg offenstehen. Wir dürfen nicht so arrogant sein und glauben, wir könnten unser Schicksal beeinflussen, obwohl Spinoza sagt: »Das Glück begünstigt den vorbereiteten Verstand.«

»Ich weiß nicht, was ich tun möchte«, gestand ein Neunzehnjähriger.

»Wissen Sie denn wenigsten«, fragte ich ihn, »was Sie *nicht* tun möchten?«

Er nickte.

»Das ist schon mal ein Anfang. Sobald Sie anerkennen, welche Richtung es *nicht* ist, wird Ihnen klarwerden, wohin Sie *wirklich* gehen«, sagte ich. Und dies ist tatsächlich ein Anfang. Mit zunehmendem Alter wird er das Licht immer deutlicher erkennen.

Zahlreiche Menschen planen überhaupt nicht – sie gehen einfach dorthin, »wohin das Leben sie führt«. Solche Menschen sind im allgemeinen ängstlich und nervös. Es scheint, als führe sie das Leben zu oft ins Unglück und ins Chaos. Wenn sie statt dessen ihr eigenes Leben *führen* könnten, würde ein Großteil der Angst und Nervosität automatisch verschwinden. Hierbei handelt es sich um das gleiche Prinzip wie bei der Zeit: Entweder Sie beherrschen die Zeit, oder die Zeit beherrscht Sie.

Im Jahr 1953 wurde unter Studenten der Yale-Universität eine Umfrage durchgeführt: Nur drei Prozent der Studenten hatten klare Vorstellungen davon, wo sie das Leben hinführen würde. Zwanzig Jahre später hatten diese drei Prozent mehr zustande gebracht, als die verbleibenden 97 Prozent zusammen.

Ein strenger Tagesablauf, wie etwa das Zwölfstundenprogramm für Alkoholiker und Drogenabhängige, mag zwar bei Suchtpatienten funktionieren, aber als Modell für das Leben ist er viel zu spezifisch. Tauchen Sie in den Fluß ein und denken Sie an die diversen Flußbiegungen.

Am Ende meiner Kurse bitte ich die Teilnehmer, etwa zehn bis zwanzig Minuten lang alles aufzuschreiben, was ihnen zu den zu Beginn der Sitzung aufgeführten Zukunftsthemen einfällt: die Zukunft ihrer Beziehungen, ihre Gesundheit, ihr Spielen, ihre Umgebung, ihr Lebensstil und die reservierte Zeit für das innere Wachstum. (Dies wäre auch für Sie eine exzellente Übung.)

Ich benote die festgehaltenen Antworten und Gedanken nicht. Normalerweise bekomme ich sie noch nicht einmal zu sehen, obwohl manche Teilnehmer durch die Erfahrung so bewegt sind, daß sie mir ihre Gedanken noch Monate nach dem Kurs mitteilen. Wenn Sie die Übung ernst nehmen, werden sie erstaunt feststellen, wieviel heller das Licht der Zukunft strahlen wird.

Und was passiert, wenn der Plan schiefgeht? Wenn sie plötzlich entdecken, daß der Weg, den Sie gewählt haben, der falsche ist und Sie auf eine Zukunft losmarschieren, die Sie gar nicht mehr wollen?

Wenn das geschieht, dann lassen Sie die Zukunft gehen. Sie werden sie wieder einholen. Kehren Sie völlig in die Gegenwart zurück, denn sie ist der einzige Ort, an dem Sie sich selbst kennen, und nur dort kann die Zukunft gefunden werden.

Mein Freund Captain Dave lebt auf einem Segelboot in der Karibik und verdient seinen Lebensunterhalt mit dem Verkauf von T-Shirts und Landschaftsgemälden. Jedesmal, wenn ich in Saint John bin, besuche ich ihn. »Ich werde in fünf Jahren zurück sein«, sagte er mir bei unserem letzten Treffen.

»Wirklich? Was hast du vor?«

»Ich werde die Welt umsegeln. Ohne Reiseplan. Ich werde dann anhalten, wenn ich es möchte, so lange bleiben, wie ich will, und mich dann buchstäblich vom Wind weitertreiben lassen.«

Weg war er. Er schrieb von den Fidschi-Inseln, um mitzuteilen, daß es ihm dort gut gefiel und er beschlossen hatte, einen weiteren Monat dort zu verbringen. Seitdem habe ich nichts mehr von ihm gehört, aber ich denke oft an ihn; denn ich kann mich des Eindrucks nicht erwehren, daß sein Fünfjahresplan doch verläßlicher ist als die meisten anderen – so ziellos er auch sein mag.

In seinem Leben wird es sicherlich zu plötzlichen Krisen kommen, die eine Veränderung und eine Neubewertung erforderlich machen – das gilt für alle Segler –, aber es scheint mir, als habe er sein Licht gefunden und folge ihm jetzt. Das wäre gewiß nicht *mein Licht*. Ich bin viel zu eng mit dem Omega Institute und meiner Familie verbunden. Aber mehr als jeder andere meiner Bekannten scheint Captain Dave offen zu sein für den gegenwärtigen Moment – für das Leben im Jetzt –, und manchmal beneide ich ihn.

Er hat herausgefunden, was für ihn wichtig ist, und wird unbeirrt in seine Zukunft gehen.

Bei jeder Planung geht es im Grunde darum, herauszufinden, was wichtig ist. Häufig sind wir jedoch durch Krisen, durch den Wunsch, *nicht* zu denken, sondern zu handeln, durch Hektik und Durcheinander des Alltagslebens zu abgelenkt, um herauszufinden, was »wichtig« ist.

Stephen Covey findet in »*Die sieben Wege zur Effektivität*« einen wesentlichen Unterschied zwischen »dringend« und »wichtig«. Dringlichkeit hat mit Ereignissen zu tun, die sich uns aufdrängen und unsere unmittelbare Aufmerksamkeit erfordern. Bei diesen Ereignissen kann es sich um Notsituationen oder Schwierigkeiten handeln, die *jetzt* bewältigt werden müsen, oder um die täglichen Unterbrechungen und Störungen, die ebenfalls unsere sofortige Aufmerksamkeit verlangen, wie beispielsweise unwichtige Telefonate, unnötige Geschäftstreffen oder der Familienkrach darüber, wer zu Weihnachten eingeladen werden soll. Wichtigkeit bezieht sich auf jene Dinge, die über das Sofortige hinausgehen und mit der Gesamtrichtung übereinstimmen, die wir für unser Leben gewählt haben.

Manchmal muß man auf Situationen sofort reagieren; aber es ist genauso wichtig, sich in anderen Fällen für einige Zeit von diesen Dringlichkeiten zu befreien. Denn dann können wir planen und den Problemen und Forderungen vorbeugen, die ständig auf uns lasten.

Vorausplanung ist wichtig, nicht dringlich, und in sie sollten wir laut Covey viel mehr Zeit investieren. Er schlägt vor, daß wir unsere Zeit von den dringenden und unbedeutenden Dingen verlagern und uns statt dessen auf die wichtige Aufgabe des Planens konzentrieren. Wäre das jedoch so einfach, so würden sicherlich mehr Leute davon Gebrauch machen. Da wir dies aber nicht tun, stoßen wir offensichtlich auf Schwierigkeiten und Widerstand.

Die Unterscheidung zwischen »wichtig, aber nicht dringend«, fällt schwer.

Dringend und wichtig

Nicht dringend, aber wichtig

Dringend, aber nicht wichtig

Nicht dringend und nicht wichtig

Wenn wir dieses Modell mit Frequenz und Amplitude betrachten – wobei die Frequenz die Dringlichkeit und die Amplitude die Wichtigkeit repräsentiert –, dann verstehen wir, warum uns das Planen Unbehagen bereitet. Da wir den ganzen Tag auf dringende Situationen und Unterbrechungen reagieren, verinnerlichen wir die schnelle Frequenz der Dringlichkeit. Ob wichtig oder trivial – wir sind an das hohe Tempo gewöhnt. Aber auch wenn nichts Dringendes oder Wichtiges in unserem Leben geschieht, neigen wir dazu, die rasante Geschwindigkeit beizubehalten. Fernsehen oder Videospiele beispielsweise kann man wohl kaum als dringend bewerten; dennoch widmen wir uns ihnen, weil wir in ihnen die Geschwindigkeit der Gesellschaft wiederfinden.

Um planen zu können, müssen wir die Frequenz verringern und die Amplitude erhöhen, also das, was am wichtigsten ist. Durch konzentriertes, ungestörtes Nachdenken ohne Hektik und Ablenkungen sollten wir ernsthaft überlegen, was wir in unserer Zukunft wollen. Anfangs fällt es schwer, die Geschwindigkeit zu verringern. Wir wissen, wie schwer es während der Arbeit ist, Zeit für das Verfassen eines Berichts oder das Aufstellen eines neuen Plans zu reservieren. Und zu Hause stören die Bedürfnisse der Kinder, geschäftliche Telefonate oder Anrufe von Freunden.

Hier ist ein Rhythmuswechsel erforderlich – wir müsen den schnellen Rhythmus der Dringlichkeit erkennen, den wir verinnerlicht haben, um einen langsameren Rhythmus aufnehmen zu können, der für die Planung notwendig ist. Wir haben bereits gesehen, wie man den Rhythmuswechsel begünstigen kann: durch das Schließen unserer Bürotür, die Bereitstellung von Zeit für den Partner, durch das sorgfältige Setzen von Zeitgrenzen und dergleichen mehr. Ohne diese Rituale, ohne einen verlangsamten Rhythmus, können wir nicht planen. Folglich werden wir weiterhin beansprucht, sind überall dort, wo es brennt, und stöhnen schließlich über die Tatsache, daß wir immer in Eile und gestreßt sind. Wenn wir unser Tempo drosseln und unsere Aufmerksamkeit den wichtigen Dingen widmen – unsere *Zeit* den wichtigen Dingen widmen –, dann beugen wir vielen Problemen vor und machen uns selbst das Geschenk, endlich mehr Zeit zu haben. Obwohl es paradox erscheint, gewinnen wir erst dann Zeit in unserem Leben, wenn wir langsamer werden.

Die folgenden Beispiele sollen verdeutlichen, was ich meine.

Ein Kursteilnehmer erzählte, daß seine Arbeit als Finanzmanager in der Firma immer durch Mitarbeiter unterbrochen wurde, die ihn mit dringenden Problemen aufsuchten. »Nie kann ich meinen Finanzplan fertigstellen«, beschwerte er sich. »Ich muß Überstunden machen und am Wochenende arbeiten. Nie habe ich Zeit für meine Familie. Und was bekomme ich als Dankeschön? Bestenfalls irgendwelche Lippenbekenntnisse. Jeder hält meine Leistung für selbstverständlich.«

Wichtig ist hier der Finanzplan, dringend sind die Bedürfnisse seiner Kollegen. Aber im Grunde verschärft er die Situation noch dadurch, daß er es versäumt, Grenzen zu ziehen, daß er es nicht schafft, »nein« zu sagen, und daß er viel zuviel Zeit den dringenden Angelegenheiten widmet statt den langfristigen.

»Verringern Sie Ihre Geschwindigkeit«, riet ich ihm. »Das ist Ihre einzige Chance.«

Eine meiner Omega-Kolleginnen zog ihre Grenzen so konsequent, daß sie die meiste Zeit der Planung widmen konnte. Zuerst beschwerte sich einer unserer Manager bei mir darüber, daß sie ihre Arbeit vernachlässige. Ihre Vorgänger hätten viel mehr geleistet, behauptete er. Sie waren immer an ihren Schreibtischen, selbst nach Büroschluß.

Tatsächlich aber leistete meine Kollegin hervorragende Arbeit, und in ihrer Abteilung lief alles wie am Schnürchen, besser als je zuvor. Und zwar nicht deshalb, weil sie länger oder schneller, sondern effizienter vorausplanen konnte. »Sollen sich andere um die Krisenfälle kümmern«, war ihre Einstellung. Sie widmete ihre Zeit den langfristigen Dingen und reduzierte so die Anzahl der Krisensituationen.

Ein Pärchen aus meinem Bekanntenkreis (beide sehr erfolgreich im Beruf) lag sich drei Jahre lang wegen Telefonanrufen in den Haaren. Sie war zu ihm gezogen, und wenn er einen Anruf für sie entgegennahm, dann vergaß er häufig, es ihr auszurichten, besonders wenn es sich um private Telefonate handelte. Das machte sie rasend.

»Aber es sind doch nur deine Freunde«, sagte er. »Sie werden sich schon wieder melden.«

Ihre Auseinandersetzungen verliefen heftig und destruktiv – und eskalierten dermaßen, daß sie schon darüber sprachen, die Beziehung zu beenden, obwohl sie sich liebten.

Die Beziehung war wichtig und die Situation kritisch. Schließlich nahmen sich beide einen Tag frei und verbrachten einen Nachmittag an einem neutralen Ort (in einem Café), um darüber zu reden, was wirklich vor sich ging. Sie entdeckten, daß sich hinter dem Streit zahlreiche psychologische Faktoren verbargen.

Obwohl er sie liebte, wurde ihm klar, daß er ihren Einzug wie eine Invasion empfand, der er unbewußt Widerstand leistete. Und obwohl sie ihn liebte, haßte sie die Kontrolle, die er durch seinen »Besitzanspruch« auf das Telefon ausübte.

Nachdem sie beide die Geschwindigkeit verringert und einander ihre unterschiedlichen Auffassungen mitgeteilt hatten, fanden sie eine Lösung, die so einfach war, daß sie sich wunderten, nicht eher darauf gekommen zu sein.

Sie beantragten einen zweiten Telefonanschluß.

Um effektiv zu planen und unsere Zeit den wichtigen statt den dringenden Angelegenheiten widmen zu können, müssen wir unsere Geschwindigkeit mindern, unser Tempo wechseln, Störungen fernhalten, Zeitgrenzen setzen, achtsam sein und uns auf langfristige Dinge konzentrieren. Mit dieser wirksamen Methode lassen sich Probleme in der Zukunft vermeiden, während die für Krisen benötigte Zeit reduziert wird.

Aus diesem Grunde nehmen viele Leute abends Arbeit mit nach Hause, um die Störungen im Büro zu umgehen. Deshalb legen so viele den Hörer neben das Telefon, wenn sie sich lieben oder wenn sie einfach nur reden möchten. Deshalb sind Ferien und die Zeit, die im Freien verbracht wird, so wichtig, und deshalb tut es uns allen gut, konzentriert mit Kindern zu spielen.

Das erklärt auch, weshalb einige Autoren ihre Schreibblockade überwinden konnten, indem sie Zeitgrenzen festsetzten. Sie reservieren sich beispielsweise jeden Morgen drei Stunden, in denen sie zwar nicht schreiben müssen, aber auch nichts anderes tun dürfen. Normalerweise fangen sie dann nach einer Weile mit dem Schreiben an.

Manchmal gehe ich sonntags arbeiten, wenn niemand sonst im Büro ist. Diese Zeit habe ich allein für mich reserviert. Nicht, um irgendwelche unerledigten Arbeiten der Woche zu beenden, sondern um langfristige Pläne für das Omega Institute aufzustellen und unter ruhigen Bedingungen die gegenwärtigen Probleme und Möglichkeiten abzuwägen.

Aber wenn ich mich schon sonntags ins Büro hocke, dann nehme ich mir während der Woche frei, um mich anderen Dingen als meiner Arbeit zu widmen. Denn es sind keine Überstunden, sondern lediglich *andere* Stunden. Je mehr wir die Zeit auf diese Weise ausbalancieren, desto erfüllter wird unser Leben werden.

Im dreizehnten Kapitel haben wir gesehen, wie der Arzt Dean Ornish mit Hilfe eines aus Diät, Yoga und Entspannung kombinierten Programms die Herzkranzgefäßverkalkung bei seinen Patienten reduzieren konnte. Ornish zieht es vor, vorauszuplanen, statt eine Krisensituation mit einer Bypass-Operation oder einer Heldentat in letzter Minute zu lösen.

Interessanterweise stieß diese Vorgehensweise zunächst auf Ablehnung: Die meisten anderen Ärzte hatten nämlich das Gefühl, daß sich die Patienten lieber die Brust aufschneiden ließen als ihren Rhythmus zu verringern, um sich mittels harter, kontinuierlicher Arbeit von ihrem ungesunden Lebensstil zu trennen.

Um für unsere Gesundheit, unsere Beziehungen und unser Leben vorausplanen zu können, bedarf es eines Rhythmuswechsels. Die indianischen Ureinwohner Amerikas sind seit Jahrhunderten damit vertraut, die Zukunft aus einer Perspektive zu betrachten, die frei vom Alltagsdruck ist. Sie kennen eine lange Tradition der sogenannten »Vision Quest«: Man reist in die Wildnis und läßt das Alltagsleben hinter sich, um neue Ideen und neue Visionen zu erhalten. Auch bei unserer Planung müssen wir einen Schritt zurückgehen und das Wichtige vom Dringenden trennen. Andernfalls werden wir auf die Zukunft nicht vorbereitet sein, und das Unerwartete wird uns zwingen, zu reagieren statt zu agieren. Wenn wir jedoch vorbereitet sind, können wir die Gelegenheiten ergreifen, wo immer sie sich bieten.

17. Gesellschaft

Überall bemühen sich die Menschen,
Zeit für Dinge zu erübrigen, von denen man annimmt,
sie seien wichtig für den Menschen:
Zeit mit dem Partner zu verbringen,
die Natur zu genießen, bestimmten Ideen nachzuhängen
oder irgendeiner kreativen Tätigkeit nachzugehen.
Aber sie scheinen mehr und mehr
ein Rückzugsgefecht zu führen.
Es gibt nichts, keinen Aspekt des menschlichen Lebens,
der dies an Bedeutung übertrifft.
Die Zerstörung der Zeit ist die Zerstörung des Lebens.

Jacob Needleman

SEIEN SIE WAHLLOS FREUNDLICH UND SINNLOS GÜTIG!

Das steht auf einem Autoaufkleber, den ich in der letzten Zeit häufiger gesehen habe. Ich glaube, seine Beliebtheit rührt von einem tiefen gesellschaftlichen »Wissen« her, daß ein solches Bedürfnis existiert, obwohl viele dieser Aufforderung nicht nachkommen. Ja, wir sind sehr wohl zu *vorsätzlicher* Freundlichkeit und Güte fähig, aber fast immer zu beschäftigt, um sie in unseren Alltag zu integrieren. Wir müssen erst darüber nachdenken; es kommt nicht von Herzen.

Freundlichkeit ist in materieller Hinsicht nicht produktiv. Außer für die Seele bringt sie keinen Nutzen.

Ich begann, der Aufforderung des Aufklebers zu folgen. So lasse ich jetzt beispielsweise einem Fahrer, der sich vor mich drängeln will, winkend und mit einem Lächeln eine Lücke – wenn er es eilig hat, warum nicht? Vielleicht erwartet seine Frau ein Baby, und er muß so schnell wie möglich nach Hause. Als Vorbild dient mir dabei mein karibischer Freund Zedie, der von Natur aus freundlich ist.

Es ist so leicht, den Blickwinkel zu verändern, und man fühlt sich viel besser. Viel besser, als wenn man sich über jemanden ärgert, der sich unverschämt vordrängeln will und bei dessen Anblick man spürt, wie der eigene Adrenalinspiegel steigt. Es ist eine bemerkenswerte Erfahrung, wenn man sich freundlich verhält und beobachten kann, welche Wirkung man als zuvorkommendes Wesen auf einen anderen Menschen und auf sich selbst ausübt.

Diese Gelegenheiten bieten sich jeden Tag. Ob wir jemandem den Weg weisen, der sich nicht auskennt, die Kassierer in den Parkhäusern mit einem Hallo begrüßen (und ihnen vielleicht sogar ein Trinkgeld geben oder das Wechselgeld schenken) oder einem Kollegen außerhalb unseres Zuständigkeitsbereichs behilflich sind.

Gelegenheiten gibt es unendlich viele, aber ich möchte damit auf keinen Fall andeuten, daß Sie jetzt die Belastung eines Vollzeit-Samariter-Jobs übernehmen sollen. Manchmal fehlt uns einfach die Zeit, oder wir sind nicht entsprechend aufgelegt, obwohl wir oft von einer gereizten Stimmung beherrscht werden, die mit der Geschwindigkeit des Moments zusammenhängt. Wenn wir es zulassen, daß die Geschwindigkeit unseres Lebens uns in einer Routine der Hektik gefangenhält, die diese Art der Mitmenschlichkeit ausschließt, dann schaffen wir eine Gesellschaft, die uns alle voneinander abgrenzt.

Meine Frau ist bemerkenswert gegenwärtig und bringt dabei großzügig Zeit für andere auf. Ihr Verhalten entspringt einer wahren Liebe für ihre Mitmenschen. Ich bewundere häufig, wie ihre Fürsorge und Anteilnahme positive Gefühle erzeugen. Für ihre Fürsorge und Anteilnahme bedarf es nicht viel Zeit: Wir müssen einfach nur unsere Obsession fürs Geschäftliche aufgeben und uns dem Leben, das sich die ganze Zeit um uns herum abspielt, öffnen.

In ihrer Gegenwart habe ich viel gelernt. In Situationen, die nicht unbedingt zu meiner Aufgabe, meiner Rolle oder meiner Verantwortung gehören, konnte ich mehr geben und mehr über mich selbst erfahren. Es geht darum, als Mensch gegenwärtig zu

sein. In vielerlei Hinsicht erinnert es an den Duft einer Blume
– er ist einfach vorhanden.

Halte ich mich für selbstlos? Für einen »Heiligen«? Für ein
»Vorbild«?

Keineswegs.

Wem nutze ich dadurch? Den Fremden, denke ich, obwohl sie
sich wahrscheinlich bis auf einen kurzen Überraschungsmoment
keine weiteren Gedanken über meine Handlungen machen, da sie
selbst von dem ursprünglichen Meer namens »Gesellschaft« über-
flutet werden.

Vielleicht mir selbst? Auf jeden Fall. Ich bin wirklich *glücklicher*,
wenn ich wahllos freundlich bin.

Wahllose Freundlichkeit und sinnlose Güte brauchen Zeit. Uns
allen steht diese Zeit zur Verfügung, aber wir scheinen von ihrer
Existenz nichts zu wissen.

Jim Buglione – oder Jimmy Bugs, wie wir ihn liebevoll nann-
ten – arbeitete viele Jahre freiwillig am Omega Institute und erledigte alles, was anfiel. Er half bei der Verteilung der Post, bei der
Küchenarbeit oder machte Telefondienst. Jim war beim Militär
gewesen und litt unter Gebrechen, die seine Gesundheit beein-
trächtigten, insbesondere unter immer wiederkehrenden epilep-
tischen Anfällen.

Kennengelernt hatte ich ihn als Patienten, aber schließlich entwickelte er sich zum festen Bestandteil des Omega Institute. Er
gehörte nicht zur regulären Belegschaft, wurde für seine Tätigkeit
auch nicht bezahlt, aber er verkörperte all die Prinzipien unserer
Organisation. Als er letztes Jahr plötzlich verstarb, nahmen wir
seinen Tod mit Entsetzen und tiefer Trauer auf. Wir versammelten
uns im Konferenzraum, um unsere Gedanken und Gefühle auszu-
tauschen. Ich war beeindruckt, wieviel Jimmy jedem von uns gegeben hatte, wie tief er jeden einzelnen erreicht hatte. Dann spru-
delten Geschichten hervor: Wie er einem Mann, den er gar nicht
kannte, Blumen brachte, weil dessen Frau gestorben war; dabei
dauerte der Weg dorthin ein paar Stunden (Jimmy durfte wegen
seiner Epilepsie nicht Auto fahren). Wie er die Angestellten mit

Süßigkeiten verwöhnte oder auf mysteriöse Weise immer dann in einem Büro erschien, wenn gerade jemand Hilfe oder einen Freund zum Reden brauchte.

Wir glauben oft, daß die Träger eines Titels diejenigen sind, die »die Dinge am Laufen halten«. Ich leite Omega zwar, und Jimmy hatte keinen Titel, keinen offiziellen Status, aber er bemühte sich wirklich, brachte sich völlig ein und bleibt mir als Inspiration erhalten. Sein Vermächtnis der Freundlichkeit gehört zu den Dingen, die das Omega Institute zu etwas Besonderem machten.

Zeit ist wie Wolle, beobachtet Rabbi Zalman Schachter-Shalomi. Es ist ein langer Faden – doch wir schneiden ihn in kurze Stücke.

Wären die Stränge länger, würden sie Familien, Gemeinschaften, Gesellschaften und Nationen miteinander verbinden. Früher lebten bis zu drei Generationen harmonisch in einem Haus. Die Mitglieder einer Gemeinschaft waren durch Religion und gemeinsame Interessen zu einer Einheit verwachsen, und Gruppen unterschiedlichster Religionen, Gesellschaftsformen und Rassen arbeiteten zusammen für das Allgemeingut: eine unteilbare Nation.

Wir haben bereits über Musik und ihre Funktion als verbindliches Element gesprochen. Musik kann als ein Rhythmus fungieren, der zwei Menschen in einer Partnerschaft vereint oder – in diesem Fall – Gruppen in Gleichklang versetzt. Musik wurde oft dazu benutzt, Gemeinschaften zusammenzuhalten – bei Stammestreffen in Afrika, bei balinesischen Tanzritualen und bei vielen südamerikanischen Kulturveranstaltungen.

Ein ungewöhnlicher, aber selten gezeigter Film mit dem Titel »Latcho Drom« zeigt völlig ohne Dialoge und nur mit Hilfe seines Soundtracks, wie Sinti- und Romafamilien von Indien über die Türkei und Rumänien bis Frankreich leben. Ihr oft tragisches Leben, zerrissen durch die abscheuliche Behandlung, die sie durch Außenstehende häufig erdulden müssen, wird durch eine von allen Gemeinschaftsmitgliedern geteilte, tief emotionale Musik zusammengehalten. Sie führen als scheinbar Entwurzelte ein Nomadenleben. Es war die Musik, die ihre Kultur weiterbestehen ließ, während andere Gemeinschaften verschwanden. Ihr Geist drückt sich in dieser Musik aus und wird gemeinsam erfahren. Sie sind miteinander durch einen einheitlichen Rhythmus der Seele verknüpft. Seltsamerweise haben Studien ergeben, daß Sinti und Roma in ihrer Sprache keine Worte für Zukunft oder Vergangenheit kennen. Zeit ist nur die Gegenwart.

Da wir die Wollfäden in zu kurze Stücke geschnitten haben, besitzen wir heute keine vereinende Musik mehr. Rap-Musik ist das einzige Beispiel, das mir heute dazu einfällt. Davor gab es eine Generation, welche die Musik von Grateful Dead bis zum Tode von Jerry Garcia als inspirierend und bewußtseinserweiternd empfand.

Heute verbindet uns kaum noch etwas. Beziehungen sind vergänglich, und man heiratet mit der Einstellung, daß man sich ja scheiden lassen kann, wenn die Ehe nicht funktioniert. Unsere Kinder verlassen das Zuhause, Gemeinschaften kämpfen gegeneinander, die Bezeichnung »besondere Interessengruppen« hat ihre abschätzige Bedeutung verloren, Rasse steht gegen Rasse, Generation gegen Generation. »Ethnische Säuberung« ist zu einem Begriff geworden, den wir alle verstehen. Daß ein solches Wort überhaupt kreiert werden konnte, ist schon schrecklich genug.

Sogar das Verhältnis zwischen Arbeitgeber und Arbeitnehmer hat sich verändert. Früher war es so, daß ein Arbeiter, der sich loyal und gewissenhaft verhielt, sich auf die gleiche Loyalität seitens seines Chefs verlassen konnte. Heute werden Menschen aus »Tarifgründen« entlassen, weil es »die Wirtschaft verlangt«, oder weil die Vorstandsmitglieder eher ihren gesichtslosen Aktionären zu Dank verpflichtet sind als den Menschen, denen sie Anweisungen erteilen.

Zeit – und vorrangig die Vorstellung »Zeit ist Geld« – ist die Hauptursache für unseren Mangel an gesellschaftlicher Fürsorge. Das Verlangen nach sofortiger Belohnung, nach immer mehr Gütern und Dienstleistungen und der Wunsch, »alles zu besitzen«, haben bei jedem einzelnen von uns zu der Einstellung »Hauptsache, mir geht es gut« geführt – eine Einstellung, die andere, selbst unsere Ehepartner, Eltern und Kinder ausschließt und die Gemeinschaft erst recht.

Vor fünfhundert Jahren ließ eines der Colleges von Oxford eine große Halle bauen, für deren Tragebalken Eichenholz verwendet wurde. Der Speisesaal wird heute noch genutzt, aber vor kurzem mußten die Balken wegen Verrottung ausgetauscht werden. Der zuständige Collegeverwalter suchte nach einer Lösung des Problems und fand sie in den fünfhundert Jahre alten Aufzeichnungen seines Vorgängers. Dieser hatte, als der Speisesaal errichtet wurde, in der Nähe des Colleges ein Eichenwäldchen pflanzen lassen – speziell für den Zweck, daß die großen Balken zur Verfügung stehen würden, wenn man sie brauchte. Die großen alten Bäume wurden gefällt und für den vor fünfhundert Jahren vorgesehenen Zweck verwendet.

Stellen Sie sich vor, wir in den USA würden heute so handeln. Aber statt in Jahrhunderten oder Dekaden zu denken, planen wir nur noch Jahre, Monate oder Tage voraus – oder oft überhaupt nicht.

Zum Beispiel ist alles, was wir bauen, kurzlebig. Die Seitenwände unserer Holzhäuser halten vielleicht fünfzehn, unsere Autos fünf Jahre. Unter Reagan nahmen die Schulden zu, weil die Menschen *sofort* eine Steuererleichterung haben wollten, um *sofort* einkaufen zu gehen. Unsere Highways sind verstopft, weil uns die Schienen als Transportmittel für Güter zu langsam erscheinen. Unsere Regierungsgebäude sind so schnell heruntergekommen, daß sie wie Relikte eines kommunistischen Systems aussehen. Städte wie New York und Los Angeles werden in regelmäßigen Abständen neu aufgebaut.

Ed Bacon, Architekt und Stadtplaner, ist zum Teil verantwortlich für die »Wiedergeburt« von Philadelphia. Man verspottete ihn, weil er dreißig Jahre vorausdachte – nicht etwa, weil diese Zeitspanne zu kurz, sondern weil sie zu lang war. Er kämpfte mit den örtlichen Politikern, die auf eine sofortige Lösung der städtischen Probleme drängten, aber nicht bereit waren, Plänen zuzustimmen, die über eine Dauer von fünf Jahren hinausgingen.

Unsere Infrastruktur ist dem Untergang geweiht, weil wir zweispurige Highways bauen, ohne zu berücksichtigen, daß wir bald so viele Autos haben werden, daß wir eine dreispurige Straße benötigen. Ein Sportstadion, das vor dreißig Jahren gebaut wurde, hält man für veraltet, weil es nicht mit Kuppeldach, VIP-Lounge oder Kunstrasen ausgestattet ist. Unsere Computer »verbessern« sich so schnell, daß der heute gekaufte bereits morgen veraltet ist. »Veränderung«, »Wachstum«, »neu« – diese Worte bestimmen unser Leben und bescheren manchen Menschen erstaunlichen Wohlstand.

Und dann sehen wir uns konfrontiert mit Löchern in der Ozonschicht, Nuklearabfällen, vom Aussterben bedrohten Tier- und Pflanzenarten, verseuchten Flüssen und Gewässern. Vor hundert Jahren (einer sehr kurzen Zeit!) gab es keine Bundesumweltbehörde – die Umwelt war nicht bedroht.

Aber wir ergreifen keine Präventionsmaßnahmen, um unsere Umwelt zu schonen, genauso wie wir auf Vorbeugung verzichten, wenn es um unsere Gesundheit geht.

Ich habe bereits erwähnt, daß die sich stetig steigernde Geschwindigkeit der US-amerikanischen Gesellschaft sich gegen jede langfristige Planung wehrt und uns dadurch vom Nachdenken abhält. In bezug auf unser Land und unsere Ressourcen sind die Probleme besonders akut.

Wir Amerikaner betrachten das Land als eine *Investition*. Wir kaufen und verkaufen es, ohne einen Fuß darauf zu setzen, geschweige denn anzuhalten, um seine Schönheit oder den Duft der Blumen zu genießen. Projektentwickler bebauen es, Papierhersteller holzen die Wälder ab, Bergarbeiter graben sich in den Boden und lassen nichts zurück. Diejenigen, die ein Sumpfland trockenlegen, um es für eine Wohnsiedlung zu erschließen, haben noch nie ein Feuchtgebiet gesehen, gerochen oder wirklich erfahren.

Es ist noch nicht lange her, da liebten wir unser Land und erlebten es mit unseren Sinnen – wir waren Teil und nicht Nutzer der Natur. Am Strand lauschten wir dem Klang der Wellen statt dröhnenden Klängen aus Hi-Fi-Boxen, und innerlich reagierten wir auf den ausgedehnten Rhythmus. Wenn wir ein Tier töteten, dann aus Nahrungsgründen, so wie andere Tiere dies auch tun. Es diente der Erhaltung des natürlichen Gleichgewichts.

Aber je weiter wir uns in unseren Verstand zurückziehen, desto mehr geht uns die Fähigkeit zum Gefühl verloren. Mit anderen Worten: Je mehr wir uns von unseren Emotionen und Sinnen lösen, desto mehr werden wir wegbaggern und asphaltieren. Nur die Geschwindigkeit und der Verlust der Fähigkeit zur Synchronisation mit der Natur können als Erklärung für den Wahnsinn dienen, warum wir es zulassen, daß unsere Umwelt zerstört wird.

Einige Teile dieses Buches wurden in Maho auf der Insel Saint John in einem Zelt geschrieben. Als ich von diesem Zelt wieder in ein modernes Haus zurückkehrte – vier Wände, eine Decke, Fenster, welche die Außenwelt ausschlossen –, war ich erstaunt, wie diese »Isolation« mich veränderte: Im Zelt konnte ich den Rhythmus der Natur aktiv spüren; in meinem Haus mußte ich mich daran erinnern.

Wir alle müssen uns mit dem ruhigen Rhythmus der Erde synchronisieren. Wir müssen die Balance finden zwischen dem Rhythmus der Erde und dem der Gesellschaft; wir müssen umkehren und den tiefen Pulsschlag spüren, der die Menschheit, und nicht das Individuum, antreibt.

Das Land – die Natur – ist Gottes Geschenk an uns, das kostbarste Gut in unserem Leben. Aber wir behandeln es wie eine Handelsware!

Wie wir bereits erfahren haben, gelingt eine Verringerung der Geschwindigkeit am besten, wenn wir uns auf die natürlichen Rhythmen konzentrieren. Vergangene Kulturen wußten das, und die Gemeinschaften, die in zirkulärer Zeit leben, haben dieses Wissen bis heute bewahrt.

Eine Kultur, die derart das Gefühl für ihre Umwelt verloren hat, wird nicht überleben. Dennoch zeigen die meisten Politiker keine Bereitschaft, mit Umweltschützern die betroffenen Gebiete zu besichtigen, bevor sie für deren Zerstörung stimmen.

Nur dann, wenn wir die Geschwindigkeit drosseln, um die Umwelt zu schützen, können wir uns retten. Aber die politische Antwort lautet: volle Fahrt voraus, und wenn möglich, noch schneller. Sie entfernt uns von unserem Gefühl und Sinn für die

Natur und folglich von unserem Wahrnehmungsempfinden, unserer Umwelt, unserer Welt.

Die Geschwindigkeit der Gesellschaft untergräbt aber auch ein Geschenk der Menschheit: die Demokratie.

Das demokratische Staatswesen erfordert Denkprozesse, Diskussionen, Auseinandersetzungen, Synthesen – Zeit. Um Probleme wirklich zu verstehen, müssen wir uns während einer vernünftigen Auseinandersetzung beide Seiten anhören. Uns müssen Fakten zur Verfügung stehen, die wir untersuchen und abwägen und über die wir nachdenken können. Um einen Kandidaten zu beurteilen, müssen wir uns seine Ideen anhören, ihn gründlich befragen, herausfinden, ob er es ehrlich meint, und die Konsequenzen dessen verstehen, was er zu sagen hat.

Was für ein Possenspiel die Geschwindigkeit aus all dem macht!

»Sagen Sie mir, Herr Kandidat«, fragt der Moderator einer Präsidentendebatte im Fernsehen, »wie sieht Ihre Gesundheitsreform aus?« Dann sieht er auf die Uhr und sagt: »Sie haben drei Minuten.«

Drei Minuten. Als ob eine Antwort in dieser Zeit *möglich* wäre. Als ob da als Antwort etwas anderes zustande kommt als eine Reihe oberflächlicher Floskeln.

Der andere Kandidat erhält eine Minute – und in den Spätnachrichten werden für die Zuschauer, die statt der Debatte irgendeine zum x-ten Mal ausgestrahlte Serie verfolgten, Antwort und Gegenantwort jeweils auf zehn bis fünfzehn Sekunden zusammengeschnitten.

Schlagworte – ein häßlicher Begriff und ein schreckliches Konzept. Politiker verlassen sich auf sie, Gelehrte verurteilen sie, »Meinungsmacher« erfinden sie – und wir alle hören sie und glauben, sie repräsentieren die Position und das Wissen eines Kandidaten. Um den Haushalt auszugleichen, müssen nur die Kosten der Regierung gesenkt werden. Unter den Sozialhilfeempfängern gibt es zu viele Betrüger. Ich kann Steuern senken, ohne einschneidende Reduzierung der Dienstleistungen vorzunehmen. So? Und *ich* kann meine Dienstleistung reduzieren, ohne daß der Empfänger irgendwelche Nachteile in Kauf nehmen muß.

Dies sind Phrasen ohne Sinn, Sprüche aus der Werbung.

Wir verlassen uns immer mehr auf Schlagworte. Dies ist nicht die Schuld der Politiker, sondern der Gesellschaft – und unsere eigene, da wir mit dem Rhythmus der Gesellschaft synchronisiert sind. Also wählen wir Politiker auf der Grundlage von augenblicklichen Emotionen und werden mit kurzfristigen und kurzsichtigen Lösungen ruhiggestellt.

Wir sind eine Konsumgesellschaft: Fast food (was für ein Wort!), Aspirin, »Wunder«-Pillen, Schlankheitsmittel mit »sofortiger Wirkung«, Fitneßgeräte, Flüge mit Überschallgeschwindigkeit, Computer. Wir wollen Antworten, und zwar schnell.

Da ist es kein Wunder, daß die Politiker uns die schnelle Antwort, die einfache Lösung liefern. Ich meine damit nicht nur Präsidenten und Abgeordnete, sondern Elternbeiräte, Stadträte und alle anderen, die eine Wählerschaft repräsentieren. Und es ist nicht verwunderlich, daß ihre Antworten uns zufriedenstellen.

Denn es ist viel einfacher, schnell und flexibel zu wählen, als die Dinge genau zu untersuchen. Wir wollen lieber das Aussehen und die Redegewandtheit eines Kandidaten beurteilen als die Inhalte seiner Aussagen. Die politische Debatte »gewinnt« nicht der, der die besseren Ideen hat, sondern der mit der größeren Schlagfertigkeit. (Und wer »gewonnen« hat, finden wir durch eine Meinungsumfrage *innerhalb weniger Sekunden* nach der Debatte heraus.) Bereits 1960 »verlor« Richard Nixon eine Debatte mit John F. Kennedy, weil er unter den Scheinwerfern des Fernsehens schwitzte. Hätte er dies vermeiden können – da sind sich die Analysen einig –, wäre er gewählt worden.

»Steigt auf die Barrikaden«! bin ich versucht auszurufen, aber dann besinne ich mich. Denn eine Revolution bringt weder dem Land noch den Revolutionären Frieden. Auch sie ist Teil des abgehackten, wilden Rhythmus unserer Welt. Yasir Arafat wird nie den Frieden kennenlernen, ebensowenig wie dies Nathan Hale, Che Guevara, Eldridge Cleaver und Susan B. Anthony gelang.

Eine Unze guter Taten verlangt ein Pfund Ruhe, behauptet Ram Dass, und ich möchte ergänzen, daß unser Wunsch, Gutes zu tun, zu einem Problem wird, wenn wir nur durch Handeln reagieren.

In Hongkong kam es unter Mitgliedern des Parlaments – die alle nur Gutes tun wollten – aufgrund von Meinungsverschiedenheiten tatsächlich zu handgreiflichen Auseinandersetzungen. Martin Luther King und Mahatma Gandhi waren vielleicht die größten Revolutionäre, weil sie Gewaltlosigkeit predigten, und der Rhythmus ihrer äußerst wirkungsvollen Revolutionen war langsam.

Ich denke, daß sich hinter revolutionärer Wut – wie hinter jeder Wut – eine tiefere, langsamere Trauer über den wahren Zustand der Menschheit verbirgt, die wir nur durch Besinnlichkeit und nicht durch Handeln in den Griff bekommen können.

Krieg, territoriale und andere Konflikte, Krankheit, Altern, Sterben: Diese Dinge sind dem menschlichen Leben nicht fremd, sondern zählen zu seinen unabdingbaren Bestandteilen. Wir sind sowohl zum Guten als auch zum Schlechten fähig; Gier liegt genauso in unserer Natur wie Altruismus.

Wir können nicht vor unseren tragischen Aspekten davonlaufen; wir können sie beherrschen – aber nur, wenn wir ihnen direkt ins Auge sehen und sie integrieren in dem Wissen, daß wir eine Einheit sind.

Wir *müssen* unsere Geschwindigkeit verringern. Wir müssen in unseren Herzen statt in unseren Köpfen nach Lösungen suchen.

Die wahre Revolution liegt in einem ehrlichen Respekt für die Verschiedenheiten anderer; im Vergeben ihrer Sünden, weil ihre Sünden auch unsere sind. Vor allem müssen wir lernen, Mitgefühl zu empfinden.

Wie können wir aus Wut Mitgefühl entwickeln?

Nur durch Zeit.

Eine Untersuchung ergab, daß die Athapasca-Indianer Alaskas, die eines Verbrechens angeklagt sind, eher für schuldig befunden werden als weiße Amerikaner.

Die Ursache liegt im Rhythmus.

Athapasca-Indianer halten kurz inne, bevor sie sprechen.

Wünscht man ihnen einen guten Morgen, so wird ihr Gegengruß – nicht weniger aufrichtig – nicht sofort, sondern erst *nach einer Weile* erfolgen. Fragt man sie, ob sie schuldig sind, so werden sie erst nach einer entsprechenden Verzögerung verneinen.

Aha! denken wir gleich. Sie mußten erst über ihre Antwort nachdenken, also sind sie schuldig.

Aber sie haben nichts anderes getan, als in ihrem eigenen Rhythmus zu antworten, der das Innehalten mit einschließt, und nicht in dem Rhythmus, der für Amerika üblich ist.

Es gab einmal eine Zeit, da konnten wir auch Pause machen: Juden und Christen legten mit dem Sabbat beziehungsweise Sonntag einen Tag der Ruhe fest; ganze Gemeinden schlossen gemäß ihren Gesetzen am Wochenende ihre Geschäfte – all dies trug nicht nur zu einer Verringerung der Geschwindigkeit bei, sondern auch zu ihrer *generellen Veränderung.*

Für den Besuch anderer Länder gilt der Ratschlag, sich mit vier Dingen vertraut zu machen: Geschenke, Begrüßung, Formalitäten und *Zeitvorstellung.* Die meisten Franzosen machen im August Ferien. In Deutschland gibt es eine Mittagspause. Den Spaniern ist die *siesta* heilig.

Auch in Europa sind Pausen selten. Aber hier in den USA weiß man gar nicht mehr, was das ist. Der Börsenhandel beispielsweise kennt keine Pause, immer mehr Geschäfte werben mit einer Öffnungszeit rund um die Uhr, und via Fernsehen kann man sich um drei Uhr morgens ein neues Kleid kaufen.

Wie Juliet Schor betont, werden wir für »stundenlangen« Einsatz gelobt. Und die Aussage: »Ich habe seit drei Jahren keinen Urlaub mehr gemacht«, findet den Beifall unserer Vorgesetzten und wird von weniger besessenen Mitarbeitern beneidet (»wenn ich so hart arbeiten würde wie Henry, würde man mich auch befördern«).

Aber gerade in dieser Atmosphäre eskaliert die Gewalt und verüben Teenager aus Langeweile Brandanschläge auf obdachlose Menschen, weil sie »Action lieben«. Sie haben nicht einmal Zeit, darüber nachzudenken – geschweige denn zu fühlen –, was sie *getan* haben.

Gewalt blüht, weil das eine Art ist, zu *fühlen*. Wir sind gefangen im Rhythmus der Fernsehgewalt, beherrscht von dem Verlangen nach schneller Befriedigung und dem süchtig machenden »Kick«, der mit hohen Risiken verbunden ist. Immer häufiger lassen wir Fäuste, Baseballschläger, Messer und Pistolen »sprechen«. Statt andere Fahrer mit einer freundlichen Geste vorzulassen, schießen wir auf sie.

Wenn wir nur in kurzen Momenten leben, läßt es sich leicht verstehen, warum Gewalt eskaliert, warum Filme Emotionen nur durch immer mehr Bilder von Sex und mutwilliger Zerstörung hervorrufen können, warum Hi-Fi-Boxen und Martinshorn stets lauter werden. *Irgend etwas* muß ja schließlich durchdringen, um in einer Welt ohne Gefühl Aufmerksamkeit zu erregen. Also beklagen und bejammern und konsumieren wir Bilder, die zunehmend schrecklicher werden.

Dabei verlieren wir die Fähigkeit zum Mitgefühl. Da wir wenig Zeit für uns selbst haben, mangelt es uns auch an der Zeit für andere. Wenn wir das Tempo nicht ändern, wenn wir nicht mit einem langsameren Rhythmus synchron gehen und uns nicht von der hektischen Geschwindigkeit befreien, in der wir leben, ist die Höflichkeit verloren.

Und wenn wir die Höflichkeit verlieren, stehen wir kurz vor dem Untergang der Zivilisation.

18. Zukunft

Lebe in der Gegenwart.
Tue alles, was getan werden muß.
Tue jeden Tag soviel Gutes, wie du kannst.
Und die Zukunft wird sich entfalten.

Ein Friedenspilger

Der deutsche Jesuitenpater und Zen-Meister Hugo Enomiya-Lassalle beschreibt in seinem Buch *»Leben im neuen Bewußtsein«* die
Entwicklung des menschlichen Bewußtseins in seiner Beziehung
zur Zeit.

Er sagt, zuerst habe es ein »archaisches Bewußtsein« gegeben. Es
existierte in Menschen, die sich als Einheit mit dem Universum
begriffen und folglich – da eins mit der Zeit – im Grunde *ohne*
Zeit lebten, denn Zeit und Raum und Ego waren zu einem großen Ganzen verschmolzen. Dem frühzeitlichen Menschen fehlte
das Gespür für Vergangenheit oder Zukunft; er hätte sich keine
Vorstellung davon machen können. (Dies ähnelt der Zeiterfah-
rung der Tiere. Katze und Hund leben nur in der Gegenwart, ohne
Gedanken an die Zukunft oder die Vergangenheit.)

Dann kam das »magische Bewußtsein«. Der Mensch war immer
noch ohne Individualität, verstand sich selbst (unbewußt) immer
noch als Teil der Natur, lebte in zirkulärer Zeit, befand sich aber
bereits auf einem »absteigenden« Pfad – wo das Selbst sich aus dem
Ganzen zu lösen begann, was dann zum »mystischen Bewußtsein«
führte. So hatte sich der Mensch von Universum und Natur gelöst
und sein Ich und seine Seele als eigenständige Elemente begriffen.
Nun wurde die Zeit wichtig, da individuelles Leben und Tod sich
in ihr vollzogen, obwohl es sich dabei immer noch um zirkuläre
Zeit mit zyklischer Wiedergeburt handelte.

Mit Plato nahm das konzeptionelle, rationale Denken seinen Anfang, das Auftauchen der »Ideen«. Dies leitete die Zeit des »geistigen Bewußtseins« ein, was bedeutete, daß das *war*, was der Verstand wahrnahm. Der Mensch verstand sich selbst als getrennt vom Universum, von dem Fluß der Zeit und dem Zustand der Natur. Die gleiche Vorstellung hatte sich im Osten schon früher entwickelt, aber dort löste sich der Mensch nie ganz von der Vorstellung seiner Einheit mit dem Universum. Nur im Westen betrachten wir die Zeit heute mit dem geistigen Bewußtsein.

Der Entwicklungsprozeß muß weitergehen, glaubt Enomiya-Lassalle, indem unser Bewußtsein in die vierte Dimension aufsteigt, in der alle vorherigen Bewußtseinsstufen existent und integriert sind, so daß Vergangenheit, Gegenwart und Zukunft, lineare und zirkuläre Zeit, das Archaische, Magische, Mystische und Geistige eine Einheit bilden und gemeinsam eine neue, höhere Stufe erreichen.

Diese neue Stufe, die vierte Zeitdimension, ist nicht weiter definierbar, aber in ihr würden wir unsere Individualität behalten und Teil des Ganzen bleiben, Vergangenheit und Zukunft im gegenwärtigen Moment erleben, die Zeit als eine Dimension für sich erkennen, mit der wir gleichzeitig untrennbar verbunden sind. Wir würden wir selbst und die ganze Menschheit zugleich sein.

Die vierte Dimension liegt in unserer Zukunft. Ich schließe mich Enomiya-Lassalle an: Wir müssen versuchen, zu ihr zu gelangen.

Kreativität, behauptet der Bildhauer Hans van de Bovenkamp, bringt die Zukunft in die Gegenwart.

Wahre Kunst, schrieb der Naturalist Loren Eiseley, besteht darin, einen allgemeinen Gedanken oder eine allgemeine Emotion derart zu gestalten, daß wir diesem Gedanken oder dieser Emotion nicht begegnen können, ohne dabei, vielleicht auch nur unbewußt, an das Kunstwerk zu denken. Versuchen Sie doch einmal – nachdem Sie eine Sonnenblume von van Gogh gesehen haben – eine echte Sonnenblume zu betrachten, ohne sich dabei durch die Malkunst des niederländischen Impressionisten beeinflussen zu lassen.

Beide, Bovenkamp und Eiseley, bringen uns in Richtung der vierten Dimension, in der Gegenwart und Zukunft gemeinsam existieren und in der eine Sonnenblume vergänglich und ewig zugleich sein kann.

Wenn es uns gelingt, Zeit sowohl linear als auch zirkulär zu erfahren, wenn wir *alle* und *einer* zugleich sein können, dann wird sich das auch auf sämtliche anderen Aspekte unseres Lebens übertragen.

Wir haben gesehen, wie angstauslösend es sein kann, wenn man in linearer Zeit festgehalten wird – in einem Zeitkonzept, bei dem sich der natürliche Rhythmus beschleunigen läßt (so können wir beispielsweise eine Tomate »künstlich« nachreifen lassen); bei dem »Zeit von entscheidender Bedeutung« ist; bei dem wir umgeben sind von Alarmsignalen, Glocken und Pfeiftönen, die uns zur Eile treiben; bei dem selbst unsere innere Uhr vom Rhythmus der Gesellschaft gestellt wird und wir ohne Wecker unruhig aufwachen, um rechtzeitig zu einem Termin zu erscheinen.

Wir haben gesehen, wie erholsam es ist, wenn wir uns auf den Rhythmus der Natur einlassen und uns mit den Wellen des Ozeans synchronisieren statt mit dem elektronischen Takt eines Computer- oder Fernsehbildschirms. Wir haben auch gesehen, daß die westliche Gesellschaft die Elektronik höher einstuft als die Natur und daß die Arbeitszeit als »wertvoll« für uns alle erachtet wird, während die Urlaubszeit nur dem Urlauber nutzt.

Aber was wäre, argumentiert Jeremy Rifkin in »*Das Ende der Arbeit und ihre Zukunft*«, wenn man Zeit selbst demokratisierte, wenn alle einen gleichen Anteil an Zeit erhielten und den gleichen Zugang zur Vergangenheit, zur Gegenwart und vor allem zur Zukunft besäßen? Unsere Gesellschaft wäre weniger aggressiv und hektisch, unsere Politiker würden sich mehr um langfristigen Umweltschutz kümmern, und wir würden die Zukunft als etwas betrachten, das uns allen gemein ist: als etwas Wertvolles, das *jetzt* schon einen Teil von uns darstellt.

Wir befinden uns an einem kritischen Punkt der menschlichen Evolution, schreibt Rifkin, denn wir müssen uns entscheiden, ob wir die ökologische oder die von Menschen erzeugte Zeit annehmen und ob wir die spirituelle, geheiligte Zeit statt der Techno-Geschwindigkeit in unser Alltagsleben integrieren. Er sagt: Politische Tyrannei beginnt in jeder Gesellschaft mit der Abwertung der Zeit anderer. Die Ausbeutung von Menschen ist nur möglich in pyramidalen Zeitkulturen, wo Herrschaft immer auf der Annahme basiert, daß die Zeit mancher Menschen wertvoller und die anderer entbehrlicher ist. In einer demokratischen Zeitkultur ist jedermanns Zeit wertvoll und niemandes Zeit entbehrlicher als die eines anderen. In einer Kultur, in der das Heiligtum der Zeit oberste Priorität hat, kann Zeit nicht anders gesehen werden.«

Die Vorstellung, daß jedermanns Zeit gleichwertig ist, ist wahrhaft revolutionär.

Genauso wie der vehemente Mißbrauch der Ökologie – das Abroden unserer Wälder, die Vergewaltigung unserer Berge auf der Suche nach Bodenschätzen, das Endlagern von Giftmüll, das Zubetonieren von Sumpfland – zur Umweltbewegung führte, sollte der Mißbrauch von Zeit in der heutigen Gesellschaft zu einer »Zeitbwegung« führen.

Ihre Philosophie würde folgendes beinhalten:

1. Rifkins Idee einer politischen Veränderung. Er glaubt beispielsweise an eine Neuordnung der politischen Überzeugungen, und zwar von »links« nach »rechts« zu »Macht-Rhythmen« – denen unsere heutigen Politiker anhängen – und »Empathie-Rhythmen«, deren Ziel es ist, das Tempo der Gesellschaft dem der Natur anzupassen.

2. Larry Dosseys Analyse der »Hektik-Krankheit«. Deren Kennzeichen sind Herzleiden, hoher Blutdruck oder eine Schwächung des Immunsystems, die zu einer höheren Anfälligkeit für Infektionen und Krebs führt.

3. Die Schriften von Joanna Macy. Sie glaubt an den dringenden Bedarf, die Zeit in langen Strängen zu sehen, um das »hektische Fieber« zu bekämpfen, das die Gesellschaft in unseren Köpfen verursacht und das uns unfähig macht, für Probleme wie Giftmüll langfristige Lösungen zu finden.

4. Juliet Schors Argumentation bezüglich der Arbeit. Ihres Erachtens liegt die Ursache dafür, daß wir am Arbeitsplatz nach Geld,
Konsum, Überstunden und Streß sowie langer Arbeitszeit streben, darin, daß wir nicht wissen, wie wir Arbeit nur als einen
Teil unseres Lebens behandeln sollen. Daher haben wir keine
Vorstellung, wie wir in eine neue Phase eintreten sollen, in der
Ruhe ebenso wesentlich ist wie Arbeit und Besinnung genauso
wichtig wie Konsum. Einen Ort, an dem wir völlig streßfrei
leben können, wo es nur wenige *Dinge* gibt, die uns einengen.

Eine Zeitbewegung – eine Zusammenballung aller Kräfte, die es
uns ermöglicht, unsere Geschwindigkeit zu verringern, zu entspannen, Überarbeitung als Zeitverschwendung und Spiel als wertvoll zu
begreifen – ist keine so weit hergeholte Idee. Wenn es sogar einem
Geschäftsmann wie Henry Ford nicht verborgen blieb, daß Freizeit
den Arbeitswert erhöht, dann können diese und zukünftige Generationen sicherlich ihr Bedürfnis nach Existenz in der Gegenwart
publik machen, und die Rhythmen von Frieden, Natur, Spiel und
Einsamkeit werden wieder die Rhythmen der Gesellschaft sein.

Die Bewegung muß jetzt beginnen. Es ist nicht übertrieben,
wenn ich behaupte, daß wir sonst zu Automaten werden, die innerhalb einer riesigen Industriemaschine austauschbar sind und
nur hergestellt wurden, damit die Maschine auch dann noch läuft,
wenn wir selbst (nicht die Maschine – sie niemals) nicht mehr
funktionieren.

Wir alle planen für die Zukunft. Wir schließen beispielsweise
Lebens- und Krankenversicherungen ab, setzen Testamente auf,
legen Geld für die Ausbildung unserer Kinder und die Zeit unseres Ruhestands zurück.

Dabei handelt es sich um relativ neue Praktiken, die selbst heute
von vielen Gesellschaften nicht verstanden werden. In diesen Gesellschaften wird die *Gemeinschaft* für die Älteren sorgen, sicher-
stellen, daß es ihnen gutgeht, wenn sie nicht mehr arbeiten, ihnen
beistehen, wenn sie krank sind, darauf achten, daß die Besitzge-
genstände nach ihrem Tod nicht in die falschen Hände geraten.
Die Gemeinschaft erzieht die Kinder, beseitigt Katastrophenschä-

den an Hof und Haus, kommt zusammen, wenn es um den Schutz ihrer Mitglieder geht.

Diese Art Gemeinschaft vermissen wir verzweifelt in einer Gesellschaft, die zunehmend entfremdeter und fragmentierter ist. Ich glaube, daß die falsche Sicherheit, in der wir uns aufgrund des »Papierkrams für die Zukunft«, aufgrund unseres gesellschaftsgetriebenen Versicherungsschutzes gegen Schwierigkeiten in der Zukunft wiegen, die Abwehr des Todes zur ständigen Priorität erklärt und uns von der Gegenwart in eine Zukunft voller Dunkelheit und wenig Hoffnung versetzt.

Und tatsächlich: Fragt man US-Amerikaner nach der Zukunft, dann fallen die Antworten oft pessimistisch aus, nicht nur in bezug auf die eigenen Perspektiven, sondern auch hinsichtlich der gesamten Menschheit. Früher oder später wird es zu einem Atomkrieg und damit zur Auslöschung sämtlicher Arten kommen. Wir werden eine neue Eiszeit erleben. Die Erderwärmung wird uns in unseren Betten grillen. Eine Seuche wird uns dahinraffen. Wir werden zu Sklaven der Computer und nicht mehr Herr über unser Schicksal sein.

Jede Hitzewelle und jeder Kälteeinbruch führt zu den düstersten Vorhersagen. Unsere Science-fiction ist apokalyptischer Natur. Unsere Filme handeln von blutigen Kriegen, Feuersbrünsten, Umweltzerstörung. Die Botschaft scheint zu lauten: Statt intelligenter Menschen werden wir intelligentere Waffen haben.

Das größte Manko der US-amerikanischen Zukunftsplanung ist ihre Kurzfristigkeit. Wir schützen uns vor dem Morgen, denken aber nicht an die ferne Zukunft. In unserer Angst um die nahe Zukunft scheinen wir uns sogar über die ferne Zukunft und unsere Nachfahren hinwegzusetzen, um nur ja schnell sicherzustellen, daß es *uns* gutgeht.

Können wir, wie die Juden in der Vergangenheit, sieben Generationen vorausdenken? Wissen wir, was wir mit unserem Atommüll anfangen sollen, der sich in den Zwischenlagern anhäuft? Kümmert es uns, daß die Gewinne von morgen letztendlich zu einer Katastrophe führen werden?

Was hinterlassen wir unseren Kindern? Von Politikern hört man Lippenbekenntnisse (»eine bessere Welt aufbauen«), aber können sie das wirklich glauben, wenn sie öffentliches Land zur privaten Erschließung freigeben und zufrieden sind, auf diese Weise die größten Investoren ihrer letzten Kampagnen bezahlt zu haben? Können sie das wirklich glauben, wenn sie die Zerstörung unserer Flüsse und die Zerstörung unseres Landes zulassen?

Joanna Macy schreibt bewegend darüber, wie sie zweimal im Abstand von einem Jahr nach British Columbia reiste, um ihren Sohn zu besuchen. Beim ersten Mal waren die Berge noch unberührt. Beim zweiten Besuch waren die Zedern und Douglasien abgeholzt, und die Berge sahen aus wie ein riesiges Stoppelfeld. Und wozu? Für Papierwindeln.

Glauben Politiker wirklich, daß ein Aufschub der Entscheidung über den Umgang mit Nuklearabfällen den nachkommenden Generationen eine bessere Welt sichert?

Gesellschaften mit zirkulärer Zeitkultur denken an die folgenden Generationen, denn diese sind eins mit der Gegenwart. Für sie ist die menschliche Rasse ein Wesen; deshalb muß sie natürlich verehrt und ein für allemal geschützt werden.

In linearer Zeit dagegen denken wir nur an uns selbst. Wen kümmert es, wenn wir uns über das Recht unserer Kinder und Enkelkinder hinwegsetzen? Die Welt geht sowieso »den Bach runter«. Laßt uns also mitnehmen, was geht, solange wir es noch genießen können.

Individuell machen wir uns natürlich Sorgen um unsere Kinder, und meistens wünschen wir ihnen ein besseres Leben, als wir es hatten. Aber für unsere Gesellschaft scheint dies nicht zuzutreffen, und es sieht so aus, als ob dieses Gefühl der Hoffnungslosigkeit hinsichtlich der Zukunft sich nur noch verstärken wird, je mehr unsere Regierung zum Werkzeug einiger Interessengruppen wird.

Dan Goleman erzählt in *»Emotionale Intelligenz«* die Geschichte von einem Elternpaar, das während eines Zugunglücks sein Leben opferte, um das ihres behinderten Kindes zu retten. Er betont, daß unsere Elterninstinkte so stark sind, daß wir – vor die Wahl zwischen unserem Leben und dem unseres Kindes gestellt – uns unweigerlich für das Leben unseres Kindes entscheiden. Aber wir haben es mit einer Gesellschaft zu tun, der anscheinend hinsichtlich zukünftiger Generationen ähnliche Instinkte verlorengegangen sind.

Wie wir gesehen haben, treffen wir bezüglich unserer Gesundheit zu geringe Vorsorgemaßnahmen. Auch für die Zukunft der Gesellschaft treffen wir kaum Präventivmaßnahmen, sondern geben lieber ein Vermögen für die Sanierung von Umweltfehlern, Wohnbaracken, schadhaften Flugzeugen oder gefährlichen Autos aus, die wir aus Gier nach dem Heute und aus Mangel an Voraussicht produziert haben. Wir verleugnen die Zukunft, bis wir »dort« sind. *Dann* aber befällt uns Entsetzen darüber, was wir uns geleistet haben, und bezahlen teuer für die Korrektur der in der Vergangenheit begangenen Fehler.

Aber um als Gesellschaft zu überleben, *müssen* wir in die Zukunft investieren: Geld, Gedanken, Leistung, Zeit der Gegenwart. Für jede Art liegt die Zukunft in der Nachkommenschaft, und wenn wir eine Zukunft *wollen* – für uns selbst, für unsere Kinder und für die Menschheit –, dann müssen wir den Rhythmus wechseln, um sie auch gewährleisten zu können.

In »*Ageless Body, Timeless Mind*« ist Deepak Chopra eine vorzügliche Unterscheidung gelungen zwischen zeitgebundenem und zeitlosem Bewußtsein. »Zeitgebundenes Bewußtsein definiert sich durch: äußerliche Ziele, Termin- und Zeitdruck, ein Selbstbild, das von der Vergangenheit bestimmt ist, Angst vor Veränderung, Todesfurcht, Ablenkung durch Bedauern von Vergangenem und Sorgen um Zukünftiges sowie Unsicherheit.

Zeitloses Bewußtsein definiert sich durch: innere Ziele, kein Zeitdruck, eine Handlungsweise, die sich auf den gegenwärtigen Moment konzentriert, Vertrauen auf Intuition und Phantasie, innere Distanz zu Veränderung und Unruhe, keine Angst vor dem Tod, positive Seinserfahrung.«

Meines Erachtens ist es die Fähigkeit zum Rhythmuswechsel, die uns von zeitgebundenem zu zeitlosem Bewußtsein umschalten läßt, und es ist die Fähigkeit, in die Zeitlosigkeit zu wechseln, welche die Zukunft regieren wird – unsere eigene und die der Gesellschaft.

Ich stimme mit Jeremy Rifkin überein, daß wir einen kritischen Punkt erreicht haben. Wir müssen in der Lage sein, ökologische und künstliche Zeit anzunehmen und geheiligte Zeit in unser Techno-Speed-Umfeld zu integrieren – oder wir werden unsere Menschlichkeit verlieren.

Die Situation ist deshalb kritisch, weil es immer schwieriger wird, sich dem Rhythmus der modernen westlichen Welt zu widersetzen. Erinnern wir uns an Juliet Schors Vergleich der Arbeitsplätze von 1948 und 1991: Wenn wir auf den Rhythmus des Jahres 1948 umschalten würden, müßten wir nur halb soviel arbeiten wie heute – und die Lebensbedingungen in den USA des Jahres 1948 waren gewiß nicht unbequem! Wenn wir nicht in der Lage sind, in einen langsameren Takt zu wechseln, wenn alles »neu« und »schneller« sein muß, dann wird uns, wie Alvin Toffler betont, die durch zuviel Veränderung in zu kurzer Zeit verursachte enorme Belastung und Verwirrtheit überwältigen. In etlichen Fällen ist dies bereits geschehen, wie man an den Disharmonien, den zerrütteten Beziehungen, der Gewalt und Gier feststellen kann, die uns umgeben.

Auf dem Weg in die Zukunft steht die Menschheit an der bedeutendsten Kreuzung ihrer evolutionären Entwicklung. Loren Huxley, der berühmte Protagonist der Evolutionstheorie, formulierte es so: »Die Menschheit ist sich zum ersten Mal ihrer eigenen Evolution bewußt.« Das bedeutet, daß die Zukunft in gewissem Grade in unseren Händen liegt. Wir können den Weg wählen, dem wir folgen möchten.

Die apokalyptische Weltsicht, wie sie die gegenwärtige Sciencefiction repräsentiert und wie sie in allen Filmen zu sehen ist, die versuchen einen Blick in die Zukunft zu werfen – von »Blade Runner« über »Road Warrior« bis zu »Strange Days« –, stellt sich in einer schnellen Entwirrung der Fäden dar, welche die ganze Menschheitsfamilie zusammenhält: Umweltverschmutzung, ethnische Auseinandersetzungen und Kriege, Gewalt und Zerfall in Städten, zunehmende Online-Interaktionen, die der Informationskommunikation den Vorrang vor Beziehungen geben. All dies deutet darauf hin, daß unsere Gesellschaft in Gefahr ist. Allein das Ausmaß der Geschwindigkeit um uns herum wird uns mit Sicherheit in eine Dunkelheit stürzen, die für zukünftige Generationen immer lebensfeindlicher wird. Denn wir werden rein physiologisch nicht imstande sein, uns der Geschwindigkeit anzupassen, mit der sich die Veränderungen um uns herum vollziehen. Für die Gesellschaft bietet dieses Szenario wenig Hoffnung.

Aber es besteht eine Alternative, wenn wir den Willen aufbringen, umzuschalten und unsere Zukunft bewußt zu wählen, wenn wir als Gesellschaft – die menschliche Rasse – bereit sind, uns unser Potential als Wesen bewußtzumachen, die fühlen und füreinander sorgen können, und wenn wir bereit sind, langsamer zu werden, um dies alles zu ermöglichen.

Wenn wir zu all dem bereit sind, gibt es eine Zukunft, die wir unseren Kindern und Enkelkindern überreichen können. Bereits *jetzt* können wir Stolz für ihre Entstehung empfinden und uns für sie verantwortlich fühlen. Die Zukunft liegt nicht außerhalb des Erreichbaren. Wir müssen uns nur bewußt anstrengen und wirklich mit einem Gefühl für andere und für uns selbst in der Gegenwart leben.

In ihr wird es eine Gesellschaft geben, die reich ist – aber nicht an Gütern, sondern an echter Lebensqualität. Die Gestaltung dieser Zukunft hängt von unserem Rhythmuswechsel ab und davon, daß wir gemeinsam unser Tempo drosseln, bis wir den gegenwärtigen Moment wahrnehmen. Zu diesem Zweck können wir unsere Technologien benutzen und mit voller Geschwindigkeit funktionieren – aber mit dem Wissen, daß wir auch im Bereich der menschlichen Rhythmen zu existieren fähig sind.

Und so wird unsere positive Zukunft aussehen:
- Aufgrund der Ereignisse in Europa sehe ich kürzere Arbeitszeiten und folglich weniger Arbeitslosigkeit.
- Als Folge hiervon sehe ich ein Wachstum der Freizeitindustrie, die sich nicht dem Konsum, sondern dem Service widmet. Ich sehe mehr Erwachsenenbildung, Kurse, in denen man Zeit hat,

ins eigene Selbst zu tauchen, sich künstlerischen Interessen, Sport und Bewegung zu widmen und Zeit in der Natur zu verbringen.

- Ich sehe Computer, die so programmiert sind, daß sie sich unserem langsameren Rhythmus anpassen, und zwar nicht als Herrscher über uns, sondern als Sklaven *unserer* Zeit.

- Ich sehe Menschen, die Ferien wie Ferien verbringen und nicht als Entschuldigung für einen Einkaufsmarathon – man stelle sich eine Weihnachtszeit vor, in der man sich der Meditation widmet (im Moment handelt es sich bekanntlich um die gefürchtetste Zeit im ganzen Jahr), oder einen historischen Feiertag, an dem man sich tatsächlich mit Geschichte auseinandersetzt.

- Ich sehe ein Bildungssystem, das außer Lesen, Schreiben und Rechnen auch Entspannungstechniken als Unterrichtsfach vorsieht.

- Ich sehe, wie man unseren Kindern Zeit und Raum läßt, so daß sie Kinder *sein* können und wissen, daß es eine langsame und eine schnelle Spur gibt, in der sie ihren eigenen Rhythmus finden dürfen.

- Ich sehe immer mehr Menschen, die zu Hause arbeiten und dadurch ihren Rhythmus verlangsamen, wobei ihnen Fax, Modem, E-mail und dergleichen (*Vorteile* der neuen Technologie) die Heimarbeit erleichtern.

- Ich sehe wieder eine Hinwendung zur Gemeinschaft, wie etwa Senioren- und andere Wohngemeinschaften, in denen Menschen, die sich gegenseitig helfen, gemeinsame Einrichtungen nutzen und Ziele und Idealvorstellungen teilen können. Der Trend geht zur Entwicklung voneinander abhängiger Lebenssituationen, die den Dörfern von früher ähneln.

- Ich sehe, daß es entgegen dem heutigen Trend mehr Parks, mehr Sumpfland, mehr Wildnis geben wird, da wir uns in zunehmendem Maße mit dem heilenden Rhythmus der Natur und der Erde synchronisieren werden.

- Ich sehe, daß sich eine wachsende Anzahl Menschen der Meditation und der Besinnung widmen.

- Ich sehe, daß Fremde mit größerer Höflichkeit und Freundlichkeit behandelt werden.
- Ich sehe mehr Rituale, um sich Zeit für sich selbst zu reservieren.
- Ich sehe, daß man das Nichtstun ehrt, Inaktivität rühmt und denjenigen Beifall spendet, deren Ziel die ausgedehnte Zeit und nicht das Einkommen ist.
- Ich sehe eine Evolution der Menschheit, so daß wir in Richtung der vierten Dimension steuern, in der Vergangenheit, Gegenwart und Zukunft eins sind.
- Ich sehe die meisten Menschen im gegenwärtigen Moment, denn die Zukunft liegt in der Gegenwart.
- Ich sehe eine Gegenwart, die so intensiv und mächtig ist, daß wir nicht nur den Rhythmus der Erde verspüren, sondern uns auch auf den Rhythmus des Kosmos einstimmen können, bei dem es keine Zeit, sondern nur Bewußtsein gibt.
- Ich sehe die Möglichkeit zum Rhythmuswechsel, und dadurch...
- ...mehr Hoffnung...
- ...und Liebe – für die Menschheit, die Gemeinschaft, die Freunde, die Familie und für uns selbst.

Ein Wort zum Schluß

Am Ende meiner Kurse über die Zeit bitte ich die Teilnehmer, drei Elemente des Rhythmuswechsels auszusuchen, die sie in ihr Leben übernehmen können.

Hier, am Ende dieses Buches, bitte ich Sie um das gleiche.

Manche Leserinnen und Leser möchten sich vielleicht noch intensiver mit diesem unendlich faszinierenden Thema beschäftigen und die großen, umfassenden und schwierigen Lehren studieren, die von der Relativitätstheorie bis zur Mystik, von Plato über Shakespeare bis zum Dalai-Lama reichen.

Die meisten Menschen werden jedoch wieder in ihr Leben zurückkehren, sich ihrem Partner, ihrer Arbeit, ihrem Spiel widmen, und es wird sich nicht viel verändern.

Aber was wäre, wenn Sie sich – bevor Sie von der Arbeit nach Hause kommen – fünf Minuten Zeit zum stillen Nachdenken schenken? Oder die Zukunft als einen Lichtstrahl betrachten? Oder mehr Zeit in der Wildnis verbringen? Oder anfangen, Mozart zu hören?

Ich schlage nicht vor, daß Sie alle Aspekte der Zeit aufgreifen, sondern empfehle Ihnen, nur die Vorstellungen zu übernehmen, die zu Ihrem Leben und zu Ihnen passen. Worum ich Sie wirklich bitte, ist die Erkenntnis, daß Sie in der Lage sind, den Rhythmus zu wechseln, daß es nicht schwierig ist und daß es Ihr Leben bereichern wird.

Der Rhythmuswechsel ist die Tür zur Gegenwart, der Weg zu Vergangenheit und Zukunft und – dank eines tiefen Bewußtseins und der Synchronisation mit dem Leben selbst – der Weg zur vollkommenen, erfüllten Existenz.

Danksagung

In meinem Leben habe ich mich oft kopfüber in die Zukunft gestürzt, immer in der falschen Annahme, daß ich wüßte, was mir bevorstand. Mein furchtloser Kopfsprung in das überwältigende Reich des Schreibens wurde durch die Unterstützung und Ermutigung vieler Freunde und Kollegen aufgefangen, für die ich große Zuneigung und Dankbarkeit empfinde.

Mein tiefstempfundener Dank gilt meinen Eltern, Fran und Joe, die immer an mich glaubten und jeden Weg respektierten, den ich mich einzuschlagen entschloß – auch wenn er sich von dem entfernte, für den sie selbst sich entschieden hätten.

Besonders danken möchte ich Richard Marek, dessen großartige Unterstützung und Fachkenntnisse dazu beitrugen, den Text auf ein Niveau zu heben, das ich allein nicht erreicht hätte. Carole Douglis' frühzeitige Mitarbeit und Unterstützung brachten mein Werk entscheidend vorwärts, und ich schätze ihre Freundschaft und ihren Glauben an diese Arbeit sehr. Darüber hinaus hatte ich das Glück, mit großartigen Literaturagenten wie Ling Lucas der sich zu einem wahren Freund entwickelt hat – und Ed Vesneske jr. zusammenarbeiten zu dürfen, dessen redaktionelle Hilfe in letzter Minute sich als enorm wichtig erwies. Daneben möchte ich mich bei Lori Lipsky, meiner Lektorin bei Doubleday, bedanken, die die Möglichkeiten des Rhythmuswechsels erkannte und mit ihrer verlegerischen Erfahrung dem Buch seine endgültige Form verlieh. Ich danke Frances Jones, Jayne Schorn und Ellen Archer, ebenfalls bei Doubleday, für ihre Hilfe und Unterstützung bei der Realisation meines Buches.

Es gibt viele Freunde, deren weiser Rat und Unterstützung für mich von großer Bedeutung waren. Ich danke Amina Eagle für ihre Assistenz und kontinuierliche Unterstützung; Dan und Tara Goleman für ihre Weisheit und ihren Rat – ihre Kenntnisse auf diesem Gebiet und über die Freuden und inneren Kämpfe beim Schreiben waren mir eine große Hilfe; Harville Hendrix für seine Hilfe, Führung und eine Freundschaft, die ich sehr schätze; Owen Lipstein für den Vorschlag, einen Artikel über den Rhythmuswechsel für *Psychology Today* zu schreiben; Zedi Jennings und Hamilton Eugene für den Unterricht in »Inselzeit«; June und Phil Jackson, Saki Santorelli, Jeffrey Bland, Richard Perl, Ellen Wingard, Arnie Weiner und Nancy Lunney für ihre Hilfe;

Robbie, Katarina, Hans, Mickey und Steven für ihre nie nachlassende Unterstützung als Freunde; Elizabeth, die mich all diese Jahre begleitet hat und immer noch unterstützt und Dan und Mia, die im Laufe der Zeit immer schöner und klüger werden.

Ich schätze mich glücklich, am Omega Institute mit Menschen zusammenarbeiten zu können, die mir in Zeiten von Streß und vor allem während der Entstehung dieses Buches soviel Verständnis und Unterstützung entgegenbrachten: Lois, Harry, Skip, Andrea, Allan, Lisa, Jean, Ila, Kathleen, Ian, Jamine, Jim, Kim, Kathi, Gumby, Paul, Leeta, Jamie Lee, Susan, Jo Anne, Mary Ann, Kacie, Elaine, John, D. und Jane. Ein besonderes Dankeschön gilt Dinabandhu und Tom für ihr Engagement bei Omega und unsere Beziehung. Ich fühle mich geehrt, mit den Verwaltungsratsmitgliedern von Omega zusammenarbeiten zu dürfen, deren Unterstützung auf vielen Ebenen sehr viel für mich bedeutet: George Kaufman, Robert Gass, Mirabai Bush, Gail Straub und Gary Krauthamer.

In meinem Leben gab es eine Reihe von Menschen, Mentoren, Freunden und Weisen, deren Gegenwart meine Reise so stark beeinflußte, daß sie ein Teil meiner Zellstruktur geworden sind. Chuck Meyer war für mich da, als alles begann. Jan Holcman schuf die Klänge. Pir Vilayat Khan, der einer Vision verpflichtet war und mich einlud, ihn zu begleiten. Shri Bhagwan, der mir die Tür zum Möglichen öffnete. Ram Dass, dessen Streben nach Wahrheit und dessen Liebe und Freundschaft eine ständige Inspiration für mich sind.

Und schließlich gelten mein Dank und meine Liebe meinem besten Freund: meiner Frau Vasant, dank deren Gesellschaft ich viele unvergeßliche Momente erlebte, die mich alles über die Liebe lehrte und mir die Möglichkeit zeigte, wirklich im gegenwärtigen Moment zu sein.

Bibliographie

Empfohlene Lektüre

Almaas, A. H.: *Der diamantene Weg zur inneren Verwirklichung.* Oldenburg: Transform, 1994.

Chopra, Deepak: *Die Körperzeit. Mit Ayurveda jung werden, ein Leben lang.* Bergisch Gladbach: Lübbe 1994.

Covey, Stephen R.: *Die sieben Wege zur Effektivität. Ein Konzept zur Meisterung Ihres beruflichen und privaten Lebens.* Frankfurt a. M.: Campus, 5. Aufl., 1995.

Csikszentmihalyi, Mihaly: *Das Flow-Erlebnis. Jenseits von Angst und Langeweile: im Tun aufgehen.* Stuttgart: Klett-Cotta, 6. Aufl., 1996.

Dass, Ram: *Sei jetzt und hier:* Berlin: Sadhana, 6. Aufl. 1996.

Enomiya-LaSalle, Hugo: *Living in the New Consciousness.* Boston: Shambhala, 1988.

Goleman, Daniel: *EQ. Emotionale Intelligenz.* München: dtv, 1997.

Hendrix, Harville: *Soviel Liebe, wie du brauchst. Das Therapiebuch für eine erfüllte Beziehung.* Düsseldorf: Econ, 1992.

Jackson, Phil: *Sacred Hoops.* New York: Hyperion, 1995.

Kabat-Zinn, Jon: *Wherever You Go, There You Are.* New York: Hyperion, 1994.

Kapleau, Philip: *The Wheel of Death.* New York: Harper & Row, 1971.

Lara, Adair: *Mut zur Langsamkeit.* München: Integral, 1996.

Leonard, George: *Der längere Atem. Die Meisterung des Alltäglichen.* München: Integral, 1994.

Moore, Thomas: *Der Seele Flügel geben. Das Geheimnis von Liebe und Freundschaft.* München: Droemer Knaur, 1995.

Rechtschaffen, Stephan/Carola, Robert: *Minding Your Body: 100 Ways to Live and Be Well.* New York: Kodansha International, 1995.

Rifkin, Jeremy: *Time Wars.* New York: Simon & Schuster, 1987.

Rinpoche, Sogyal: *The Tibetan Way of Living and Dying.* New York: Harper-Collins, 1992.

Schor, Juliet B.: *The Overworked American.* New York: Basic Books, 1991.

Servan-Schreiber, Jean-Louis: *Mut im Alltag.* Düsseldorf: Econ, 1988.

Thich Nhat Hanh: *The Miracle of Mindfulness.* Boston: Beacon Press, 1987.

–: *Peace Is Every Step: The Path of Mindfulness in Everyday Life.* New York: Bantam Books, 1991.

Allgemeine Titel zum Thema »Zeit«

Burns, Leland Smith: *Busy Bodies. Why Our Time-Obsessed Society Keeps Us Running in Place*. New York: W. W. Norton, 1993.

Campbell, Don (Hg.): *Music, Physician for Times to Come*. Wheaton, Ill.: Theosophical Publishing House, 1991.

Campbell, Jeremy: *Winston Churchill's Afternoon Nap*. New York: Simon & Schuster, 1986.

Chusmir, Leonard: *Thank God It's Monday: The Guide to a Happier Job*. New York: New American Library, 1990.

Davies, Paul: *Die Unsterblichkeit der Zeit. Die moderne Physik zwischen Rationalität und Gott*. München: Scherz, 1995.

Eisley, Loren: *The Firmament of Time*. New York: Atheneum, 1975.

Fiore, Neill: *Wenn nicht jetzt, wann dann? So überlisten Sie Ihre »Aufschieberitis«*. Landsberg a. L.: moderne industrie, 1996.

Fraser, J. T.: *Time, the Familiar Stranger*. Amherst: University of Massachusetts Press, 1987.

Grudin, Rober: *Time and the Art of Living*. New York: Ticknor & Fields, 1982.

Hall, Edward T.: *The Dance of Life: The Other Dimension of Time*. New York: Doubleday, 1983.

Hope, Murray: *Time. The Ultimate Energy*. Rockport, Mass.: Element, 1991.

Housden, Roger: *Retreat: Time Apart for Silence and Solitude*. San Francisco: Harper San Francisco, 1995.

Langer, Ellen: *Fit im Kopf. Aktives Denken oder Wie wir geistig auf der Höhe bleiben*. Reinbek: Rowohlt, 1993.

Lightman, Alan: *Und immer wieder die Zeit. Einstein's Dreams*. München: Heyne, 1996.

Morris, Richard: *Time's Arrows: Scientific Attitudes Toward Time*. New York, Simon & Schuster, 1985.

Russell, Peter: *The White Hole in Time*. New York: HarperCollins, 1992.

Rybczynski, Witold: *Waiting for the Weekend*. New York: Viking, 1991.

Sheldrake, Rupert: *The Presence of the Past*. New York: Random House, 1988.

Körper/Geist und Gesundheit

Anderson, Robert A.: *Wellness Medicine*. New Canaan, Conn.: Keats Publishing, 1990.

Bland, Jeffrey: *Nutraerobics*. Cambridge, Mass.: Harper & Row, 1983.

–: *Your Health Under Siege*. Brattleboro, Vt.: Steven Greene Press, 1981.

Borysenko, Joan: *Feuer in der Seele. Spiritueller Optimismus als Weg zu innerer Heilung*. Freiburg i. B.: Bauer, 2. Aufl., 1996.

Chopra, Deepak: *Die heilende Kraft. Ayurveda, das altindische Wissen vom Leben und die modernen Naturwissenschaften.* Bergisch Gladbach: Lübbe, 1990.

Cousins, Norman: Head First: *The Biology of Hope.* New York: E. P. Dutton, 1989.

—: *Der Arzt in uns selbst. Wie Sie Ihre Selbstheilungskräfte aktivieren können.* Reinbek: Rowohlt, 1996.

Dossey, Larry: *Heilende Worte. Die Kraft der Gebete und die Macht der Medizin.* Südergellersen: Martin, 1995.

Garfield, Charles A.: *Spitzenmanagement im Team. Funktionale Führung statt Hierarchie.* Berlin: Ullstein, 1995.

Kabat-Zinn, Jon: *Full Catastrophe Living.* New York: Doubleday, 1990.

Kübler-Ross, Elisabeth: *Über den Tod und das Leben danach.* Güllesheim: Die Silberschnur, 10. Aufl., 1989.

Locke, Steven E.: *The Healer Within.* New York: E. P. Dutton, 1986.

Northrup, Christiane: *Frauenkörper Frauenweisheit. Bewußt leben – ganzheitlich heilen.* München: Zabert Sandmann, 3. Aufl., 1996.

Ornish, Dean: *Die Ornish-Herz-Diät.* Stuttgart: Kreuz, 4. Aufl., 1996.

Pelletier, Kenneth R.: *Sound Mind, Sound Body.* New York: Fireside, 1994.

Selye, Hans: *Stress Without Distress.* New York: Lippincott & Crowell, 1974.

Spiegel, David; *Living Beyond Limits.* New York: Ballantine, 1993.

Walford, Roy L.: *Maximum Life Span.* New York: W. W. Norton, 1983.

Weil, Andrew: *Natürliche Gesundheit – natürliche Medizin.* Düsseldorf: Econ, 1993.

Philosophie und Spiritualität

Bergson, Henri: *Denken und schöpferisches Werden. Aufsätze und Vorträge.* Hamburg: Europäische Verlagsanstalt, 1993.

Dalai Lama XIV: *Den Geist erwecken, das Herz erleuchten. Zentrale tibetisch-buddhistische Lehren – Bibliothek Tibets.* München: Droemer Knaur, 1996.

Dass, Ram/Gorman Paul: *Wie kann ich helfen? Segen und Prüfung mitmenschlicher Zuwendung.* Berlin: Sadhana, 2. Aufl., 1994.

Daumal, Renè: *Mount Analogue.* Boston: Shambhala, 1992.

Eliade, Mircea: *Das Heilige und das Profane. Vom Wesen des Religiösen.* Frankfurt a. M.: Suhrkamp, 1990.

Friedlander, Shems: Submission: *Sayings of the Prophet Muhammed.* New York: Harper & Row, 1977.

Goldstein, Joseph/Kornfield, Jack: *Einsicht durch Meditation, die Achtsamkeit des Herzens – Buddhistische Einsichts-Meditation für westliche Menschen.* Bern (u.a.): Scherz, 1989.

Goleman, Daniel: *The Meditative Mind.* Los Angeles: Jeremy P. Tarcher, 1987.

Khan, Pir Vilayat: *Toward the One.* New York: Harper & Row, 1974.

Kornfield, Jack: *Frag den Buddha – und geh den Weg des Herzens.* München: Kösel, 1995.

Levine, Stephen: *Schritte zum Erwachen. Meditation der Achtsamkeit.* Reinbek: Rowohlt, 1997.

Rumi, Jalal al-Din: *Unseen Rain.* Putney, Vt.: Threshold Books, 1986.

Shea, Noah Ben: *Einfache Wahrheiten für eine schwierige Welt. Die Lebensweisheiten von Jakob dem Bäcker.* München: Goldmann, 1997.

Suzuki, Shunryu: *Zen-Geist – Anfänger-Geist. Unterweisungen in Zen-Meditation.* Berlin: Theseus, 6. Aufl., 1996.

Theilhard de Chardin, Pierre: *Der Mensch im Kosmos.* München: C. H. Beck, 1994.

Thich Nhat Hanh: *Being Peace.* Berkeley: Parallax Press, 1987.

Wilber, Ken: *Eros, Kosmos, Logos. Eine Vision an der Schwelle zum nächsten Jahrtausend.* Frankfurt a. M.: Krüger, 1996.

Arbeit und Geschäftsleben

Autry, James A.: *Life and Work,* New York: Avon Books, 1984.

Celente, Gerald/Milton, Tom: *Trend Tracking.* New York: Warner Books, 1993.

Covey, Stephen R./Merrill A. Roger/Merrill, Rebecca R.: *Der Weg zum Wesentlichen. Zeitmanagement der vierten Generation.* Frankfurt a. M.: Campus, 1997.

–: *Die sieben Wege zur Effektivität.* München: Heyne, 1996.

Durning, Alan: *How Much Is Enough? The Consumer Society and the Future of the Earth.* New York: W. W. Norton, 1992.

Hawken, Paul: *Kollaps oder Kreislaufwirtschaft? Wachstum nach dem Vorbild der Natur.* Berlin: Siedler, 1996.

Peters, Thoms J./Waterman, Robert H.: *Auf der Suche nach Spitzenleistungen. Was man von den bestgeführten US-Unternehmen lernen kann.* Landsberg a. L.: moderne industrie, 5. Aufl., 1994.

Schumacher, E. F.: *Small is Beautiful.* New York: Harper & Row, 1973.

Whythe, David: *The Heart Aroused: Poetry and the Preservation of Soul in Corporate America.* New York: Doubleday Currency, 1994.

Sonstiges

Donaldson, O. Fred: *Playing by Heart.* Deerfield Beach, Fla.: Health Communications, 1993.

Friedan, Betty: *Mythos Alter.* Reinbek: Rowohlt, 1997.

Harner, Michael: *Der Weg des Schamanen. Ein praktischer Führer zu innerer Heilkraft.* Reinbek: Rowohlt, 1996.

Hendrix, Harville: *Ohne Wenn und Aber. Die Liebe fürs Leben.* Reinbek: Rowohlt, 1993.

Chung-liang Huang, Al/Lynch, Jerry: *Thinking Body, Dancing Mind: Taosports for Extraordinary Performance in Athletics, Business and Life.* New York: Bantam Books, 1992.

Levine, Stephen/Levine, Ondrea: *In Liebe umarmen. Ein spiritueller Wegweiser für Liebende.* Bielefeld: Context, 1995.

Macy, Joanna: *Die Wiederentdeckung der sinnlichen Erde.* Berlin: Theseus, 1994.

Murphy, Michael: *In the Zone: Transcendent Experience in Sports.* New York: Penguin Books, 1995.

Norberg-Hodge, Helena: *Leben in Ladakh.* Freiburg i. Br.: Herder, 3. Aufl., 1997.

Rilke, Rainer Maria: *Ausgewählte Gedichte.* Frankfurt a. M.: Suhrkamp, 1976. (Oder: Die Gedichte in einem Band. *Sämtliche Gedichte.* Frankfurt a. M.: Insel, 1986.)

Schachter-Shalomi, Zalman/Miller, Ronald S.: *From Age-ing to Sage-ing.* New York: Warner Books, 1995.

Weiss, Brian: *Die zahlreichen Leben der Seele. Die Chronik einer ungewöhnlichen Rückführungstherapie.* München: Goldmann, 1995.

Register